Diplomarbeit

Titel der Diplomarbeit

„Das Handy in Alltag und Spielfilm"

Verfasserin

Catherine Weber

angestrebter akademischer Grad

Magistra der Philosophie (Mag. phil)

Wien, im November 2008

Studienkennzahl lt. Studienblatt: A 301 317
Studienrichtung lt. Studienblatt: Publizistik- und Kommunikationswiss. u. Theaterwissenschaft
Matrikelnummer: 0105019
Betreuer: Ao. Univ.-Prof. Dr. Hannes Haas

Widmung und Danksagung

Diese Arbeit ist meinen Eltern gewidmet.
Ich möchte mich darüber hinaus bei allen,
die mich auf dem Weg zur Fertigstellung der Diplomarbeit
unterstützt haben, bedanken.

Catherine Weber:

Das Handy in Alltag und Spielfilm

ISBN: 978-3-938198-08-7
Erste Auflage
Mai 09

© Academic Transfer
Eimsbütteler Straße 100 B, 22769 Hamburg
www.academic-transfer.de

Der Inhalt dieses Buches wurde als Diplomarbeit an der Universität Wien geschrieben. Die Arbeit wurde sorgfältig recherchiert, bleibt aber ohne Gewähr für Richtigkeit und Vollständigkeit. Weder Verlag noch Autor haften für fehlerhafte Angaben oder deren Folgen. Ansprüche auf Schadensersatz sind ausgeschlossen.

Printed in Germany

Inhaltsverzeichnis

Persönliches Vorwort 9

THEORETISCHER TEIL 10

Aufbau der Arbeit 10

1. EINLEITUNG UND FORSCHUNGSSTAND 12

1.1 Rasante Veränderung und unreflektierte Gewöhnung 14

1.2 Definitionen 15
1.2.1 Mobilkommunikation 15
1.2.2 Telekommunikation 16
1.2.3 Technisch vermittelte interpersonale Kommunikation 16

1.3 Neues (Massen-)Medium Handy? 16
1.3.1 Der Ausdruck Handy 18

2. TECHNISCHE ENTWICKLUNG UND VERBREITUNG DES HANDYS – DIE GESCHICHTE DES MOBILFUNKS/MOBILTELEFONS 19

2.1 Zeittafel 19

2.2 Rasante Entwicklung in Österreich 24

2.3 Von A bis D – Die Netze 25
2.3.1 A-Netz 25
2.3.2 B-Netz 26
2.3.3 C-Netz 26
2.3.4 D-Netz 27
2.3.5 GSM 27
2.3.6 UMTS 28
2.3.7 GPRS 29
2.3.8 3 Generationen 30

2.4 Vom Prestige- zum Massenobjekt und zur Personalisierung des Handys 31
2.4.1 Verbreitung nach Status und Geschlecht 32
2.4.2 Personalisierung des Handys – Cover, Klingelton und Co. 33

2.5 Verbreitung des Telefons – für Handys geltend? Erklärungsversuch des Handybooms 35
2.5.1 Kurze (Kultur-)Geschichte des Telefons 36
2.5.2 Motive für die Anschaffung eines (Mobil-)Telefons 37
2.5.3 Ein Handy ist nicht genug 40

2.6 Technikakzeptanz 41
2.6.1 Aneignung der Technik – Kulturelle Unterschiede 41
2.6.2 USA 41
2.6.3 Benutzerfreundlichkeit 42
2.6.4 Gerätehersteller 43
2.6.5 Handy-Bauarten im Detail 43

2.7 Konkurrenz für Mobiltelefone – Internet-Telefonie 44
2.7.1 Keine Konkurrenz – Festnetz 44
2.7.2 Keine Konkurrenz – Münzfernsprecher 45

2.8 Zukunft des Handys 46

3. FUNKTIONEN UND MÖGLICHKEITEN DES MOBILTELEFONS 48

3.1 Hybridmedium Handy – Mehr als nur ein Telefon 48
3.1.1 Smartphones und Spezialisierungen auf diverse Marktsegmente 49

3.2 SMS 51

3.3 EMS 57

3.4 MMS 57

3.5 Videotelefonie und Bildtelefon 59

3.6 Klingeltöne 60

3.7 WAP 60
3.7.1 M-Commerce 62

3.8 GPS, LBS, MPS – Man weiß immer, wo man ist. Und andere wissen es auch. 62

3.9 Bluetooth 63

3.10 Sonstige Dienste (Voting, Ticketing) 64

4. NUTZUNG DES HANDYS 65

4.1 Der Nutzenansatz – Uses-and-Gratifications-Approach 65

4.2 Der Gebrauchsnutzen 66
4.2.1 Vorwiegende Gesprächspartner 67
4.2.2 Handybereitschaftszeit 68

4.3 Die instrumentale Nutzung 68

4.4 Geschlechtsspezifische Nutzung 69
4.4.1 Das Kommunikationsverhalten von weiblichen und männlichen Schülern im Vergleich 71

4.5 Altersspezifische Nutzung 72
4.5.1 Ältere Menschen und das Mobiltelefon 73
4.5.2 Interviews mit älteren Personen 76
4.5.3 Handybesitz von Kindern 77
4.5.4 Besorgte Eltern vs. Emanzipation der Jugendlichen 78
4.5.5 Handybesitz von Jugendlichen 78
4.5.5.1 Kommunikationsanlass und Medienwahl 79
4.5.5.2 Telefonieren in der Schule 80
4.5.5.3 Regeln im Umgang mit dem Handy 81

4.6 Kulturspezifische Unterschiede 81
4.6.1 6 Typen von Mobiltelefonierern 82

4.7 SMS-Nutzung 82
4.7.1 Altersspezifische SMS-Nutzung 82
4.7.1.1 Nutzungsmotive der Kinder 83
4.7.1.2 Nutzungsmotive der Jugendlichen 83
4.7.2 Geschlechtsspezifische SMS-Nutzung 86

4.8 MMS-Nutzung – Handy-Kameranutzung 87
4.8.1 Kommunikationsanlässe 88
4.8.2 Vorwiegende MMS-Partner 89
4.8.3 Zukunft der Handy-Kamera 89

4.9 Mobilität 89

5. DAS HANDY IM SOZIALEN KONTEXT 91

5.1 Das Handy als Störfaktor/Störungen durch das Handy 91
5.1.1 Handynutzung im öffentlichen Raum – Wie das Umfeld reagiert 91
5.1.2 Öffentlicher Raum 92

5.2 Regelverletzungen 93

5.3 Gleichzeitigkeit – Die Trennung von Ort und Kommunikationsraum 94

5.4 Störfaktor Handy im Gespräch 94

5.5 Das Klingeln 95

5.6 Verspätete Debatten über das Handy(verbot) in der Öffentlichkeit 96

5.7 Eingeschränkte Handynutzung durch Störungen/Verbote – Soziale, technische und rechtliche Einschränkungen 97
5.7.1 Soziale Einschränkungen 97
5.7.1.1 Intimsphäre beim Mobiltelefonieren – Vermischung von Öffentlichkeit und Privatheit 98
5.7.1.2 Ungeeignete und geeignete Orte für Handytelefonate 99
5.7.2 Technische Einschränkungen 101
5.7.2.1 Funklöcher 101
5.7.3 Rechtliche Einschränkungen 102
5.7.3.1 Handyverbot am Steuer 102

6. NACHTEILE – KRITIK AM HANDY 104

6.1 Kommunikationsbrüche 104

6.2 Vereinsamung und Verhäuslichung 104

6.3 Stress 105

6.4 Gesellschaftlicher Wandel – Sittenverfall? 105
6.4.1 Unpünktlichkeit 105
6.4.2 Unhöflichkeit 106
6.4.3 Verbindlichkeit – Ein Mehr an Kommunikation 107

6.5 Gefahren des Handys – Schädliche Strahlung – Elektrosmog 107

6.6 Erreichbarkeitsdilemma 110
6.6.1 Ständige Erreichbarkeit 111
6.6.2 Instrumentelle Erreichbarkeit 112
6.6.2.1 m/w 112
6.6.3 Nichterreichbarkeit 113

6.7 Der gläserne Mensch – Überwachung und Transparenz durch Handyortung, Datenspeicherung sowie Abhörmöglichkeit 113

7. DAS (MOBIL-)TELEFON IM SPIELFILM 115

7.1 Handys im Film – Erste Beispiele 115

7.2 Größe und Form des Handys – Handyuhr 116

7.3 Gestern im Film – Heute am Markt 116

7.4 Der Einfluss von Film und Werbung 117

7.5 Product Placement 117
    7.5.1 Filmographien der Handyhersteller 119
        7.5.1.1 Nokia 119
        7.5.1.2 Motorola 119
        7.5.1.3 Ericsson 120
        7.5.1.4 LG Electronics 120
        7.5.1.5 Samsung 120
        7.5.1.6 Netzbetreiber T-Mobile 120

7.6 Telefonsituationen im Film 121
    7.6.1 Kommunikationsstörungen und -abbrüche im (Film-)Telefonat 121
    7.6.2 Höflichkeit/Intimität/Geheimhaltung 123
    7.6.3 Wahrnehmungs- und Kommunikationsraum 124
    7.6.4 Statussymbol 124
    7.6.5 Handyhorror vs. Erreichbarkeit 125
    7.6.6 Anonymität/Unbekannter Anrufer 126

7.7 Festnetztelefon im Film 127

7.8 Der Spielfilm als Spiegel der Gesellschaft 127
    7.8.1 Kino als Fenster zur Welt 128
    7.8.2 Filmanalyse im sozialen Kontext 129
    7.8.3 Filmsoziologie 130
        7.8.3.1 Identifikation und soziale Muster im Film 130

EMPIRISCHER TEIL 133

8. UNTERSUCHUNGSDESIGN DER FILMANALYSE 133

8.1 Erkenntnis- und Forschungsinteresse, Untersuchungsmethode und -material 133
    8.1.1 Zielsetzung der Untersuchung 133

8.2 Sequenzanalyse 135
    8.2.1 Einheiten des Films – Einstellung und Sequenz 135
    8.2.2 Vorgangsweise und Systematik der Analyse 135
    8.2.3 Hilfsmittel der Analyse: Sequenzprotokoll und Sequenzliste 136

8.3 Frequenzanalyse 138
    8.3.1 Codebogen, Codebuch und Filmverzeichnis 138
    8.3.2 SPSS 138
    8.3.3 Pre-Test 139
    8.3.4 Stichprobe 139

8.4 Forschungsfragen und Hypothesen 139

9. HANDYNUTZUNG UND UMGANG MIT DIESEM MEDIUM IM FILM: ERGEBNISSE UND INTERPRETATION DER SEQUENZANALYSE 142

9.1 Verbreitung nach Status und Geschlecht – im Film 142

9.2 Das Handy als Störfaktor – im Film 142

9.3 Unhöflichkeit und Störfaktor Handy im Gespräch – im Film 144

9.4 Personalisierung des Handys – Cover, Klingelton und Co. – im Film 144

9.5 Klingeltöne – Vom Film in die Wirklichkeit 145

9.6 Von der Wirklichkeit in den Film – Product Placement von Nokia 145

9.7 Vom Prestige- zum Massenobjekt – im Film 146

9.8 Intimsphäre beim Mobiltelefonieren – Vermischung von Öffentlichkeit und Privatheit – im Film 147

9.9 Nichterreichbarkeit – im Film 148

9.10 Technische Einschränkungen – im Film 148

9.11 Handyverbot am Steuer – im Film 149

9.12 Gefahren des Handys – Schädliche Strahlung – im Film 149

9.13 Ständige Erreichbarkeit und 24-h-Job – im Film 150

9.14 SMS-Nutzung im Film 151

9.15 Handynutzung von Jugendlichen im Film 151

9.17 Das schweigende Handy – Vereinsamung und Verhäuslichung – im Film 152

9.18 Motive für die Anschaffung eines (Mobil-)Telefons – im Film 153

9.19 Gleichzeitigkeit – Die Trennung von Ort und Kommunikationsraum – im Film 153

9.20 Regiefehler durch Handys 154

9.21 Walkie-Talkies im Film 155

9.22 Kein Handy im Spielfilm 155

10. AUSWERTUNG UND DISKUSSION DER ERGEBNISSE DER FREQUENZANALYSE 157

10.1 Forschungsfragen und Hypothesen im Detail 157

10.2 Resümee 171

11. LITERATUR 175

12. ANHANG 181

12.1 Codebogen für die Frequenzanalyse – Das Handy im Spielfilm 181

12.2 Codebuch für die Frequenzanalyse 184

12.3 Filmverzeichnis 187

Tabellenverzeichnis

Alle Tabellen befinden sich im Kapitel 10. Auswertung und Diskussion der Ergebnisse der Frequenzanalyse.

Tabelle 1: In welchem Jahr wurde der Film gedreht?
Tabelle 2: In welchem Jahr wurde der Film gedreht? Kein Handy
Tabelle 3: Entspricht das Handy einem technisch realen Modell?
Tabelle 4: Es gibt eine verärgerte Reaktion des Umfelds, wenn ein Handy läutet?
Tabelle 5: Das Handy wird unsachgemäß bzw. brutaler behandelt als in Wirklichkeit?
Tabelle 6: Das Handy wird benutzt, um ein persönliches Gespräch zu führen?
Tabelle 7: Das Handy wird benutzt, um ein persönliches Gespräch anzunehmen?
Tabelle 8: Das Handy wird benutzt, um ein geschäftliches Gespräch zu führen?
Tabelle 9: Das Handy wird benutzt, um ein geschäftliches Gespräch anzunehmen?
Tabelle 10: Das Handy wird benutzt, um SMS zu versenden?
Tabelle 11: Welche Sonderfunktionen des Handys werden genutzt?
Tabelle 12: Der primäre Handynutzer bewegt sich im Raum, nutzt die räumliche Mobilität?
Tabelle 13: Bekanntheitsgrad des Anrufers
Tabelle 14: Das Handy läutet in der Nacht?
Tabelle 15: Geschlecht des Anrufers
Tabelle 16: Geschlecht des Angerufenen
Tabelle 17: Der Anrufer ist alleine, nicht in der Öffentlichkeit?
Tabelle 18: Das Handy läutet in der Öffentlichkeit, in Gesellschaft?
Tabelle 19: An welchem Ort wird das Handy benutzt?
Tabelle 20: Reaktion des Angerufenen
Tabelle 21: Räumliche Trennung
Tabelle 22: Das Handy wird benutzt, weil es sich um einen Notfall handelt?
Tabelle 23: Unfall durch Handy im Auto?

Hinweis: In der vorliegenden Arbeit wurde auf die geschlechtsneutrale Formulierung „Innen" aufgrund der leichteren Lesbarkeit verzichtet. Selbstverständlich ist aber immer sowohl die weibliche als auch die männliche Form gemeint.

Persönliches Vorwort

1995 wollte ich kein Handy haben. Niemand in der Klasse hatte eines, niemand brauchte eines. Ein Jahr später wurde mir mein erstes Handy, ein eigentlich unhandliches Siemens S6, „angeschenkt". Es war leicht, aber auch sehr groß und wurde scherzhaft von handylosen Schulkollegen „Telefonzelle" genannt. 2008 halte ich bereits mein drittes in meinen Handychen und mir erzählen viele Freunde – am Handy – dass sie sich gar nicht mehr vorstellen können, ohne eines zu leben. Sie können sich auch partout nicht erinnern, wie sie zuvor, ohne ein Handy kommuniziert haben. Wie kommt es, dass wir beinahe alle ein oder gar mehrere Handys besitzen? Verfluchen könnte ich die Erfindung des Mobiltelefons in so mancher Alltagssituation, zum Beispiel wenn eine ältere Frau, die im Bus gegenüber sitzt, ihre ärztlichen Befunde und bevorstehenden Operationen detailliert in den Hörer schreit, als wolle sie den Anrufer aus Niederösterreich mit ihrer eigenen Stimme erreichen und außerdem alle Anwesenden zu unfreiwilligen, mitleidenden Zuhörern macht. Lächeln konnte ich hingegen, als letztens eine mobile Handytelefoniererin in eine Telefonzelle flüchtete, um ungestört telefonieren zu können …

Hätten Romeo und Julia damals schon ein Handy gehabt, hätte die Tragödie verhindert werden können (vgl. Solymar, 1999, S.240). Das Handy ist ein Segen in Notfällen, bringt aber auch Nachteile mit sich, wie zB Stress durch permanente Erreichbarkeit, die Vermischung von Arbeit und Privatbereich sowie von öffentlicher und privater Sphäre, auf die in der Arbeit näher eingegangen wird. Am Anfang stand die Frage: Was machen die Menschen mit dem neuen Medium? Und: Was macht das neue Medium mit den Menschen? Das Mobiltelefon, umgangssprachlich und pseudoenglisch Handy genannt, hat definitiv einen Einfluss auf unseren Alltag, unsere Kommunikation und Spielfilme sowie auf seine Umwelt und sein Umfeld, und dabei spreche ich nicht nur von den australischen Vögeln, die bereits Klingeltöne imitierend zirpen[1].

---

[1] http://news.nationalgeographic.com/news/2005/03/0323_050323_elephantnoise.html

THEORETISCHER TEIL

Aufbau der Arbeit

Einleitend werden der momentane Forschungsstand zur Mobiltelefonie und die rasanten und dennoch nahezu unreflektierten Veränderungen durch das Handy im realen Alltag beschrieben sowie die wichtigsten Definitionen erläutert. Gleich zu Beginn soll auch ein Überblick über die Geschichte sowie Einführung und Ausbreitung des Handys geschaffen werden. Es wird im zweiten Kapitel erörtert, wie sich das Handy technisch entwickelt hat, wie es vom Prestige- zum Massenobjekt wurde, was es mit der Personalisierung des Handys auf sich hat und welche Gründe und Erklärungen bisher für den Handyboom bekannt sind. An dieser Stelle wird auch ein kurzer Ausblick in die Zukunft des Handys gegeben.

Im dritten Kapitel geht es um die zahlreichen Funktionen und Möglichkeiten des Mobiltelefons, welches sich immer mehr zu einem Multifunktionsgerät entwickelt, das diverse Technologien in sich vereint – von SMS über Videotelefonie bis zu mp3-Player, Internet, GPS u. v. m. Anschließend wird im umfangreichen vierten Kapitel auf die Nutzungsmöglichkeiten und -motive eingegangen (inklusive eines Exkurses zum Phänomen SMS) sowie auf alters- und geschlechtsspezifische Unterschiede bezüglich der Verwendung des Handys. Die interessanten zitierten Studien (wer mit wem wann, wie, wo und mit welchem Handy warum telefoniert) sind auch hinsichtlich der Vergleichbarkeit von Handys in Film und Realität von Wichtigkeit. Die Bedürfnisse, die das Mobiltelefon zB als Organisations- oder Unterhaltungsinstrument erfüllen kann, sowie die durch das Handy gewonnene Mobilität werden ebenfalls beleuchtet.

Im fünften Kapitel wird besprochen, wie sich das Telefonieren mit dem Handy zu einer öffentlichen Angelegenheit entwickelt hat und was dies für das soziale Umfeld bedeutet. Es werden Regelverletzungen und Konsequenzen für störende Handynutzung, wie zB soziale, technische und rechtliche Einschränkungen, thematisiert sowie die Tatsache, dass der Handynutzer sich quasi an zwei Orten gleichzeitig befindet, trotzdem aber am situierten Ort (geistig) abwesend ist.

Das folgende Kapitel widmet sich den psychosozialen Auswirkungen, dem Erreichbarkeitsdilemma oder der zunehmenden Vermischung von Arbeits- und Freizeit. Die Nachteile des Handys, wie zB Stress wegen ständiger Erreichbarkeit, Unpünktlichkeit, Unhöflichkeit, Gefahren durch schädliche Strahlung oder Unaufmerksamkeit im Verkehr, Rechtfertigungsdruck, Überwachungsmöglichkeiten, das Problem des gläsernen Menschen, Kommunikationsbrüche und Vereinsamung, werden ausführlich und kritisch im sechsten Kapitel betrachtet. Das siebente Kapitel behandelt das Mobiltelefon im Spielfilm und beinhaltet erste Beispiele (zu Höflichkeit, Handyhorror und Erreichbarkeit, dem Handy als Statussymbol etc.) sowie Wesentliches zum Thema Product Placement. Einen weiteren Schwerpunkt bilden die Erläuterungen zu Filmsoziologie und dem Spielfilm als Spiegel der Gesellschaft.

Den theoretischen Ausführungen folgt der empirische Teil, in dem anfangs das Untersuchungsdesign der Filmanalyse dargestellt wird, inklusive Erkenntnis- und Forschungsinteresse, Untersuchungsmethode und -material: Der Einsatz sowohl der Sequenz- als auch der Frequenzanalyse leistet einen kleinen Forschungsbeitrag dazu, die Mobilkommunikation im Alltag und im Spielfilm beleuchten und deren Einfluss auf unser Leben aufzeigen und bewusst(er) machen zu können. Im Rahmen der Frequenzanalyse werden mit Hilfe von SPSS für Windows 42 Filme, die im Zeitraum von 1990-2007 produziert worden sind, analysiert. Zusammen mit der Sequenzanalyse werden insgesamt 65 Filme auf Handynutzung überprüft. Eine übersichtliche Auflistung der Forschungsfragen und Hypothesen rundet das achte Kapitel ab.

Die Ergebnisse der empirischen Untersuchung werden letztlich im neunten und zehnten Kapitel mit dem Theorieteil in Verbindung gebracht – zur besseren Übersicht nehmen die Titel der jeweiligen Absätze Bezug auf jene im Theorieteil – und zur Beantwortung der Forschungsfragen herangezogen. Das neunte Kapitel umfasst die an Erkenntnis gewinnbringenden Ergebnisse und Interpretationen der Sequenzanalyse, das zehnte Kapitel geht detailliert auf die Auswertung der Hypothesen im Rahmen der Frequenzanalyse ein. Diskutiert wird nicht nur, wie und warum das Handy wo oder von wem benutzt wird, sondern natürlich auch, wann und weshalb vermutlich *keine* Handys im Spielfilm zum Einsatz kommen. Ein prägnantes Resümee, die Literaturliste und der Anhang, in dem sich Codebogen, Codebuch sowie das Filmverzeichnis befinden, bilden den Abschluss der Arbeit.

1. Einleitung und Forschungsstand

Das Handy läutet eine neue Ära der Kommunikation ein. Dennoch wird ihm in der sozialwissenschaftlichen oder historischen Forschung sowie im öffentlichen Bewusstsein eher wenig Aufmerksamkeit geschenkt. Die Kommunikationswissenschaft befasst sich laut Hügli (1997, S.109, zit. in Gschwendtner, 2003, S.11) erst seit den 90er Jahren eingehender mit dem Kommunikationsmittel (Festnetz-)Telefon. Ein Grund dafür könnte sein, dass sowohl das fixe als auch das mobile Telefon zu einem „selbstverständlichen Inventar technikgeprägten Alltagslebens […] und somit zu einem festen Bestandteil kommunikativer Alltagsaktivitäten geworden ist" (Höflich, 1996, S.202, zit. in Gschwendtner, 2003, S.12). Die rasante Entwicklung der Technologie und die rasche Aneignung des Handys können ein weiterer Grund für die unzulängliche Erforschung des Mediums sein (vgl. Baumann; Gold, 2000, S.8, zit. in Gschwendtner, 2003, S.12).

Die Kommunikationswissenschaft hat sich schließlich in den letzten Jahren doch noch mit dem „vernachlässigten Medium" Telefon auseinandergesetzt, allerdings überwiegend mit dem Festnetztelefon, und nicht mit dem Handy. Die kommunikationswissenschaftliche Auseinandersetzung mit dem Telefon erweist sich dennoch im Gegensatz zu Themen wie Fernsehen oder Rundfunk als mager. Vorhandene technik- und postgeschichtliche Publikationen klammern einen sozialen Zugang aus und die Beiträge der 90er Jahre[2] enden mit der Feststellung, dass die Forschung in den Kinderschuhen steckt (vgl. Köchler, 2003, S.102). Das Handy als Kommunikationsmedium findet in unserem Alltag und im Film mit einer solchen Selbstverständlichkeit Verwendung, dass es verwundert, dass sich bisherige Forschungen (wenn überhaupt dann) vorwiegend auf das Telefon im Allgemeinen beziehen und kaum im Speziellen auf das inzwischen häufiger als das Festnetz genutzte Mobiltelefon. Im wissenschaftlichen Bereich ist das Handy meist Gegenstand von Publikationen mit dem Schwerpunkt auf die Technik des Mobiltelefons oder eventuelle gesundheitliche Risiken (zB Strahlung von Handymasten) (vgl. Egger, 2001, S.5). Oft werden Untersuchungen von Netzbetreibern durchgeführt, sind wirtschaftlich motiviert, meist aus Wettbewerbsgründen unveröffentlicht und nicht zugänglich. Über die Nutzung des Mobiltelefons im Alltag und die Verwendung von SMS gibt es vereinzelt

---

[2] www.tg.ethz.ch/lehre/lehre/Speich/Literatur.htm

Untersuchungen, die hauptsächlich von den Mobilfunkbetreibern selbst initiiert wurden, und eine kleine Anzahl von Diplomarbeiten[3].

Erst in den 90er Jahren hat die Forschungsgruppe Telekommunikation mit Aufsätzen begonnen, das Telefon im Spielfilm näher zu betrachten und zum (an)erkannten Forschungsgegenstand zu erheben. Bräunlein (1997, S.58, zit. in Gschwendtner, 2003, S.12) bemerkt die Flüchtigkeit des Mediums: Telefonate bleiben *undokumentiert* und ohne materielle Existenz. Das macht es schwierig, Untersuchungen über dieses Medium anzustellen. Unter anderem deshalb greife ich in meiner Arbeit auf *Spielfilme* zurück, da diese Telefonsituationen festhalten und so ermöglichen, jene einer wissenschaftlichen Betrachtung zugänglich zu machen.

Die Dynamik des Marktes lässt kaum aktuelle Zahlen und Daten in gebundenen Publikationen zu. Es musste auch auf Zeitungsartikel und auf das Internet als Quellen zurückgegriffen werden. Gedruckte Literatur und angeführte Daten scheinen sich laufend zu überholen; was in einem Artikel noch als mögliches Service angepriesen wird, zeigt sich im nächsten als differenziert umgesetzt und im dritten als wenig genutztes Angebot dokumentiert (vgl. Boden, 2002, S.10). Auch Boden (2002, S.11) bemerkt, dass Themen über Mobilkommunikation hauptsächlich auf marktwirtschaftliche und technische Aspekte fokussiert sind und soziologische, kulturelle und psychologische Fragestellungen bisher eher ausgeklammert blieben. Es gab und gibt Nachholbedarf und tatsächlich ließ sich während der Recherchen bzw. der letzten Monate ein gewaltiges Aufholen und vermehrtes Angebot an Büchern über Mobiltelefone und deren Nutzung feststellen. „Bücher über die Geschichte von […] Gebrauchsgegenständen sind in den letzten Jahren zunehmend populär geworden; sie deuten auf eine historische Sensibilisierung hin, die vornehmlich auf Alltagsphänomene gerichtet ist" (Kaes, 1991, S.334). In den letzten Monaten ist die Forschung zum Mobiltelefon vor allem international angewachsen (vgl. Burkart, 2007, S.11). Im deutschen Sprachraum fehlt es bisher an einer zusammenfassenden Darstellung der zahlreichen Einzelergebnisse – und auch an Versuchen einer theoretischen Integration diverser Einzelergebnisse. Diese Arbeit ist ein Versuch, eine Lücke zu schließen.

---

[3] siehe auch Literaturliste

Dass das Telefon im theoretischen Bewusstsein nur eine Nebenrolle spielt, „liegt wohl nicht zuletzt in der Tatsache, dass das Telefon so stark in unser Alltagsleben integriert ist, dass es schlicht selbstverständlich geworden ist" (Münker, 2000, S.7). Gerade der exzessive Gebrauch lässt das Medium Handy in den Hintergrund treten, wodurch das Handy nicht nur das unauffälligste sondern zugleich das am meisten unterschätzte Kommunikationsmittel der Gegenwart ist – und das „in einer Zeit, in der die kulturwissenschaftliche Reflexion auf die uns umgebenden elektronischen Technologien von immer grundlegenderer Bedeutung wird" (Münker, 2000, S.7f.).

1.1 Rasante Veränderung und unreflektierte Gewöhnung

Mettler-Meibom (1994, S.14) erkennt, dass Medien, die noch vor zehn Jahren quasi unbekannt waren, „längst Teil unserer Fühl-, Denk- und Handlungswelten und unserer Vorstellungen von dem geworden [sind], was gut und richtig ist. Doch unser Bewusstsein für den Veränderungsprozess ist wenig entwickelt. Wir nehmen Veränderungen nur in einem verschwindend kurzen Zeitkorridor wahr, so lange, wie die Änderungen größer sind als unsere Gewöhnung an das Neue." Schon kurz danach gelten diese Entwicklungen als normal und werden nicht mehr in Frage gestellt. Um ein Handy zu benutzen, bedarf es keiner besonderen Fähigkeiten; es hat sich wie selbstverständlich in unseren kommunikativen Alltag eingeschlichen. Vielleicht besteht deswegen ein Mangel an Forschungsinteresse. Es ist quasi banal, es gibt kein „Problem", das es wert wäre, untersucht zu werden und daher auch keine Aufmerksamkeit (vgl. Köchler, 2003, S.100). „Dem entspricht, dass nur ein rudimentäres Bewusstsein dafür besteht, welch fundamentale Veränderungen unsere Kommunikationsbedingungen in diesem kurzen Zeitraum von rund zehn Jahren durchlaufen haben. Kommunikationshistorische Forschungen tun hier mehr als Not, können sie doch Teil eines Versuchs sein, sich über Kommunikationswerte und -normen angesichts sich rasant ändernder Verhältnisse zu verständigen" (Mettler-Meibom, 1994, S.25).

Daher ist es u. a. Aufgabe dieser Diplomarbeit, den Fokus auf diese Veränderungen, die das Handy im Alltag verursacht und die meist unbewusst passieren, zu richten und diese aufmerksam und wissenschaftlich zu erfassen. Alexander Keul (2000, S.3, zit. in Kuttner, 2001, S.4) weist darauf hin, dass der Handy-Boom doch ein „modernes soziales Massenphänomen [ist], an dessen Beachtung kein Weg vorbeiführt".

Zum Massenphänomen wurde das Mobiltelefon in den 90er Jahren (vgl. Hingst, 2001, S.29). Die Beliebtheit von Mobiltelefonen dürfte in direktem Zusammenhang mit der eigenen Sicherheit stehen. Einerseits erweitern sie unseren Kommunikationsradius, „andererseits zerstört es jedoch unsere Privatheit. Die negativen Eigenschaften des Telefons reichen allerdings nicht dazu aus, auf dieses Kommunikationsmittel zu verzichten. Dazu hat sich die kommunikative (Telefon-)Praxis schon zu sehr in unserem Leben etabliert" (Köchler, 2003, S.97). Die zunehmende Verlagerung der Kommunikation in die Öffentlichkeit zB ist eine Veränderung durch das Handy (vgl. Burkart, 2007, S.11). Neil Postman (1992, S.26ff., zit. in Mettler-Meibom, 1994, S.14) bestätigt: „Eine neue Technologie […] verändert alles. […] Neue Technologien verändern die Struktur unserer Interessen – die Dinge, über die wir nachdenken. Sie verändern die Beschaffenheit unserer Symbole – die Dinge, mit denen wir denken. Und sie verändern das Wesen der Gemeinschaft – die Arena, in der sich unsere Gedanken entfalten." Howard Rheingold (2002, S.xiii) sagt, dass "mobile communications and pervasive computing technologies, together with social contracts that were never possible before, are already beginning to change the way people meet, mate, work, war, buy, sell, govern and create". Das Telefon und „vor allem das Mobiltelefon [haben] unser Kommunikationsverhalten und unsere sozialen Beziehungen stark verändert", schreibt auch Zederbauer (2007, S.13).

1.2 Definitionen

1.2.1 Mobilkommunikation

Mobilkommunikation wird definiert als „Kommunikation von und zu beweglichen Teilnehmern unabhängig von Aufenthaltsort und der Zeit mit unterschiedlichen Informationsinhalten und Formaten" (vgl. Pfannschmidt, 1989, S.90, zit. in Egger, 2001, S.10). Unter Mobilfunk versteht man die Übertragung von Nachrichten jeglicher Art zwischen zwei oder mehreren Stationen, von denen zumindest eine beweglich ist (vgl. Dohnal, 2002, S.79 und vgl. Reischl, 1999, S.40). Mobilkommunikation wird in drei Bereiche unterteilt, Pager[4]- und Datendienste, Schnurlostelefone und Cellularnetze (vgl. Günter, 1992, S.89, zit. in Egger, 2001, S.10).

---

[4] Der Pager gilt als eine Art Vorläufer von SMS: Durch die Wahl einer bestimmten Telefonnummer können Besitzer eines Pagers, meist „Piepser" genannt, via Funkrufnetz erreicht werden. Es handelt sich um einseitige Kommunikation (vgl. Egger, 2001, S.10). Alphanumerische Geräte ermöglichen die Übertragung von schriftlichen Kurzmitteilungen – der Pager wird daher als Medium zur schriftlichen Telekommunikation eingestuft (vgl. Hügli, 1997, S.120, in Egger, 2001, S.11). Paging hat nicht annähernd die Verbreitung

1.2.2 Telekommunikation

Mobile Kommunikation bedeutet gleichzeitig Telekommunikation, da mobile Kommunikation auch „Kommunikation mittels eines technischen Hilfsmittels über räumliche Distanz" bedeutet (vgl. Egger, 2001, S.17), und kann auch als Fern- oder Weitkommunikation bezeichnet werden (vgl. Konlechner, 2003, S.31). Telekommunikation ist eine technisch vermittelte Kommunikation, die eine Verbindung zwischen einzelnen oder wenigen Personen herstellt und in der Regel nicht öffentlich, sondern privat oder geschäftlich ist (vgl. Noelle-Neumann, 1994, S.141f., zit. in Gschwendtner, 2003, S.8f.).

1.2.3 Technisch vermittelte interpersonale Kommunikation

Technisch vermittelte interpersonale Kommunikation ist Kommunikation zwischen zwei oder mehreren Personen unter Verwendung von Kommunikationstechnologien bzw. technischen und im Besonderen elektronischen Medien. Interpersonale Nutzung entsteht erst aus der Verwendung des Mediums heraus. Sie benötigt neben einer technischen Infrastruktur eine entsprechende Etablierung im kommunikativen Alltag. Erst dadurch wird aus der technischen Apparatur „Telefon" ein interpersonales Kommunikationsmedium (vgl. Höflich, 1996, S.17, zit. in Gschwendtner, 2003, S.9). Nach Lange (1989, S.167, zit. in Egger, 2001, S.14) gehören neben der Grundvoraussetzung eines in der Kommunikation zwischengeschalteten Mediums das direkte in Verbindung treten „mit *jedem gewünschten Menschen* zu *jeder gewünschten Zeit* an *jedem gewünschten Ort* in *jeder gewünschten Form* mit *möglichst geringem Aufwand*".

1.3 Neues (Massen-)Medium Handy?

Nach Saxer und Faulstich (1998, zit. in Burkart, 2002, S.44f.) sind Medien komplexe institutionalisierte Systeme um organisierte Kommunikationskanäle von spezifischem Leistungsvermögen – mit gesellschaftlicher Dominanz. Sowohl dem Menschen innewohnende Vermittlungsinstanzen als auch technische Übertragungsmittel der Industriegesellschaft können mit dem Terminus Medium bezeichnet werden.

---

gefunden wie die Mobiltelefonie (vgl. Egger, 2001, S.11). Der Pager für Ärzte, aber auch Schüler, gilt als Vorstufe der ständigen Erreichbarkeit.

Es existiert noch keine kommunikationswissenschaftlich allgemein gültige, verbindliche Definition des Begriffs Medium (vgl. Burkart 2002, S.40). Egger (2001, S.16f.) kommt zu dem Schluss, dass das Mobiltelefon aufgrund seiner zusätzlichen Funktionen (SMS, Zugang zu mobilem Internet) und das durch seinen Einfluss veränderte Nutzungsverhalten als neues Medium gelten darf und nicht nur als innovative Variante des klassischen Telefons. „Die einseitig transportierenden Telekommunikationsdienste wie Rundfunk und Fernsehen sind eher den Massenmedien zuzurechnen, während jene Dienste, die einen zweiseitigen Kommunikationsfluss ermöglichen, der Individualkommunikation angehören" (Egger, 2001, S.18).

Die medialen Spezifika von Telekommunikationsmedien sind nach Winter (2003, S.53, zit. in Glanz, 2006, S.43) die *Ortsunabhängigkeit* (mobiles Telefonieren ist von jedem Ort aus möglich), *Zeitflexibilität* (man ist jederzeit erreichbar – zumindest steht die Mailbox zur Verfügung, wenn man persönlich nicht anwesend ist), *Konnektivität* (die ständige Erreichbarkeit), *Individualisierung* (das Handy lässt sich durch Klingeltöne, eigenen Bildschirmschoner etc. persönlich gestalten) und *Kontextsensitivität* (die Daten der Handynutzer sind erfasst und können ausgewertet werden).

Faulstich hält ebenfalls angesichts der eingreifenden Veränderungen eine Neudefinition des Begriffs Telefon für angebracht: „Aus einem technischen Kanal für individuelle Verständigung wurde ein multifunktionales Kommunikations- und Vermittlungsinstrument, das derzeit unter anderem charakterisiert ist durch Merkmale wie ubiquitäre Erreichbarkeit, Akzeleranz beim Informationsaustausch und Intimisierung im Spannungsgefüge kommunikativer Nähe und Distanz" (Faulstich, 2000, S.331, zit. in Köchler, 2003, S.88).

Eines der wichtigsten Merkmale des neuen Mediums ist, dass das Handy im Gegensatz zum Festnetztelefon nicht mehr an eine bestimmte Lokalität gebunden ist und die ständige Verfügbarkeit die Erreichbarkeit des Besitzers erhöht (vgl. Hügli, 1997, S.118, zit. in Gschwendtner, 2003, S.27). Durch das Handy fallen Arrangements weg wie „Mach Schluss, ich erwarte einen wichtigen Anruf" oder „Ich muss zuhause bleiben, weil ich noch auf einen Anruf warte" oder der Weg des Freundes über die Eltern, die nachfragen, wer genau dran sei und ihre Tochter sprechen möchte. Die Besonderheiten des Handys gegenüber dem stationären Festnetztelefon sind neben der ständigen Erreichbarkeit, dass der Anrufer nicht weiß, wo sich der Gesprächspartner gerade befindet und dass man mit dem Handy an Orten telefonieren kann, wo es früher nicht möglich war (vgl. Burkart, 2007, S.106).

1.3.1 Der Ausdruck Handy

Warum wird das Mobiltelefon im deutschsprachigen Raum Handy genannt? Im angelsächsischen Raum wird das Mobiltelefon „cellular phone", „portable" oder „mobile phone" genannt. Der Begriff Handy ist eine deutsche Wortkreation. *Mobile phone* hat sich in Europa durchgesetzt, viele Amerikaner sagen jedoch lieber *cell phone* oder *my cell* (was sich auf Funkraumzelle bezieht, nicht auf Telefonzelle). Im Finnischen wird mit *Kännykkä* oder *känny* ein Wort benutzt, das in etwa „Ausweitung der Hand" oder „verlängerter Arm" bedeutet. In internationalen Publikationen findet sich das Wort Handy also nicht als Bezeichnung für das Gerät. Gelegentlich findet darin aber das Adjektiv „handy" Verwendung, das soviel bedeutet wie „zur Hand, greifbar, praktisch, leicht erreichbar, handlich, bequem" (vgl. Burkart, 2007, S.13). Der Ausdruck Handy fand laut „Süddeutscher Zeitung" im Jahr 1993 zum ersten Mal Verwendung und wurde durch die Werbung, die den Begriff aufnahm, weiterverbreitet. 1994 wurde Handy bereits zum „Unwort des Jahres" gewählt (vgl. Pott, 1999, S.17). Auch in der deutschen „Woche" landete Handy in der Kategorie „Wörter, die wir nicht mehr hören wollen". Nichtsdestotrotz wurde das Wort Handy 1994 in das „Große Fremdwörterbuch" aufgenommen (vgl. Reischl, 1998, S.12). 1996 ist Handy in den Rechtschreibduden aufgenommen worden (vgl. Reischl, 1998, S.9).

2. Technische Entwicklung und Verbreitung des Handys – Die Geschichte des Mobilfunks/Mobiltelefons

2.1 Zeittafel

Von der Entwicklung des Telefons durch Bell bis zum ersten handlichen Mobiltelefon von Motorola, das Ende der 40er Jahre unter dem Namen Handie Talkie bekannt wurde, sind ca. 80 Jahre vergangen. Vom GSM-Handy zum Multimediatool nur wenige Jahre (vgl. Reischl, 1999, S.40). Eine gewichtige medienhistorische Gewissheit ist, dass kein anderes Kommunikationsmittel, mit Ausnahme der menschlichen Stimme, bislang diese hautnah begleitende Präsenz hatte, die das Handy heute hat. Kein anderes Medium hat sich so schnell zur „populären Notwendigkeit" entwickelt (vgl. Steuerer, 2002, S.67).

1989 waren noch keine Handys auf den Straßen zu sehen. Im Jahr 2002 überschritt die Zahl der Handys weltweit die Milliardengrenze (vgl. Burkart, 2007, Epilog). Die Zahl der Mobilfunkkunden wächst ungebremst weiter: 2,039 Milliarden GSM-Handyuser gibt es 2006 weltweit[5]. Zu Beginn des Jahres 2007 lag die Zahl der Handy-Besitzer weltweit bei ca. 2,5 Milliarden. Damit verfügt mehr als ein Drittel der Weltbevölkerung über ein Mobiltelefon (vgl. Burkart, 2007, S.28). Doch während in Europa, Australien und einigen ostasiatischen Regionen das Handy alltäglich geworden ist, ist die Verbreitung in Afrika und Teilen Asiens noch sehr niedrig (vgl. ITU, www.tns-infratest.com, 18.09.2006, zit. in Burkart, 2007, S.28).

Die Technik des Mobilfunks kam bereits 1926 bei erfolgreichen Versuchen zum Einsatz, die die Deutsche Bahn durchführte. Als die Mobilfunkapparate kleiner wurden, waren die ersten Benutzer Polizei, Rettung und Militär (vgl. Dohnal[6], 2002, S.79).

1940 wurde das erste Handy Talkie in den USA präsentiert: ein tragbares Funkgerät, das senden und empfangen konnte (vgl. Kuttner, 2001, S.10).

---

[5] http://futurezone.orf.at/business/stories/88774/http://futurezone.orf.at/business/stories/88774/, 14.02.2006
[6] Dohnals Diplomarbeit (2002) bietet einen Überblick über die Entstehung und Entwicklung des Fernsprechwesens (v. a. Österreichs und Deutschlands) aus technischer und geschichtlicher Sicht und enthält einen dt./engl. Terminologieteil.

Dieses quasi erste Handy war ein von Motorola entwickeltes Mobiltelefon, das vom US-Militär verwendet wurde, mit einer Standby-Zeit von 15 Stunden und der Bezeichnung SCR-536-A, und es wog 3 kg (vgl. Reischl, 1998, S.17f.). Das bekannte „Walkie-Talkie" wird von Motorola als Vorfahre des heutigen Handys angesehen (vgl. Reischl, 1998, S.18f.).

„Das erste öffentliche Mobilfunksystem, das über ein Handy Funksignale übermittelte, wurde in den 1950er Jahren in den USA installiert" (Dohnal, 2002, S.79). Dieses Mobilfunksystem hatte allerdings nur 100 Teilnehmer (vgl. Reischl, 1998, S.19).

In Frankreich 1956 „a very basic mobile telephony network was implemented with vacuum electronic tubes and electron-mechanical logic circuitry" (Le Bodic, 2005, S.1). Diese ersten Geräte mussten im Kofferraum transportiert werden, sie waren nicht für alle erschwinglich und man war noch weit entfernt von tragbaren, leichten Telefonen, wie es sie heute gibt. In den 70er Jahren war ein Telefon nur „mobil", weil es im Kofferraum eines Autos eingebaut war.

1973, also vor 35 Jahren, machte Martin Cooper in New York den ersten Mobilfunkanruf der USA, auf einem 1-Kilo-Handy mit nur 20 Minuten Betriebszeit (vgl. Standard, 29./30.03.2008, S.24). "The basic principles of cellular telephony were comprehensively described in 1979 in a series of papers published in the technical journal of AT&T. Within a few years the system was widely used" (Solymar, 1999, S.245).

1983 stellte Motorola das weltweit erste kommerzielle Mobiltelefon „Dynatac 8000x" vor (vgl. http://de.wikipedia.org/wiki/Mobiltelefon, 2008). 1983 wurde auch das erste Handy (mit dem Spitznamen „Ziegel") verkauft. Und bereits im Jahr 1984 besitzen 300.000 Menschen weltweit ein Handy (vgl. Standard, 29./30.03.2008, S.24).

1988 gab es in Deutschland nur Autotelefone und große, portable Koffergeräte und noch keine *handhelds*, wie sie bereits in den USA oder Großbritannien zu sehen waren. Die Firma SEL baute dann ein solches Gerät, das SEM 340, das 1 Kilo wog und aussah wie ein Brikett (vgl. Burkart, 2007, S.12).

Mobiltelefonie in den 80er Jahren bedeutete in der Regel, einen tragbaren Koffer mit sich zu schleppen und als „Early Mobile User" von irritierten Passanten für einen Geheimdienstagenten gehalten zu werden (vgl. Steuerer, 2002, S.5).

1992 wurde das erste GSM-fähige Mobilgerät von Motorola, das International 3200, vorgestellt. Das Motorola International 3200, der „Knochen" genannt, wog noch über 500 Gramm. Erst mit dem GH337 von Ericsson kam im Herbst 1994 ein Gerät unter 200 Gramm auf den Markt, das den heutigen Vorstellungen eines Handys entsprach (vgl. Burkart, 2007, S.41). „Das weltweit erste Handy hat Nokia mit seinem 7110 auf den Markt gebracht", behauptet Reischl (1999, S.80).

Im Jahr 1993 war mobiles Telefonieren „tragbar" geworden. Die Endgeräte waren ein wenig klobig, verglichen mit den Winzlingen von heute, jedoch „inzwischen auf Sakko-Format geschrumpft" (Steuerer, 2002, S.7).

Das erste so genannte Smartphone war der Nokia 9000 Communicator im Jahr 1996 (vgl. http://en.wikipedia.org/wiki/Mobile_phone, 2008).

Am 23. Sept. 1998 kam das Satelliten-Handy auf dem Markt. Es war dicker, größer, schwerer und zehnmal teurer als seine GSM-Verwandten, dafür war man damit überall auf der Welt erreichbar. Das erste Satelliten-Handy-Netz war Iridium (vgl. Reischl, 1998, S.33). Diese neue Entwicklung der Satellitenkommunikation begann in den 90er Jahren mit Systemen, die zwischen 400 und 36.000 km Höhe die Erde umkreisen (vgl. Wessel, 2000, S.27). Das Pionierunternehmen Iridium war nur von 1998 bis 1999 in Betrieb: Neben der geringen Übertragungsgeschwindigkeit waren auch die speziellen unhandlichen Telefone, die zu keinem anderen System passten und schwer waren, daran Schuld (vgl. Wessel, 2000, S.28).

1998 fing die internationale Nachrichtenagentur Reuters an, per SMS an Handys verlangte Reuters-News (zB Börseninformationen) zu verschicken. Info on demand: Wer im Handy-Menü „Betreiberdienste" aktiviert, kann zB „newsflash" auswählen und aktuelle Schlagzeilen werden an das Handy geschickt (vgl. Reischl, 1999, S.76). Heute kann man sich zB täglich von PulsTV den Wetterbericht für eine bestimmte Region per SMS schicken lassen. Für Touristen gab es im Mozartjahr die Möglichkeit, bei in der Stadt Wien aufgestellten „Mozartsäulen" ein SMS abzuschicken an die angegebene Nummer („calling Mozart"), um Informationen über die jeweiligen Plätze und über Mozart zu erhalten.

1999 konnte man Bilder und Internetseiten auf das Handy herunterladen, allerdings nur sehr langsam, wegen der niedrigen Datenübertragungsrate (vgl. Reischl, 1999, S.47). „Seit 1999 statten die großen Handy-Hersteller ihre Mobiltelefone, die für den Business-Bereich gedacht sind, mit dem WAP aus" (Reischl, 1999, S.81). „Bei der Berliner Funkausstellung 1999 wurde eines der ersten Internet-Handys (WAP-Handy) präsentiert" (Burkart, 2007, S.39).

Im Sommer 1999 wurde eine weitere Neuerung angepriesen: Das Kamera-Handy mit Foto-Übertragung (vgl. Burkart, 2007, S.103). 2002 sind die ersten Handys verfügbar, die digitale snapshots machen und verschicken können (vgl. Steuerer, 2002, S.14). 2007 gehört eine eingebaute Kamera zum Standard. Seit 2006 sind weltweit schon mehr als die Hälfte aller Handys mit einer Kamerafunktion ausgerüstet (vgl. Burkart, 2007, S.116). Die Foto-Handys setzten sich schneller durch als zB MMS, da sie wie einfache Digitalkameras leicht in der Handhabung und den Nutzern schon vertraut waren (vgl. Burkart, 2007, S.116). Weltweit wurden 2003 erstmals mehr Fotohandys als Digitalkameras verkauft (vgl. www.pte.at, am 29.03.2004, zit. in Kapeller, 2005, S.7).

Dass das Handy zur musicbox werden kann, zeigte Ericsson Anfang 2000 mit der Entwicklung des mp3-Players HPM-10, den man an der Unterseite des Handys aufsteckte. Samsung hat Mitte 2000 ein Handy auf den Markt gebracht, in dem der mp3-Teil bereits integriert war. Das waren Vorboten dafür, dass das Handy unser digitaler Assistent und Multimedia-Terminal wird (vgl. Reischl/Sundt, 2000, S.121).

Mit Push- und Pull-Funktionen werden die Handynutzer seit 2000 versorgt. Sie können sich entweder Informationen aus dem Netz ziehen (pull), anfangs mit WAP, später GPRS und UMTS, oder die Infos werden ihnen gezielt ins Handy geschickt (push), zB Nachrichtendienste und Werbebotschaften (vgl. Reischl/Sundt, 2000, S.126f.).

Um 2002 kamen, nach einigen glücklosen Versuchen mit ansteckbaren winzigen Tastaturen, die ersten für SMS und Chat optimierten Handys im Quer-Design mit Qwertz-Tastatur auf den Markt (vgl. Steuerer, 2002, S.43).

Schon früh dachte man daran, eines Tages armbanduhrähnliche Miniaturtelefone mit sich zu tragen. In Japan sind Armbanduhren-Handys ungefähr seit 2003 tatsächlich in Gebrauch. Das „Wristmoto" sah aus wie eine etwas klobig geratene Sportuhr, doch ihr fehlte die Tastatur, was die Nummerneingabe umständlich machte. Doch die Begründung für den Erfolg der Armbanduhren-Handys war praktischer Natur: weil die Japaner so viele Handys verlieren oder irgendwo liegen lassen (vgl. Burkart, 2007, S.174). Am 25.08.2003 schrieb der „Spiegel" einen Artikel über tragbare Mini-Computer, nämlich wasserdichte Armbanduhr-Handys in Japan und darüber, dass es nun das Handy am Handgelenk gäbe (vgl. Burkart, 2007, S.204).

2005 gab es die ersten ernsthaften Versuche (in Südkorea), das Handy als Fernsehgerät zu nutzen. Die ersten Sendungen waren auf den kleinen Bildschirm zugeschnittene Serien mit einminütigen Episoden (vgl. Burkart, 2007, S.116). Darüber hinaus sind 2005 15 % aller weltweit verkauften Handys mit einer mp3-Funktion ausgestattet. 2010 sollen es 75 % sein (vgl. Standard, 10.11.2006, S.16). Auf das Handy heruntergeladene Songs und Sounds werden ein Teil der mobilen Zukunft sein. Ein Blick auf diverse Studien zeigt, dass sich Handys mit integrierter Musikplayer-Funktion an die Fersen der klassischen mp3-player geheftet haben. Treiber dieser Entwicklung sind vor allem junge Leute zwischen 14 und 25 Jahren (vgl. Standard, 10.11.2006, S.16).

2006 gibt es weltweit ca. 2,2 Milliarden Handynutzer. Trotz Kamera- oder Musikfunktionen wird laut Nokia-Geschäftsführer Jorma Ollila immer noch die mobile Sprachtelefonie vorwiegend genutzt (vgl. Standard, 08./09.04.2006, S.32). 2006 gab die Industrie bekannt, dass sich Handy-Spiele immer größerer Beliebtheit erfreuen (vgl. Burkart, 2007, S.118). 2006 heißen die Trends der Mobilfunkmesse 3GSM in Barcelona HSDPA und Internet-Telefonie auf dem Handy, WLAN-Handys sind auf dem Vormarsch. Die Industrie dürfte in den vergangenen Jahren mehr als 100 Milliarden Euro in den UMTS-Aufbau investiert haben. Mittlerweile wird die Technologie jedoch längst von VoIP und der Verbreitung von drahtlosem Internet per WLAN-Hotspots in Frage gestellt. Die Branche setzt dennoch massiv auf Multimedia-Dienste und Content, um doch noch von UMTS zu profitieren. Musik und Handy-TV sind dabei besonders beliebt. In Sachen schnellere Datenübertragung wurde 2006 die HSDPA-Ära (Highspeed Downlink Packet Access) eingeläutet. Die UMTS-Weiterentwicklung schafft Übertragungsgeschwindigkeiten von bis zu 3,6 Megabit pro Sekunde[7]. Nokia will auch von neuen Entwicklungen jenseits des klassischen Mobilfunks profitieren. Das 2006 vorgestellte Modell 6136 ermöglicht über WLAN kostengünstige Telefongespräche übers Internet[8]. Der zweitgrößte Handyhersteller Motorola hat bekannt gegeben, bereits im zweiten Halbjahr 2006 Mobiltelefone auf den Markt zu bringen, die Windows Media Audio unterstützen. Die Handys werden mit USB 2.0 ausgerüstet sein und der Musik-Download soll direkt auf das Handy erfolgen können – ohne die Zwischenstation PC[9].

2008 sind auf der Mobilfunkmesse in Barcelona vor allem Handys mit touchscreen angesagt. Nokia setzt auf mobiles Fernsehen und smartphone ist erstmals mit windows mobile ausgestattet. Navigation für Fußgänger funktioniert im Jahr 2008 zB mit dem Nokia Navigator schon sehr gut. Nach der Präsentation auf der GSMA 2008 werden wohl auch aufrollbare Displays in guter Qualität bald auf dem Markt sein.

2008 besitzen rund 3 Milliarden Menschen ein Handy (vgl. Standard, 29./30.03.2008, S.24).

2.2 Rasante Entwicklung in Österreich

Österreich gehört im Bereich der Mobilkommunikation zu den führenden Ländern in Europa. Der Grund dafür dürfte im niedrigen Preisniveau der Endgeräte und Tarife liegen (vgl. Egger, 2001, S.28). Im September 1995 kam es in Österreich zur offiziellen Einführung des GSM-Netzes als A1-Netz. Im Juli 1996 startete max.mobil und im August 1998 nahm Connect Austria (ONE) seinen Betrieb auf. Im Mai 2000 kam Telering als vierter Netzanbieter auf den Markt (vgl. Kuttner, 2001, S.12f.).

1997 gab es in Österreich 800.000 Benutzer, 1998 waren es bereits 2,3 Millionen (vgl. Konlechner, 2003, S.20f.). 1998 fand das Mobiltelefon Einzug in die breite Bevölkerungsschicht (vgl. Glanz, 2006, S.110).

---

[7] http://futurezone.orf.at/produkte/stories/89399/, 14.02.2006
[8] http://futurezone.orf.at/produkte/stories/77368/http://futurezone.orf.at/produkte/stories/77368/, 14.02.2006
[9] http://futurezone.orf.at/business/stories/89163/http://futurezone.orf.at/business/stories/89163/, 14.02.2006

In Österreich steigerte sich die Penetrationsrate[10] des Mobilfunks, also die Zahl der Teilnehmer im Verhältnis zur Bevölkerung, im Zeitraum von 1998-2000 von 28,7 % auf 75 % (vgl. mobilkom austria AG, März 2001, Unternehmensdarstellung, S.13, zit. in Egger, 2001, S.32f.). 2000 erfolgte der Abschluss der Digitalisierung des Telefonnetzes: Österreich lag mit 4,2 Mio. Mobiltelefonbesitzern im europäischen Spitzenfeld[11]. Erst 2001 wurde eine deutliche Verlangsamung des Marktwachstums beobachtet (vgl. Egger, 2001, S.29). 2001 konnten Handynutzer in Österreich zwischen 4 Anbietern und 5 Netzen wählen, wobei sich die Anbieter von den Angeboten her kaum unterschieden. Neben klassischer Mobilfunk-Telefonie (Vertrag oder Wertkartenangebote) boten sie Internet-Telefonie und neue Technologien wie WAP und GPRS (vgl. Egger, 2001, S.30). Heute besitzen nach Angaben des GfK-Fessel-Institutes mittlerweile 84 Prozent der österreichischen Bevölkerung ein Mobiltelefon, schreibt Glanz (2006, S.6). (In Deutschland zB besitzt der Mobilfunk 2002 mit 59,2 Mio. Teilnehmern laut Berlecon Research GmbH (2003) eine ähnliche Reichweite wie das Fernsehen und übertrifft die Zahl der aktiven Internetnutzer um ein Mehrfaches.)

2.3 Von A bis D – Die Netze

2.3.1 A-Netz

Für militärische Zwecke wurde seit 1927, nach ersten Versuchen mit Fernsprechern, an der Entwicklung kleinerer Geräte gearbeitet. Die Zivilbevölkerung musste bis 1958 warten. 1958 nahm die Deutsche Bundespost ein erstes flächendeckendes Mobilfunknetz in Betrieb, das A-Netz (vgl. Wessel, 2000, S.30). 1971 stieß das A-Netz mit 10.000 Teilnehmern an seine Kapazitätsgrenze. Da man auf diesen Fall nicht vorbereitet war, wollte der Monopolist die Nachfrage drosseln, indem er die Grundgebühr von monatlich 65 auf 270 DM anhob (vgl. Wessel, 2000, S.31). Die Geräte waren teuer und so groß, dass sie in Fahrzeuge eingebaut werden mussten. 1977 wurde der Betrieb des A-Netzes in Deutschland eingestellt (vgl. Pott, 1999, S.12).

---

[10] Methodisches Problem: Im internationalen Vergleich werden häufig *Penetrationsraten* angegeben. „Damit wird der Verbreitungsgrad einer technischen Innovation zu einem bestimmten Zeitpunkt gemessen – bezogen auf die Einwohnerzahl" (Burkart, 2007, S.27). Bei Zahlen zur Verbreitung des Handys sind oft die Zahl der Verträge oder der aktiven SIM-Karten pro Einwohner gemeint. Penetrationsraten zeigen nicht den Anteil der Personen an, die ein Handy besitzen und auch nicht, wie groß der Anteil der Nicht-Handybesitzer ist.
[11] vgl. www.aeiou.at/aeiou.encyclop.t/t189834.htm, zit. in Köchler, 2003, S.165

2.3.2 B-Netz

1974 wurde zeitgleich in Österreich und Deutschland das B-Netz eingeführt, der „öffentliche bewegliche Landfunkdienst" für Kraftfahrzeuge (vgl. Konlechner, 2003, S.17). Die Geräte dieser Generation waren für die Allgemeinheit noch zu kostspielig (zwischen 80.000 und 130.000 Schilling für das Gerät und ein monatlicher Grundtarif von 1.800 Schilling) und eher unpraktisch. Viele davon fanden sich in Polizeifahrzeugen wieder (vgl. Pott, 1999, S.12).

In alten Folgen der TV-Kriminalserie „Tatort" sind diese Geräte zu sehen (vgl. Pott, 1999, S.12).

Das Telefonieren verlief folgendermaßen: „Der Anrufer musste seinen ungefähren Aufenthaltsort angeben und konnte dann direkt und ohne Vermittlung aus dem Netz telefonieren. Vor der eigentlichen Rufnummer musste immer noch eine Kennzahl für das am nächsten liegende Funknetz angegeben werden. Hatte man eine Funkzelle verlassen, dann brach das Gespräch ab und man musste eine andere Empfangsstation anwählen" (Pott, 1999, S.12f.). 1984 wurde der Teilnehmerhöchststand des B-Netzes erreicht: 1.770 Personen. Im gleichen Jahr wurde das C-Netz installiert und auf erhöhte Nachfrage auf 64.000 Teilnehmer ausgebaut. 1995 wurde das B-Netz abgeschaltet (vgl. Forum Mobilkommunikation, 1998, zit. in Egger, 2001, S.22-26).

2.3.3 C-Netz

1984 gab es mit dem C-Netz, auch genannt „Autotelefonnetz C" (vgl. Konlechner, 2003, S.17), eine neue Technik, die den Mobiltelefonierenden automatisch von einer Funkzelle zur nächsten leitete. Ab Ende der 80er Jahre waren die Geräte kleiner, wogen aber immer noch 20 kg. Auf Nachfrage wurde es auf 800.000 Teilnehmer erweitert (vgl. Wessel, 2000, S.31). Mit Einführung des C-Netzes gelang dem Mobiltelefon ein kleiner Durchbruch, blieb aber dennoch ein auf elitäre Kreise beschränktes Medium. Die Geräte waren fest im Wagen installiert und kosteten zwischen 6.000 und 9.000 DM (vgl. Pott, 1999, S.13). Die ersten „mobileren", immer noch teuren und rund 5-18 kg schweren Telefone, die „Schleppis" genannt wurden, kamen in den folgenden Jahren auf den Markt: „Die Sende- und Empfangseinheit konnte aus dem Kofferraum des Autos entfernt und auf eine mit

Antenne und Akkus ausgestattete mobile Einheit gesetzt werden" (Pott, 1999, S.13). 1997 wird das analoge C-Netz eingestellt.

2.3.4 D-Netz

Die Revolution im Mobilfunk brachte das D-Netz. 1989 erwarb Mannesmann die Lizenz zum Betreiben des privaten Mobilfunknetzes D2. Wieder waren die Geräte noch kleiner und leistungsfähiger (vgl. Wessel, 2000, S.32). 1990 startete das D-Netz, das zur Überbrückung bis zur geplanten Einführung von GSM diente und mit dem Telefonieren in Innenräumen möglich war. 1996 telefonierten 260.000 User im D-Netz. 2001 telefonierten nur mehr 125.000 User im D-Netz (vgl. Forum Mobilkommunikation, 1998, zit. in Egger, 2001, S.22-26).

2.3.5 GSM

Der eigentliche Durchbruch zu mehr Popularität gelang mit der Einführung von GSM. Bevor GSM (Global System for Mobile Communication) eingeführt wurde, waren mobile Netze verschiedener Länder nicht kompatibel (vgl. Le Bodic, 2005, S.3). „Um dem drohenden Wildwuchs zahlreicher inkompatibler Systeme vorzubeugen, gründete die Conférence Européenne des Postes et Télécommunications CEPT daraufhin im Juni des Jahres 1982 auf ihrer Wiener Konferenz die Groupe Spéciale Mobile zur Ausarbeitung eines einheitlichen Mobilfunkstandards. Das Akronym „GSM" war zunächst von dieser Gruppe abgeleitet" (Dohnal, 2002, S.77).

In England zB wurde der analoge Mobilfunk 1985 eingeführt. Die Handys der ersten zwei Firmen Cellnet und Vodafone konnten nur innerhalb eines Landes verwendet werden und litten an mangelnder Privatheit durch Abhörgefahr (vgl. Solymar, 1999, S.245). Auch deshalb wurde das neue System eingeführt, das unter dem Akronym GSM bekannt wurde: „The new system has offered security against unauthorized intrusion, better sound quality, cheaper sets, and wider access" (Solymar, 1999, S.246). Mittlerweile haben sich 356 Netzbetreiber aus 142 Staaten diesem Standard angeschlossen. Die GSM-Technologie ist mit einem Marktanteil von über 64 Prozent die führende Technologie am weltweiten Mobilfunkmarkt (vgl. Dohnal, 2002, S.80). Mit der Einführung des GSM-Standards, des internationalen Standards für digitale Funknetze, wurden die Weichen für einheitliche

Geräte und damit auch kostengünstigere Massenproduktion gestellt. Die Produktionskosten und Gesprächstarife sanken, je effizienter die Netze und je kleiner die Funktelefone wurden. Die Vorteile der GSM-Netze waren neben der digitalen Übertragung und der Kostensenkung bei Infrastruktur und Endgeräten auch die umfassenden Roaming-Möglichkeiten, die effizientere Nutzung der Sendefrequenzen, höhere Übertragungssicherheit und verbesserte Sprachqualität (vgl. Prossliner, 2006, S.65).

1991 wurde in Finnland das erste GSM-Telefonat geführt (vgl. Reischl, 1998, S.20). „Das historisch erste GSM-Gespräch, welches 1991 in Finnland zwischen zwei Nokia-Handys auf einem hauseigenen Nokia-Network geführt wurde, löste eine anhaltende Massenbewegung hin zur digitalen Mobiltelefonie aus" (Steuerer, 2002, S.7). 1991 startete der GSM-Probebetrieb und 1993 konnten bereits 10.000 Teilnehmer in Wien und am Flughafen im GSM-Netz telefonieren. Seit 1992 war GSM in Deutschland in Betrieb (D-Netze), wurde aber nicht Standard in Japan oder den USA (vgl. Burkart, 2007, S.209). 1993 waren weltweit bereits 18 Millionen Handykunden unter Vertrag (vgl. Steuerer, 2002, S.7).

Die ersten GSM-Handys waren noch nicht handlich. **1994** kamen die ersten Mobiltelefone auf den Markt – mit einem Gewicht von unter 200 Gramm (vgl. Reischl, 1998, S.20). Der GSM-Boom der späten 90er Jahre ließ die Handytelefonie zur Massenbewegung werden (vgl. Steuerer, 2002, S.7). 1998 startete der kommerzielle Betrieb von GSM 1800, das sich von GSM 900 nur durch den Frequenzbereich unterschied und durch zusätzliche Frequenzkanäle eine höhere Teilnehmerkapazität ermöglichte. Geräte und Tarife wurden dank Nachfrage und hohem Konkurrenzdruck billiger (vgl. Forum Mobilkommunikation, 1998, zit. in Egger, 2001, S.22-26). 1998 telefonierte jeder sechste Österreicher mit seinem Handy (vgl. fmk.at/mobilkom, zit. in Konlechner, 2003, S.20). Der Nachteil von GSM: Es war nicht möglich, weltweit und flächendeckend zu telefonieren. UMTS erreichte den weltweit einheitlichen Standard mit hoher Übertragungsqualität (vgl. Reischl, 1999, S.43).

2.3.6 UMTS

UMTS (Universal Mobile Telecommunications System) ist der Mobilfunkstandard der dritten Generation. Im Jänner 1998 einigt sich die Telekomindustrie auf einen weltweiten Standard, der unter dem Begriff Universal Mobile Telecommunications System die unterschiedlichen kontinentalen Mobilfunksysteme zusammenführen und in Folge ablösen soll. Merkmale des neuen Standards sind höhere Kapazitäten für eine größere Anzahl von Kunden und größere Datenmengen, die mobile Multimediageräte und den Zugang zum Internet ermöglichen werden (vgl. Dohnal, 2002, S.80). Das System ist nicht nur voll internet- und multimediafähig, sondern erstmals global kompatibel und 200 Mal schneller (vgl. Wessel, 2000, S.34). „These systems support advanced multimedia services requiring high data rates" (Le Bodic, 2005, S.1). Im September 1998 wurde in Japan das erste UMTS-Telefonat geführt (vgl. Reischl, 1998, S.129). Noch besser (als bei WAP) wurde das mobile Internet also, als die ersten UMTS-Systeme in Betrieb genommen wurden. Der österreichische Netzbetreiber max.mobil hat im März 2000 den ersten UMTS-Call übertragen (vgl. Reischl/Sundt, 2000, S.30). In Deutschland wurden UMTS-Lizenzen 2000 versteigert. 2004 wurde der Betrieb aufgenommen (vgl. Burkart, 2007, S.212). „Erst im Mai 2004 startete Vodafone als erster Anbieter in Deutschland mit einem UMTS-Angebot fürs Handy" (Burkart, 2007, S.45).

Mit der neuen Breitbandtechnologie sind Übertragungsgeschwindigkeiten bis zu 2 MBit/s möglich (vgl. Prossliner, 2006, S.66). UMTS ermöglicht neue Einsatzperspektiven: mobiles Internet, Multimedia-SMS, mobile Videopräsenz, Musikdownload, e-chatting, m-commerce, VoIP, Mobile Large Scale Data Exchange (drahtloser Zugriff auf große Datenvolumen), ortsabhängige Dienste, mobile Navigationsunterstützung oder Mobile TV. Doch die oft zitierte Killerapplikation für UMTS – im Vergleich zu SMS im noch aktuellen Mobilfunk – scheint noch nicht gefunden zu sein. Der Andrang auf die neuen Anwendungen ist zögerlich.

2.3.7 GPRS

GPRS (General Packed Radio Service) wurde in Deutschland im Herbst 2002 eingeführt und ist eine Vorstufe bzw. Vorgängertechnik zum UMTS-Netz. Das erste Gerät zu dieser so genannten zweiten Generation brachte Motorola heraus: Timeport 260 (vgl. Burkart, 2007, S.208f.). GPRS ist eine Erweiterung von GSM (vgl. Le Bodic, 2005, S.7). GPRS is „allowing the support of packed-based communications in evolved GSM networks" (Le Bodic, 2005, S.1).

2.3.8 3 Generationen

Nach der „ersten Welle der Mobilkommunikation" Anfang der 90er Jahre, als Handys noch ein elitärer Luxus waren, und der „zweiten Welle", in der Handys der breiten Bevölkerung zum unverzichtbaren Medium der alltäglichen Sprachkommunikation wurden, setzt mit der „dritten Welle" ein finaler Gestaltwandel ein, nämlich der mobile Empfang von digitalen Daten (vgl. Steuerer, 2002, S.2).

Tragbare, *analoge* Telefone waren die erste Generation der Mobiltelefontechnologie. Die erste Generation gab es im hohen Norden in den 80er Jahren in Form analoger drahtloser Kommunikation. Die zweite war die *digitale* Generation mobiler Systeme, mit besserer Sprachqualität, in den 90er Jahren. Diese Geräte waren bereits für jeden erhältlich (vgl. Le Bodic, 2005, S.1f.). Die zweite Generation waren somit digitale Telefone mit internetähnlichen Services wie der Kurznachrichtenfunktion SMS. Die dritte Generation, für die der Kauf von Lizenzen für spezielle Ausschnitte des Spektrums nötig war, leitete die Ära des *mobilen Internet* ein (vgl. Prossliner, 2006, S.67). Die dritte Generation wird die **ab 2004** genannt: wireless technologies converge with Internet technologies. Third generation services encompass a wide range of multimedia and cost-effective services with support for worldwide user mobility (vgl. Le Bodic, 2005, S.1f.). In der zweiten Hälfte der 90er Jahre sprach man international von 3G, der dritten Generation, während in Deutschland die UMTS-Technologie im Mittelpunkt der Diskussion stand (vgl. Burkart, 2007, S.42).

6 Möglichkeiten der 3. Generation (vgl. Le Bodic, 2005, S.11f.):
- Mobile Internet access
- Mobile Intranet/Extranet access (f. e. LAN)
- Customized infotainment (access to personalized content from mobile portals)
- Multimedia messaging service (incl. text, video, audio)
- Location-based services (such as vehicle tracking or local advertisements)
- Rich voice and simple voice (real-time, two-way voice communications incl. Voice over IP)

2.4 Vom Prestige- zum Massenobjekt und zur Personalisierung des Handys

War in den 80er Jahren das Handy einer zahlungskräftigen Elite vorbehalten, so ist es mit Beginn der 90er für jedermann erschwinglich geworden[12]. „Bis 1995 konnte das digitale GSM-Handy noch als Status- und Prestigesymbol gelten, mit dem sich weltweit einige Millionen früh entschlossener Benutzer ihre Mobilität erleichterten" (Steuerer, 2002, S.7). In der zweiten Hälfte des Jahrzehnts begann der GSM-Boom.

Manfred Schneider stellt in seinem Aufsatz „Im Informationsnetz gefangen: Mobiltelefon und Message-Machines" (zit. in Kemper, 1996, S.11) fest, dass neu entwickelte technische Systeme zunächst selten und teuer sind, wenn sie auf den Markt kommen, und in dieser exklusiven Phase ihres Erscheinens noch den Reichen und Mächtigen allein gehören. Nach einer gewissen Zeit aber erreicht die Massenfertigung auch den so genannten kleinen Mann und stillt sein Bedürfnis, es den Großen und Reichen gleichzutun. Jedes Informationsmedium durchläuft drei Stadien, meint Schneider (zit. in Kemper, 1996, S.16): „Im ersten Stadium wird das neue System geschäftlichen und militärischen Zwecken reserviert. Das erlebten der Fonograf, das Telefon, der Film, das Fernsehen. Im zweiten Stadium ist das Medium ein öffentliches und privates Distinktionsmerkmal. […] Schließlich sinkt das Medium im dritten Stadium herab zu einem Massenartikel, und dort büßt es seine distinktiven Merkmale ein". Daran dürfte sich auch Hingst (2001, S.10) angelehnt haben, wenn er schreibt, dass das Mobiltelefon zunächst ein Privileg wirtschaftlicher und militärischer Eliten war und in der zweiten Phase als Erkennungszeichen der „besseren Gesellschaft" diente, bis es in den letzten Jahren zum Massenartikel auf- bzw. abgestiegen ist.

Anfänglich galt das Medium Telefon als Symbol für Modernität und diente zur Statusdifferenzierung. Vielleicht ist deshalb manchmal noch das Bild des Handynutzers in der Öffentlichkeit das eines Angebers (vgl. Eco, 1996, S.144ff.). Anfangs, in den frühen 90er Jahren, „war das Mobiltelefon noch als Spielzeug für Reiche, als „teddy bear for yuppies" bezeichnet worden" (Burkart, 2007, S.133). „Der wichtige Mann von heute hingegen telefoniert in den Warteräumen der Flughäfen mit seinem Handy. Dieses neueste Zeichen seiner Unentbehrlichkeit trägt er unter dem Mantel oder eben in dem edlen Leder-Köfferchen, das einmal das Emblem der Macht war" (Schneider, zit. in Kemper, 1996,

---

[12] vgl. www.aeiou.at/aeiou.encyclop.t/t189834.htm, zit. in Köchler, 2003, S.87

S.11). „Ein Teil der Menschen hat offenbar das Bedürfnis, immer und überall zu telefonieren, um die eigene Unentbehrlichkeit und Wichtigkeit zu demonstrieren", unterstreicht Hingst (2001, S.35).

2.4.1 Verbreitung nach Status und Geschlecht

Technik wird meist immer noch als männlicher Bereich angesehen und das bestätigte sich auch beim Mobiltelefon, abgelesen am höheren Verbreitungsgrad bei Männern. Das hing „weniger mit einer weiblichen Aversion gegen Technik zusammen, sondern eher damit, dass in der Anfangszeit die berufliche Nutzung überwog. Einige der mobilen Berufe, in denen sich das Handy zuerst durchsetzte, waren stark männlich dominierte Berufe, wie etwa der Handelsvertreter" (Burkart, 2007, S.35). Ende der 80er Jahre waren in den USA mehr als 90 % der Handybesitzer Männer (vgl. Burkart, 2007, S.35). Anfangs waren es eher Bevölkerungsgruppen mit höherer Bildung und höherem Berufsstatus, die über ein Handy verfügten (vgl. Burkart, 2007, S.36).

R.I.M. Dunbar (zit. in Nyíri, 2002, S.70f.) erläutert im Aufsatz „Sind der E-Welt kognitive Grenzen gesetzt?" das unterschiedliche Verhalten von Männern und Frauen im Zug oder im Pub in Liverpool im Zusammenhang mit ihren Handys: „Männer legten ihre Mobiltelefone – die sie oft aus ihrer Aktentasche oder einer Jacke nahmen – fast immer auf den Tisch neben sich, Frauen jedoch nicht". Dunbar folgert daraus, dass es etwas mit sexuellem Werben zu tun haben könnte, dass Männer ihre Handys zur Schau stellen und, dass Handys in dem Fall eine ähnliche Qualitätssignalwirkung haben wie eine teure Rolex-Uhr oder ein rarer Armani-Anzug. Wenn Mobiltelefone (oder Rolex-Uhren) in großer Menge und billig verfügbar wären, würden sie ihre Signalwirkung verlieren, meint Dunbar (zit. in Nyíri, 2002, S.71).

Bis in die 90er Jahre waren Mobiltelefon-Attrappen weit verbreitet, was auf den damaligen Wert des Handys als Prestigeobjekt hindeutet (vgl. Egger, 2001, S.36f.). Mittlerweile ist das Handy ein Massenprodukt (das sich aber inzwischen persönlich gestalten lässt).

2.4.2 Personalisierung des Handys – Cover, Klingelton und Co.

Da das Handy als selbst mobiler Gegenstand mit eingebauten Geräten wie mp3-Player und Kamera den Besitzer ständig begleitet, kommt es oft zu einer stärkeren Bindung zum Handy (vgl. Egger, 2001, S.43f.). Die massenhafte Verbreitung des Mobiltelefons kann ebenso zum Wunsch nach Individualisierung des eigenen Geräts führen. „Die Personalisierung beginnt schon mit der Marke" (Burkart, 2007, S.123). Der Favorit bei Umfragen unter Jugendlichen ist meist Nokia (vgl. Sonnemann, 2004, S.54f., zit. in Burkart, 2007, S.123). Der Handynutzer kann sowohl das Aussehen des Handys (Cover, Displaygestaltung, Logos, Begrüßungstext etc.) als auch den Klang (Ruf- und Klingeltöne) nach seinen Vorstellungen gestalten. Nokia erfüllte als erster Hersteller das Begehren, vorerst zumindest die Farbe und das Oberflächen-Design des Handys durch eine Vielzahl von „Covers" mit nur einem Handgriff zu verändern (vgl. Steuerer, 2002, S.38). Auf zahlreichen Internetseiten können Logos und Klingeltöne kostenpflichtig downgeloadet werden. Die Personalisierung des Handys findet vor allem bei jungen Leuten von 14-25 Jahren großen Anklang (vgl. Egger, 2001, S.39). Während bis zum zehnten Lebensjahr das Handy vor allem als Spielzeug betrachtet wird, nutzen es die 10-12-Jährigen zunehmend für die Kontaktaufnahme mit Freunden. Mit etwa 13 bis 14 Jahren beginnt die Personalisierung, die ästhetische Gestaltung, die Verwendung des Geräts als Ausdruck der Persönlichkeit (vgl. Oksman, 2003, zit. in Burkart, 2007, S.126). Mit Hilfe neuer Schalen, die man eigens bemalen, bekleben, mit Amuletten behängen und gestalten kann, erhält das Gerät Individualität. Das Handy bekommt quasi ein neues Kleid. Entsprechende Praktiken sind weltweit verbreitet (vgl. Fortunati, 2005 und Bell, 2005, zit. in Burkart, 2007, S.123). „Zur wichtigsten Möglichkeit, Individualität zu demonstrieren, wurden nach und nach die Klingeltöne" (Burkart, 2007, S.124). Ein Cover ist nicht immer gut zu sehen, ein Rufton aber gut zu hören.

Auf das Handy als Suchtmittel und Modeaccessoire geht das ZEITmagazin Leben (Nr. 28, 5. Juli 2007, S.29-33) ein und interviewt weibliche Jugendliche zu ihrem Umgang mit dem Handy. Für eine 19-Jährige ist ein Handy unentbehrlich, seit sie das erste mit 12 Jahren bekam. Sie beschreibt ihr aktuelles als stylish und edel, es ist mit Swarovski-Anhängern und dem Lieblingssong als Klingelton individualisiert und in ihrer Lieblingsfarbe, nämlich pink. Nachts schaltet sie es aus. Eine 18-Jährige hat ihr altes Handy mit Nagellack und Sternchen verziert, kennt aber keinen einzigen Burschen, der seines verziert hätte. Andere

Befragte legen Wert auf ein Fashion-Handy sowie auf Anhänger als Schmuck und Klingeltöne von Serien wie Grey's Anatomy und tragen es in kleinen Handytaschen oder einer Babysocke, damit das Display nicht zerkratzt wird. Auf die Frage, warum Mädchen öfter Klapphandys hätten als Jungs, sagt eine andere 19-Jährige: „Weil es so elegant ist, wenn man abhebt. Als würde ich einen Schminkspiegel öffnen".

Alles, was wir andauernd mithaben und bei uns tragen, erweckt bei uns den Wunsch, dass es nicht nur praktisch, sondern auch schön „designed" sei, meint Steuerer (2002, S.37). „Zu erkennen ist, dass das Handy zunehmend personalisiert wird" (Glanz, 2006, S.137). Bereits zwei Drittel aller Mobiltelefonbesitzer in den USA haben ihr Taschentelefon mit eigenen Klingeltönen oder Displaybildern personalisiert[13]. Das Handy ist mittlerweile ein symbolisches Artefakt. Wir definieren uns selbst durch Gegenstände, die uns umgeben. Früher war allein der Besitz eines Handys das Statussymbol – heute ist wichtig, welche Zusatzfunktionen und technischen Finessen ein Handy als Distinktionsmerkmale besitzt. Handyzusatzfunktionen (vgl. Kuttner, 2001, S.52ff.) sind zB Anruferkennung, Mobilbox/Sprachbox und das Anklopfen. Identität wird durch das so genannte Handy-Styling hergestellt: Durch Klingeltöne und Logos zeigt man einerseits seine Vorlieben, andererseits hebt man sich von anderen Handynutzern ab. „Style dein Handy wie dich selbst" wirbt A1 2004 auf der Homepage a1.net (vgl. Kapeller, 2005, S.50f.). Von der bisher recht schmalen Palette an Handytypen und -modellen verabschiedet man sich um die Jahrtausendwende: „Der Trend zum ganz persönlichen, quasi auf die individuellen Bedürfnisse maßgeschneiderten mobilen Begleiter setzt sich ungebrochen fort" (Steuerer, 2002, S.28). Ein Handy gilt als manifestes Zeichen des persönlichen Stils und ist eine Form des demonstrativen Konsums (vgl. Schulze, 1995, S.185, zit. in Kapeller, 2005, S.53). „Gürteltaschen-Handy und Blackberry sind Mode-Accessoires für Männer" (Burkart, 2007, S.149). Nicht nur der modisch-kulturelle Aspekt, wie das Austauschen von Covers, zählt mehr, sondern das Handy selbst wird öfters gewechselt oder zumindest mit „Add-ons" modifiziert werden (vgl. Steuerer, 2002, S.28).

Geht es nach ästhetischen Merkmalen, erkennt Ling (2004), der Soziologe und Forscher an der Telenor-Abteilung für Forschung und Entwicklung, dass es klare Unterschiede gibt zwischen Skandinavien, wo Konsumenten „candy-bar telephones" besitzen und Korea oder

---

[13] http://www.gmx.net/de/themen/handy/mobile-welt/aktuell/2166400,cc=000000154700021664001X2vB5.html, 08.04.2006

Japan, wo die kleinen „flip-up phones" verbreitet sind, die wie Make-Up-Sets aussehen[14]. "What mobile phone you have also mirrors your personality and how you interact with others" behauptet Ling (2004). Den Mobilfunk als persönliches Medium erkennt auch eine Studie der Berlecon Research GmbH (2003): Ein Handy trägt man immer bei sich und verleiht es nicht ohne weiteres. Die Mobilfunknummer wird meist nur an gute Bekannte oder Geschäftspartner weitergegeben. Persönliche Daten sind über die SIM Card[15] im Mobiltelefon gespeichert. Viele Handybesitzer gestalten ihr Endgerät mit individuellen Logos und Klingeltönen und nutzen es als persönliches Telefonbuch.

Das Handy wird immer mitgeführt und gleicht einer Körper-Extension. Die *Unverzichtbarkeit* wird noch größer werden, wenn es sich noch stärker zu einem Universalgerät entwickelt, das Adressbuch, Wecker und Kalender enthält, meint Burkart (2007, S.130). Je mehr Funktionen das Handy in sich vereint und andere Hilfsmittel ersetzt, desto unentbehrlicher wird es, meint auch Joachim Höflich (2005, S.8, zit. in Zederbauer, 2007, S.15). In dieser Unverzichtbarkeit könnte man beinahe Suchtverhalten, zumindest eine gewisse Abhängigkeit, erkennen und, dass Besitzer eine emotionale Beziehung zu ihrem Handy entwickeln können (vgl. Burkart, 2007, S.132).

Seit der Jahrtausendwende gehört in immer mehr Ländern das Handy zur technischen Standardausrüstung eines Haushalts, ebenso wie ein Fernseher oder Kühlschrank. Genauer gesagt, gehört das Mobiltelefon bei den jüngeren Altersgruppen zur Standardausrüstung des *Individuums*, denn im Unterschied zu Kühlschrank oder Radio gibt es in der Regel keine gleichzeitige gemeinsame Nutzung durch mehrere Familienmitglieder bzw. Haushaltsangehörige (vgl. Burkart, 2007, S.35).

2.5 Verbreitung des Telefons – für Handys geltend? Erklärungsversuch des Handybooms

In dieser Arbeit geht es zwar um das Handy, doch da das Phänomen Telefon bereits ein wenig besser untersucht ist, bietet es sich an, das Telefon genauer anzusehen und zu vergleichen, wie und aus welchen Gründen diese zunächst zweckentfremdete Innovation damals angenommen wurde und schließlich so große Verbreitung fand, um eventuelle

---

[14] http://www.ericsson.com/about/publications/telecomreport/archive/2004/october/mobility.shtml
[15] SIM bedeutet Subscriber Identification Modul. Eine SIM-Karte steckt in jedem Handy und ordnet Telefonnummer und Vertragspartner einem Gerät zu (vgl. Burkart, 2007, S.211).

Parallelen zur Geschichte und Einführung des vorerst unhandlichen, teuren und inzwischen dermaßen erfolgreichen Handys zu erkennen. Prozesse der kulturellen Aneignung von Technik lassen sich anhand des Telefons nachzeichnen. Das Modell „Telefon" könnte für die neuen Technologien herangezogen werden, als unterstützende Modellfunktion (vgl. Höflich, 1996, S.204f., zit. in Köchler, 2003, S.101).

Nach Lange (1989, zit. in Kuttner, 2001, S.33) ist der eigentliche Reiz des Telefons die Sicherheit, an die Welt angeschlossen zu sein. Andererseits ist es nicht immer erwünscht, dass die Welt sich jederzeit und überall per Anruf oder SMS mit uns verbinden kann. Lange erwähnt, dass sich immer mehr Menschen durch ihr Telefon gestört fühlen. Doch die Angst, den Anschluss zu verpassen und übrig zu bleiben, als einziger kein Handy zu haben und daher schwieriger erreichbar zu sein, spielt in der Erfolgsgeschichte des Handys vermutlich auch eine Rolle. Die Verbreitung des Handys verlief rasanter als beim Telefonapparat, durchlief aber wie oben erwähnt in der Entwicklung mehrere Stufen, um vom Objekt der Elite zum eventuellen Prestigeobjekt und zum Massenartikel zu werden (vgl. Auböck, 2001, S.18). Weshalb sich das Medium Handy erfolgreich verbreitet hat, wird verständlicher, sieht man sich die sozialen, politischen und ökonomischen Funktionen der Massenmedien nach Burkart (2002, S.382) an. Da geht es neben der erwarteten Informationsfunktion um die Sozialisations-, die soziale Orientierungs-, die Integrations- und die Rekreationsfunktion (Unterhaltung, Eskapismus) sowie beispielsweise um die Kritik- und Kontrollfunktion oder die Artikulationsfunktion. Zederbauer (2007, S.16-29) findet folgende Einteilung für Funktionen, die sich für das Handy ergeben: soziale Funktionen (Kontaktaufrechterhaltung, Verringerung von Einsamkeit, soziale Eingliederung, Sicherheit), kontrollierende Funktionen, zeitökonomische Funktionen, unterhaltende Funktionen und prestigeträchtige Funktionen.

2.5.1 Kurze (Kultur-)Geschichte des Telefons

1876 meldete Alexander Graham Bell[16] seine Erfindung, ein Gerät zum Hören, im Patentamt an. Bis zu seinem Tod entwickelte Alexander Graham Bell seine Erfindungen weiter, denn anfangs beschränkte sich die Reichweite seiner Apparate lediglich auf den

---

[16] Weitere Details über die Erfindung des Telefons können nachgelesen werden zB in: Maschke, W. 1989: Telefonieren in Deutschland – Zahlen, Daten und Fakten. In: Forschungsgruppe Telekommunikation (Hrsg.). Telefon und Gesellschaft. Beiträge zu einer Soziologie der Telefonkommunikation, S.97-100. Berlin.

Nahbereich. 1877 gelang es ihm, eine Sprechverbindung über eine Entfernung von 10 km herzustellen. Erst mit weiteren Entwicklungen in der Mikrofontechnik durch Hughes, Edison und Berliner wurden die Voraussetzungen für die Errichtung kontinentaler Telefonnetze geschaffen (vgl. Probst, 1989, S.15, zit. in Köchler, 2003, S.39).

Die allgemeine Verbreitung des Telefons ließ aus mehreren Gründen auf sich warten. Die Etablierung erfolgte nicht automatisch mit der Erfindung der technischen Apparatur. Zunächst wurde es von Bell 1876 in Philadelphia als Unterhaltungsmedium vorgestellt; es wurden Monologe, Musik und Gesang übertragen. Der Apparat stellte somit den Vorläufer des Radios dar, wurde aber in dieser Funktion wegen der schlechten Übertragungsqualität nicht länger als bis 1930 verwendet. Das Telefon wurde also zweckentfremdet genutzt (vgl. Köchler, 2003, S.40f.). Neben der mangelnden Übertragungsqualität verhinderte die Tatsache, dass das Telefon hauptsächlich für den Nahbereich zu gebrauchen war, eine rasche Verbreitung. Darüber hinaus war es eine kostspielige Angelegenheit und wurde anfangs auch als Luxus bezeichnet. Es galt als Statussymbol und der Zweck war häufig zweitrangig (vgl. Probst, 1989, S.27 und Köchler, 2003, S.42ff.). Das Festnetztelefon galt ebenso wie das Handy eine Zeit lang als Statussymbol und erst mit der durchgreifenden Verbreitung wurde das Telefon vom Status eines Luxusmediums enthoben und entwickelte sich allmählich zum alltäglichen Gebrauchsgegenstand (vgl. Köchler, 2003, S.142). Während das Handy anfangs beruflich verwendet wurde, stellt es heute vor allem ein Beziehungsmedium dar. Handys dienen der Aufrechterhaltung des persönlichen Lebens und von Beziehungen (vgl. Höflich, 2006, S.148, zit. in Glanz, 2006, S.45).

Wie kam es zu unserem heutigen Verhältnis zum Mobiltelefon? Wie haben sich die Menschen mit dem Handy „angefreundet"? Antworten darauf finden sich zB im historischen Rückblick in Bezug auf die Etablierung, den anfänglichen Gebrauch und die Nutzung des (Festnetz-)Telefons (u. a. in der Arbeit von Köchler, 2003).

2.5.2 Motive für die Anschaffung eines (Mobil-)Telefons

Die bestehenden Kommunikationsmöglichkeiten erfüllten die sozialen Kommunikationsbedürfnisse in der Nachkriegszeit vollkommen. Man war gewohnt, Kontakte Face-to-face abzuwickeln und Spontanbesuche gehörten zur kommunikativen Praxis wie auch das Zurufen vom Fenster aus; für weitere Entfernungen bediente man sich des Briefes oder der Telegrafie. Anfangs erkannte man wenig Sinn in der Anschaffung eines Telefons – wen sollte man erreichen, wenn keiner der Verwandten oder Bekannten eines hatte? Welche Erwartungen und Gratifikationen sollte der technische Apparat erfüllen? Erst als im geschäftlichen Alltag die Vorteile des Fernsprechers auf der Hand lagen, erfuhren die Kommunikationsstrukturen eine Verschiebung und das Wohnungstelefon in den 60er Jahren in Österreich seine Verbreitung, unter anderem deshalb, weil es „in" war, einen Anschluss zu haben (vgl. Köchler, 2003, S.148f. und S.150). Erst nach dem Zweiten Weltkrieg war in Österreich ein bis dahin noch nicht da gewesener Aufschwung der Telefonie feststellbar. Nach 1945 stieg das Pro-Kopf-Einkommen und die allgemeinen Haushaltsausgaben verschoben sich allmählich. Unter diesen Voraussetzungen wurde das Telefon vom Mythos „Luxusmedium" befreit und konnte sich in den 60er Jahren in den Privatwohnungen etablieren (vgl. Köchler, 2003, S.79). Man erkannte bald den Wert des Telefons für die Aufrechterhaltung von Kontakten und als Sicherheitsfaktor. Die Nutzung und Aneignung eines Mediums hängt nicht nur von den Gratifikationen ab, die man sich von ihm verspricht, sondern auch von den Konsequenzen der Verweigerung … Für den Notfall, „wenn einmal etwas ist", will man schließlich gerüstet sein (vgl. Köchler, 2003, S.150).

Dieses Paradoxon könnte bei einem Erklärungsversuch des Handybooms in den 90ern hilfreich sein. Die Gründe für eine heutige Anschaffung eines Handys sind großteils dieselben geblieben, nur ist das Handy heute außerdem technisch besser ausgestattet und ersetzt inzwischen häufig das Festnetztelefon (vgl. Glanz, 2006, S.111). Der Großteil interviewter älterer Personen meinte hinsichtlich der Motive für die Anschaffung eines Festnetztelefons, dass es zu dieser Zeit (in den 50er und 60er Jahren) einfach „zeitgemäß" war, ein eigenes Telefon zu haben (vgl. Köchler, 2003, S.141). Das ließe sich auch von Handys in den 90er Jahren sagen. Dennoch: Um eine Handy-Anschaffung zu begründen, wurde in 1999 durchgeführten Interviews (vgl. Burkart, 2007, S.70) oft „berufliche Notwendigkeit" oder „für den Notfall" angeführt. Berufliche Gründe wurden genannt – und es schien keine überzeugende Begründung für *private* Verwendung zu geben (das Wort „Wichtigtuer" fiel häufiger).

Bei seinen Studien im Jahr 2002 fand Burkart (2007, S.121) heraus, dass auch ein starker Gruppendruck, ein Handy zu besitzen, eine Rolle bei der Verbreitung des Handys spielte. Es hieß: „Ohne Handy bist du out!". Mit einer „falschen", uncoolen Marke war man das ebenfalls und Hänseleien ausgesetzt (vgl. Burkart, 2007, S.121). Die Durchsetzung des Mobiltelefons erfolgte vor allem über die Jugendlichen. Sie setzten auch die Maßstäbe für die kulturelle Bedeutungszuschreibung (vgl. Burkart, 2007, S.119). Jugendliche, 14- bis 20-Jährige, gehörten zu den ersten Handybenutzern überhaupt: „It is worth noting that adolescents, those aged fourteen to twenty, are often the early adopters of mobile communications and are among the first whose identities, families, and communities begin to change" (Rheingold, 2002, S.25). Dass Jugendliche zu den ersten Nutzern, den Early Adopters, gehören, hängt damit zusammen, dass sie generell technischen Neuerungen gegenüber offen sind, sich diese spielerisch aneignen und damit, dass sie das Handy als Distinktionsmerkmal einsetzen (vgl. Kapeller, 2005, S.52).

Die Frage nach der finanziellen Leistbarkeit stand wohl bei Mobiltelefonen nicht im Vordergrund. Darüber hinaus benötigte ein Handybesitzer keine anderen Mobiltelefonbesitzer, um sein Gerät verwenden zu können, da er damit ein ausgebautes, flächendeckendes Festnetz anwählen konnte. Mit dem Vorteil, das von überall tun zu können. Als Gründe für die Handy-Anschaffung werden von Glanz' Interviewpartnern vor allem die Erreichbarkeit angegeben und die Telefonkosten. Da viele Freunde auf ein Mobiltelefon umgestiegen sind, war es kostengünstiger, innerhalb eines Netzes zu telefonieren als von Festnetz zu Handy (vgl. Glanz, 2006, S.111). Darüber hinaus spricht für ein Handy, dass man nicht mehr gezwungen ist, in seinen vier Wänden auf einen Anruf zu warten und zu bleiben. Weiters muss man weder das Gerät noch die Gesprächszeit mit einem Mitbewohner oder Familienmitglied teilen (vgl. Konlechner, 2003, S.45). Ein weiterer Grund für eine Anschaffung dürfte sein, dass das Handy selbst „in" ist. In einer 1999 veröffentlichten Studie der International Telecommunications Union (ITU) (zit. in Steuerer, 2002, S.37) heißt es: „Handys haben sehr viel mehr mit modischen Accessoires denn mit dem schlichten alten Telefon gemein. Der Erfolg der Mobilen ist somit aus einer triumphalen Partnerschaft von Technologie und Marketing entstanden". Nicht zu vergessen ist daher, dass der Handy-Boom auch durch wirtschaftliche Interessen vorangetrieben wurde. Technische Eingriffe in zwischenmenschliche Kommunikationsbeziehungen folgen zwei Mustern: Erstens der Rationalisierung von Kommunikation nach Gesichtspunkten der Schnelligkeit, Verfügbarkeit und Unabhängigkeit von Menschen und zweitens der Kommerzialisierung der Ware Information und Kommunikation zu Unterhaltungszwecken (vgl. Mettler-Meibom, 1994, S.95).

2.5.3 Ein Handy ist nicht genug

Für Österreicher ist das Handy zu einem unentbehrlichen Alltagsinstrument geworden, ermittelte eine Studie des Fessel-GfK Instituts[17] im Auftrag der mobilkom austria. Insgesamt hat jeder handybesitzende Haushalt durchschnittlich 2,6 Handys. Die Penetrationsrate beträgt 98 %. Betrachtet man europäische Statistiken zu Handybesitz, erreichen Schweden, Portugal, Island und Italien 100 % Marktdurchdringung und Luxemburg sogar 133 %[18]. Das bedeutet nicht, dass jeder Italiener ein Handy hat, aber dass für einige ein Handy nicht genug ist. In England gibt es bereits mehr Handys als Menschen (geht es nach Vertragsanmeldungen und Wertkarten) nach nur 11 Jahren digitalem Mobilfunk. Die Umfrage zeigt, dass viele Handynutzer zwei Geräte haben, um Privates von Geschäftlichem zu trennen. Darüber hinaus locken fortschrittliche Neuerungen wie GPS, technische Applikationen wie Kameras oder andere Trends zum Kauf der jeweils neuesten Modelle. Auch in China und Ostasien hat man häufig zwei Handys, um Berufliches und Privates zu trennen. Oder man hat mehrere Handys für verschiedene Tarifzonen und regionale Netze, wenn man viel in der Welt herumreist (vgl. Bell, 2005, S.73, zit. in Burkart, 2007, S.73). Immer mehr Jugendliche besitzen mehr als ein Handy. In Norwegen hatten schon im Jahr 2000 13 % der Teenager zwei oder mehr Handys. Der Grund dafür: Man telefonierte billiger mit Freunden, die bei derselben Gesellschaft einen Vertrag hatten (vgl. Ling, 2004, S.11, zit. in Burkart, 2007, S.120).

Usability-Experten und Handy-Designer begründen mit dem Leitsatz „One size doesn't fit all needs" die Tatsache, dass einige Handynutzer mehrere Geräte brauchen werden, wenn sie einerseits immer kleinere Geräte wollen, andererseits aber größere Handys mit noch mehr Features und Funktionen sowie größeren Tastaturen und Displays, um besser im Internet surfen zu können. 2002 war der Handytrend: klein, chic und preiswert. Das ist zwar für reine Sprachtelefonie perfekt, nicht aber für die Handys der Zukunft – mit Anwendungen der mobilen Daten-Kommunikation (vgl. Steuerer, 2002, S.45).

---

[17] http://www.mobilkomaustria.com/CDA/frameset/sec_frame/1,3150,890-957-html-en,00.html
[18] http://www.160characters.org/news.php?action=view&nid=1415, 24.01.2005

2.6 Technikakzeptanz

Unter Technikakzeptanz versteht man die individuelle Bereitschaft, eine neue Technik mit ihren sozialen Folgen anzunehmen, d. h. zu begrüßen oder einfach nur hinzunehmen. Ein technisches Gerät kann erst dann als sozial akzeptiert gelten, wenn ihm von einer größeren Gruppe in der Gesellschaft eine Bedeutung für das Handeln verliehen wird und der Umgang mit ihm zur dauerhaften und gewohnten technischen Praxis geworden ist (vgl. Rammert, 1990, S.20-40, zit. in Kuttner, 2001, S.8).

2.6.1 Aneignung der Technik – Kulturelle Unterschiede

Asien, insbesondere Japan, und Westeuropa spielen eine Vorreiterrolle bei der Einführung der nächsten Generation drahtloser Technologie, während die USA auf dem Gebiet noch etwas hinterherhinken. GSM hat bereits in großen Teilen zur Einführung eines internationalen Mobiltelefonstandards beigetragen, doch die Vereinigten Staaten haben sich nicht an dieser Standardisierung beteiligt, meint Amor (2002, S.103).

2.6.2 USA

In vielen Bereichen technischer Entwicklung stehen die USA an der Spitze, doch verglichen mit Europa und Ostasien setzte sich das Handy in den USA zunächst nur langsam durch. Man konzentrierte sich stärker auf Computer und Internet – Jugendliche hatten einen freieren Zugang dazu als in den meisten anderen Ländern. 2000 verfügten erst 10 % der Bevölkerung über ein Handy. 2004 immerhin schon 60 % (vgl. Monitoring Informationswirtschaft, Mai 2005, zit. in Burkart, 2007, S.32). Ein technisches Problem war der fehlende einheitliche Standard (wie GSM in Europa). In den USA war es noch vor wenigen Jahren nicht möglich, über nationale Netzgrenzen hinweg zu telefonieren (vgl. Agar, 2003, zit. in Burkart, 2007, S.32). Ein weiteres Problem war, dass es sich für Telefongesellschaften offenbar nicht lohnte, für ländliche, dünn besiedelte Gebiete ein dichtmaschiges, leistungsstarkes Netz einzurichten. Darüber hinaus muss in den USA häufig der Angerufene einen Teil der Kosten tragen[19] (vgl. Burkart, 2007, S.32).

---

[19] siehe auch die daher geringe SMS-Nutzung in den USA unter Kapitel SMS

(Unreflektierte) Differenzen lassen sich im Telefonierverhalten in den einzelnen Ländern ausmachen. Amerikaner würden Telefonieren grundsätzlich positiver bewerten als beispielsweise Franzosen. Diese haben eher die Vermutung, den Angerufenen in seiner Privatheit zu stören (vgl. Köchler, 2003, S.61). Kulturelle Aneignungsprozesse sind zu berücksichtigen: Ein und dasselbe technische Gerät bleibt im jeweiligen kulturellen Kontext nicht identisch. Trotzdem sollte von einem übereilten Kulturrelativismus ein großer Abstand gewahrt bleiben. Technik und Gesellschaft stehen in einem Spannungsfeld, in dem sie sich wechselseitig beeinflussen und ergänzen (vgl. Höflich, 1996, S.204-208, zit. in Köchler, 2003, S.102f.). Wozu und in welchem Umfang eine Technik letztlich zum Einsatz gelangt, wird schlussendlich vom Menschen bestimmt (vgl. Köchler, 2003, S.148). Einer der Gründe, weshalb in Europa mehr Mobiltelefone als PCs verkauft werden, ist der, dass Mobiltelefone einfach zu bedienen sind, meint Amor (2002, S.30).

2.6.3 Benutzerfreundlichkeit

Heutige Handybesitzer verstehen nur einen Bruchteil der verfügbaren Funktionen ihres Handys, meint Steuerer (2002, S.22). „Viele Akteure klagen darüber, dass das Gerät sie überfordere" (Burkart, 2007, S.118). Sie wollen Handys ohne „Schnickschnack". In einem Artikel über die Kompliziertheit und Benutzerunfreundlichkeit mancher Handys schreibt Mike Grenville, dass die Mehrheit der 800 in einer unabhängigen NOP-Studie befragten Handybesitzer zwischen 15 und 65 Jahren im Jahr 2005 gar keine mobilen Datendienste in Anspruch nahm. 77 % der Handynutzer haben noch nie neue Dienste wie Bild- oder Videoversand, Spiele- oder Klingeltondownloads durchgeführt. Der Studie nach gaben 44 % nach einem erfolglosen Versuch auf, weil die Dienste nicht funktionierten wie gewünscht[20]. Um dieses Problem zu lösen, kreierte Vodafone „Vodafone Simply", ein Handy für Technophobe, designt für Kunden, die ausschließlich telefonieren und SMS versenden wollen[21].

Die „dritte Welle" der Mobilkommunikation steht und fällt mit der Frage nach „Usability". Adäquates Design und komfortable Benutzbarkeit werden umso mehr zu Schlüsselfragen, je mehr das Handy sich vom simplen Telefon zum multifunktionalen Kommunikationsgerät entwickelt (vgl. Steuerer, 2002, S.47). Voraussetzung für eine

---

[20] vgl. "Mobile Data Too Hard To Use" auf http://www.160characters.org/news.php?action=view&nid=1564
[21] http://www.textually.org/, falls nicht anders angegeben: März 2005

bequeme Nutzung und ein nahezu automatisches Abgleichen (zB von Handy- und Computerterminkalender) der sich ständig ändernden Daten ist, dass die jeweiligen Hard- und Software-Schnittstellen korrekt konfiguriert werden (vgl. Steuerer, 2002, S.78). „Im Bereich der Mobilfunkbranche wird sichtbar, dass der Hersteller die Nase vorn hat, der die meisten Services bietet. Motorola musste Verluste bei den Marktanteilen hinnehmen, weil der Hersteller sich zu sehr auf technische Details (Lebensdauer und Größe des Akkus) konzentrierte, statt seine Mobiltelefone benutzerfreundlicher zu gestalten" (Amor, 2002, S.128).

2.6.4 Gerätehersteller

Bei den Geräteherstellern ist auf dem Weltmarkt die finnische Firma Nokia seit Jahren führend. Motorola (USA) liegt an zweiter Stelle, gefolgt von Samsung (Südkorea), Sony Ericsson, LG Electronics und schließlich Siemens (vgl. www.wwinformatikch/news, zit. in Burkart, 2007, S.42).

2.6.5 Handy-Bauarten im Detail

- **Candybar/Barren/Riegelhandy** – die klassische Bauweise, die der Form eines Schokoriegels (engl. candy bar) ähnelt – zB Nokia 6230. Auch Mobiltelefone, deren Tastatur von Klappen oder Schiebemechanismen geschützt sind, zählt man zu den Candybar-Telefonen – zB Nokia 7110 oder Ericsson T28s
- **Folder/Clam-Shell/Klapphandy** – zB Motorola RAZR
- **Jack-Knife** – horizontales Drehgelenk – zB Sony Ericsson W550i
- **Slider** – Display und Bedientasten werden vertikal über die Wähltasten hoch geschoben – zB Samsung SGH D500
- **Swivel-Klapphandy** mit drehbarem Bildschirm – zB Samsung SGH-P900
- **Mobilfunk-/GSM-Tischtelefone** sind herkömmlichen Festnetztelefonen nachgebaut –diese sind wie GSM-Gateways vornehmlich zum stationären Betrieb geeignet
- **Touch Phones** sind Mobiltelefone, die mittels eines Touchscreen-Displays und einer als Multi-Touch bezeichneten Technik vorwiegend mit den Fingern gesteuert werden – zB das iPhone von Apple (vgl. http://de.wikipedia.org/wiki/Mobiltelefon, 2008)

2.7 Konkurrenz für Mobiltelefone – Internet-Telefonie

Die Telefonnummer im Internet bzw. Internet-Telefonie ist mobil, nicht mehr ortsgebunden, und kann überall eingesetzt werden. Sie wird zunehmend das traditionelle Telefon – gemeinsam mit dem Mobiltelefon – verdrängen. Statistiken der Vorreiterländer zeigen dies. Japan hatte 2004 bereits 50 % Internettelefonierer (vgl. Günther, 2004, S.192). Nach Ansicht des Mitbegründers des erfolgreichen VoIP-Service Skype, Niklas Zennström, werde in zehn Jahren niemand mehr fürs Telefonieren bezahlen. Die 125 Jahre alte Technologie des Festnetzes werde sterben, Internet sei einfach viel effizienter, so Zennström in einem Interview mit der Wirtschaftszeitung „Cash"[22]. WLAN (Wireless Local Area Network) bedeutet räumlich begrenztes, mobiles Netz. So können WLAN-Handys an drahtlose Computernetze angekoppelt werden und haben so Internetzugang – einschließlich der Möglichkeit von VoIP (Voice over Internet Protocoll), dem Modus zum Telefonieren über das Internet (vgl. Burkart, 2007, S.212).

2.7.1 Keine Konkurrenz – Festnetz

Im Jahr 2007 ist immer noch nicht klar, ob das Handy das stationäre Telefon ersetzen wird, auch wenn es deutliche Hinweise auf eine Verschmelzung der beiden Netze (Fest- und Funknetz) gibt. Im Jahr 2006 liefen in Deutschland immer noch etwa 80 % aller Telefonate über das Festnetz. Das Mobiltelefon holt auf, doch das Telefonieren übers Internet könnte bald schon der neue Hit sein (vgl. Burkart, 2007, S.47 und S.181). „In Europa wurde GSM so populär, dass die Anzahl der Mobiltelefone in den meisten europäischen Ländern mittlerweile die der Festnetzanschlüsse übersteigt" (Amor, 2002, S.73). Der prozentuale Anteil von Handys gegenüber Festnetz-Telefonen war anfangs in Skandinavien am höchsten, gefolgt von Österreich, Dänemark und den USA (vgl. Solymar, 1999, S.246). Im Jahr 2000 hieß es noch, die „Befürchtung, das Mobilfunksystem könnte das Festnetz überflüssig machen, hat sich bisher nicht bestätigt" (Wessel, 2000, S.32). Inzwischen allerdings wird immer mehr ausschließlich mobil telefoniert: 2005 telefonierten bereits 80 % aller österreichischen Haushalte mobil. Zudem steigt parallel zum anhaltenden Handyboom auch in Österreich die Zahl jener, die mittlerweile ganz auf einen Festnetzanschluss verzichten. Dass das „gute alte Telefon" bereits ausgedient habe, meinte

---

[22] vgl. futurezone.orf.at, August 2007

zuletzt Ericsson-Austria-Geschäftsführer Peter Zehetner[23]: Am Festnetzanschluss werde oft nur noch festgehalten, um per Breitband im Internet zu surfen. Dem widerspricht wiederum eine Studie, die besagt, dass das Festnetz einen Fixplatz behält: Totgesagte leben länger – zu diesem Schluss kommt eine Umfrage des Marktforschungsinstituts Market[24]. Niedrige Kosten und qualitative Argumente, etwa eine bessere Verbindung, wurden als Gründe für das Festhalten am Festnetz genannt, aber auch das Gefühl der privaten Atmosphäre, in der man übers Festnetz ungestört telefonieren könne. Zudem werde die ständige Erreichbarkeit am Mobiltelefon zunehmend als Belastung empfunden. Insgesamt lasse sich feststellen, dass das Festnetz nach wie vor beliebt sei, so die Schlussfolgerung von Studienleiter David Pfarrhofer.

2.7.2 Keine Konkurrenz – Münzfernsprecher

Anfang der 80er Jahre zählte Österreich um die 10.000 Fernwahlmünzer (vgl. Post und Telegraphenverwaltung 100 Jahre Telephonie in Österreich, 1981, S.54, zit. in Köchler, 2003, S.86). Die Straßenautomaten wurden genutzt und zählten zu den unerlässlichen Einrichtungen der kommunikativen Infrastruktur. Mit dem Einsetzen des Handybooms verloren die öffentlichen Sprechzellen an Bedeutung (vgl. Köchler, 2003, S.86). Telefonzellen verschwinden aus dem Stadtbild und dem Bewusstsein, heißt es auch im Falter (48/07, S.87), obwohl der Autor sie sich zurückwünscht, wenn ein Zeitgenosse in der Straßenbahn in sein Handy brüllt. 1907 standen im Habsburgerreich 44 Münzfernsprecher, 42 davon in Wien, zunächst als Schandfleck geltend unter Stadtbahnbögen, Trauerweiden und in Hauseingängen versteckt platziert. 1918 gab es bereits über 778, 1940 mehr als 2.000 Münzfernsprecher und im Jahr 2000 konnte man in Österreich an 28.000 Plätzen ungestört telefonieren. Heute sind es nur mehr 22.000. Bei einem Test der AK 2006 waren nur 18 % der Häuschen benutzbar und 39 % verwüstet.

---

[23] vgl. futurezone.orf.at, August 2007
[24] vgl. futurezone.orf.at, August 2007

2.8 Zukunft des Handys

Es ist nahezu unmöglich, die Zukunft der Technologie vorauszusagen. Manche Erfindungen, wie zB das Internet, kamen recht plötzlich, unvorhergesehen. Andererseits gibt es Zeichnungen aus dem 19. Jahrhundert, die quasi Videotelefonie im Jahr 2000 „vorauszeigen". Es scheint also für hoch kreative Menschen durchführbar zu sein, über Möglichkeiten der nicht so nahen Zukunft nachzudenken. Manchmal ergibt es sich, dass Wissenschafter versuchen, Erfindungen aus Filmen und Sci-Fi-Romanen wahr werden zu lassen, wie zB das Beamen oder Klonen. Es folgen ausgewählte Prognosen anerkannter Wissenschafter und Forscher, die teilweise inzwischen sogar verwirklicht und umgesetzt worden sind:

Mobiltelefone werden zu „remote controls for your life", vermutet Rheingold (2002, S.28). Reischl (1999, S.64f.) sieht im Handy der Zukunft eine Art Geldbörse, mit der man zB in Helsinki ein Cola per SMS an den Automaten bezahlen kann (wobei die Abrechnung über die Handyrechnung erfolgt), und darüber hinaus ein Gerät, das eventuell die Gesundheit überwacht, den Puls sowie die Herzfrequenz (vgl. Reischl, 1999, S.166). In Zukunft wird mit Hilfe elektronischer Tickets, die sich im Handy befinden bzw. ins Handy geschickt werden, vieles bargeldlos bezahlt werden. Der digitale Assistent wird darüber hinaus persönliche Daten der Kreditkarte, des Führerscheins, Reisepasses, Krankenscheins etc. verwalten. Die Geldbörse der Zukunft wird aus Handy und Plastikkarten bestehen (vgl. Reischl/Sundt, 2000, S.155). „In Europa hat mittlerweile fast jeder ein Mobiltelefon. Das Mobiltelefon wird sich […] zu einem Kommunikationszentrum weiterentwickeln" (Amor, 2002, S.100). „In seiner heute bekannten Form basiert das Internet auf einer Kommunikation von Computer zu Computer. In den nächsten Jahren wird diese auf PCs basierende Kommunikation Teil eines viel größeren Netzwerks werden, das nicht nur PCs miteinander verbindet, sondern auch Mobiltelefone, Kühlschränke, Backöfen und Fernsehgeräte" (Amor, 2002, S.11). „Looking ahead 10 years, I am convinced that voice and some form of text messages […] will be the dominant ways of telecom interaction," sagt Ling (2004). „They fill the basic needs of most people and cultures – to interact and communicate. I think that the mobile phone will probably become the only communications device and include several more functions. We can see that happening already today"[25]. Ling bleibt skeptisch, was die Vermischung von Internet und Handy

---

[25] http://www.ericsson.com/about/publications/telecomreport/archive/2004/october/mobility.shtml

betrifft und zweifelt an ihrem erfolgreichen Zusammenschluss. Anders als Amor: „Die mobilen Geräte werden in Zukunft für viele Menschen die einzige Methode für den Internetzugriff sein" (Amor, 2002, S.129). „Ein wesentlicher Träger für E-Mails werden die Mobiltelefone", ist auch Günther (2004, S.195) überzeugt. Das mobile Internet am Handy (das so genannte vierte W) und die Konvergenz von Medien und Netzen werden einen gesellschaftlichen Wandel herbeiführen, sei es in der Medizin, in der Freizeit oder im Beruf, da uns drahtlos neue Informationen, Anwendungen und Dienste überall zur Verfügung stehen (vgl. Reischl/Sundt, 2000, S.8ff.). Auch Solymar startet einen Versuch einer Vorhersage und meint, es wird in Zukunft „more of the same", also mehr vom selben geben: größere Displays, kleinere Computer und noch mehr Mobiltelefone (vgl. Solymar, 1999, S.290ff.).

Es gibt heutzutage Angebote von Netzbetreibern wie den mobilen „voice butler" von mobilkom austria, der Handybesitzern eingelangte E-Mails vorliest (mittels Text-to-Speech-Technologie) (vgl. Reischl, 1998, S.99). Das Programm wandelt Text in Sprache um – auch das Gegenteil wird bald möglich sein: dass wir den Handys diktieren, was sie zu tun haben. Große Konzerne haben im Jahr 2000 mit ihren Programmen FreeSpeech und ViaVoice die ersten Massenprodukte auf den Markt gebracht. Allerdings war die Fehlerquote noch zu hoch, um sie in kleine, tragbare Geräte einzubauen (vgl. Reischl/Sundt, 2000, S.19f.). „In Zukunft werden die Menschen das Mobiltelefon nicht nur als akustisches Medium, sondern auch immer stärker als optisches Medium einsetzen" (Amor, 2002, S.100). Das Handy hat sich vom Uni-Medium zum Zweck der Sprachtelefonie zu einem Multi-Medium entwickelt. Es transportiert nun neben Sprache auch einen digitalen Kontext an wertvollen Daten und wird überdies zum Entertainment-Tool. Gegen Ende des Jahrzehnts wird auch das Senden und Empfangen von persönlichen Live-Videos Usus geworden sein (vgl. Steuerer, 2002, S.44f.). Apropos mobiles Entertainment: „Bereits in naher Zukunft wird es mobile Geräte geben, deren Funktionalität der des Gameboy Color ähnelt. Dann wird die mobile Unterhaltung eine wichtigere Rolle einnehmen als eigenständige Geräte wie zB die PlayStation, die bis dato noch nicht internetfähig ist" (Amor, 2002, S.117). Laut www.textually.org wird es sogar Mobiltelefon-Sonnenbrillen geben, die am Brillenrand nahe den Ohren mp3-files abspielen können. Diese Idee beinhaltet und verbindet Bluetooth- und Stimmerkennungstechnologie.

3. Funktionen und Möglichkeiten des Mobiltelefons

3.1 Hybridmedium Handy – Mehr als nur ein Telefon

Das Handy scheint auf den ersten Blick einfach ein tragbares Telefon zu sein, doch auf den zweiten erkennt man ein eigenständiges, neues Hybridmedium, bei dem das reine Telefonieren manchmal sogar eine untergeordnete Rolle spielt. „Mit dem Handy der Zukunft wird man fernsehen und fotografieren können, wir werden mit dem Handy Restaurant-, Kino-, Hotelrechnungen und Flugtickets bezahlen, uns mit der Datenbank der Firma verbinden lassen, im Internet surfen, einkaufen und Verträge abschließen" (Reischl, 1999, S.9). Reischl sollte Recht behalten, denn inzwischen, im Jahr 2008, ist das meiste davon bereits technisch möglich (vom Fotografieren bis zum „Parken mit dem Handy") und sogar zur Gewohnheit geworden. Das Handy würde zu einem Informationsmanager mutieren, meinte Reischl (1999, S.9), der hauptsächlich Daten austauscht. Das Handy wird ein mobiler Alleskönner sein, „ein Mini-PC, ein Multimedia-Terminal im Taschenformat", prophezeite Reischl (1999, S.11f.). BlackBerry zB ist ein Gerät der Firma RIM zwischen Mobiltelefon und Organizer, mit Stand-by-E-Mail-Funktion, wobei BlackBerry manchmal auch den Dienst bezeichnet, mit dem E-Mails sofort vom Computer auf das Handy übertragen werden (vgl. Burkart, 2007, S.207). Mobiltelefone können inzwischen Musik abspielen, haben Zugang zum Internet – man hat quasi die Welt in der Tasche – sie können Fotos erzeugen, sogar kurze Filme, Spiele bereitstellen, die man gegeneinander spielen kann (zB Snake), MMS versenden, GPRS verwenden, Wecker und Kalender sein. Drahtlose Geräte können nahezu alles, was mit Kabelverbindungen schon möglich war. Das Nokia 9000 konnte bereits Fax, E-Mail und Internetzugang anbieten (vgl. Solymar, 1999, S.247). 2005 werden mehr und mehr neue Mobiltelefone am Markt mit WLAN ausgestattet sein[26]. Schon 1999 wurde in Anzeigen für ein Gerät geworben, das kaum noch als Telefon gekennzeichnet war: der Nokia 9110 Communicator (vgl. Burkart, 2007, S.102). Das Nokia 9210i ähnelt schon sehr einem Mini-Computer: Man kann E-Mails senden und erhalten sowie PowerPoint-Präsentationen, es kann HTML- und WML-Seiten anzeigen, hat einen Flash Player und kann Videos zeigen[27].

---

[26] vgl. www.orf.at/medien
[27] http://wired-vig.wired.com/news/wireless/0,1382,51152,00.html?tw=wn_story_related

Die Verschmelzung von Telefon, Mobilfunk und Internet (von Informationstechnik und Unterhaltungselektronik) sowie mobile Unterhaltungsformen (Fotos, Musik, Videofilme) waren für Techniker und Manager der Branche seit längerem ein wichtiges Ziel. Das Stichwort hieß *Medienkonvergenz* (vgl. Burkart, 2007, S.39). Die Grundtendenz ging in Richtung Konvergenz, dem Zusammenwachsen der Techniken, und Multimedia, jedoch nicht nur im Sinne einer Verbindung von Computer, Telefon und Fernsehen, sondern auch im elementaren Sinn: „Viele Handys haben heute als Zubehör Taschenlampe und Thermometer, Kalorienzähler und Stoppuhr, Lautstärkenmesser und UKW-Radio. Selbst Elektriker benutzen das Handy inzwischen als Taschenlampe!" (Burkart, 2007, S.105). Das heißt aber nicht, dass sich alle Handys in die gleiche Richtung entwickeln (vgl. Burkart, 2007, S.105).

Das relativ neue Nokiahandy N91 war mit 4 GB bereits mehr ein „Musik-Instrument", wie ein Apple iPod mini, kostete allerdings bei seiner Einführung Ende des Jahres 2005 noch doppelt so viel wie dieser. Experten glauben nicht, dass Handys die berühmten iPods ersetzen werden, aber sie meinen, dass der Mix aus verschiedenen Technologien Sinn macht: Menschen tragen nicht mehr zwei oder mehr Geräte (mp3-Player und Handy) bei sich, sondern nur mehr eines, das Technologien in sich vereint. Andererseits steht die Benutzerfreundlichkeit im Vordergrund und zu viele Funktionen sind dieser nicht förderlich, so dass es wiederum heißt: one tool for one purpose. Doch Produzenten werden weiterhin Technologien miteinander verbinden, weil sich, so behaupten sie, allein mit „normaler" Telefonie nicht mehr viel verdienen ließe[28].

3.1.1 Smartphones und Spezialisierungen auf diverse Marktsegmente

Die Entwicklung ging und geht zunehmend in Richtung Multifunktionsgeräte mit Funktionen wie IP-Telefonie, Uhr, Kamera, mp3-Player, Navigationsgerät, Taschenrechner und Spielkonsole. Für diese Geräte hat sich inzwischen die Bezeichnung Smartphone oder auch PDA-Phone durchgesetzt. Es gibt diverse Kategorien von Mobiltelefonen: from **basic phones** to **feature phones** such as **musicphones** and **cameraphones**, to **smartphones**. The concept of the smartphone has evolved, and what was a high-end smartphone five years ago, is a standard phone today. Several phone series have been introduced to address a given market segment, such as the RIM BlackBerry focusing on enterprise/corporate

---

[28] http://futurezone.orf.at/futurezone.orf?read=detail&view=bw&id=265460&tmp=74038

customer e-mail needs; the SonyEricsson Walkman series of musicphones and Cybershot series of cameraphones; the Nokia N-Series of multimedia phones; and the Apple iPhone which provides full-featured web access and multimedia capabilities (vgl. http://en.wikipedia.org/wiki/Mobile_phone, 2008).

Eine US-Studie[29] zeigt, dass Verbraucher immer mehr vom Mobiltelefon erwarten. Zumindest in den USA wollen Mobiltelefonierer mit demselben Gerät auch Shoppen, Filme anschauen oder spielen, wie das Pew Research Center's Pew Internet & amp; American Life Project mit Unterstützung von AOL und der Associated Press herausfand. Als Beispiel nennt die Studie die Zahl von 6 % aller Mobiltelefonierer, die mit dem Gerät auch Musik hören. Allerdings würden das 19 % gerne tun. Nur 2 % Prozent der US-Mobiltelefonierer empfangen TV-Programme, aber 14 % wünschen sich die Möglichkeit dazu.

Laut „The Times Online"[30] können sich nun Menschen, die an Diabetes, Krebs oder Asthma leiden, ihre Werte am Monitor zuhause anzeigen lassen, wenn sie ein speziell adaptiertes Handy benutzen, und so Wartezeiten und Spitalsaufenthalte verringern.

Ein Neuroth-Werbespot, der am 14.11.2007 ausgestrahlt wurde, wies indirekt auf eine bemerkenswerte Veränderung hin. Er bewarb ein Hörgerät, mit dem man nun erstmals auch drahtlos mobil telefonieren kann. Das ist insofern erstaunlich, als gerade Menschen mit Hörgeräten vor kurzem noch von Handys bzw. Mobilfunkwellen negativ beeinträchtigt waren, da sie unangenehme Geräusche in den kleinen Geräten verursachten.

---

[29] http://www.gmx.net/de/themen/handy/mobile-welt/aktuell/2166400,cc=000000154700021664001X2vB5.html, 08.04.2006

[30] "Patients enter data about their condition into the phone which is linked to an automated alarm system, which triggers a nurse's bleeper if medical intervention is required. Mobile phones have already been used to offer support to diabetics, reminding them to attend clinics. They could now also be used to monitor blood glucose levels. Asthmatics could use the technology to ensure their *symptoms are monitored* and to alert their GP if their condition deteriorates" (http://www.textually.org, Mai 2005, Mobile phones to replace doctors in NHS).

3.2 SMS

Ein Teledienst, der einen unerwarteten Boom erfahren hat, ist ein sehr einfacher Nachrichtenübermittlungsdienst, das Short Message Service. Mit diesem Dienst können Kurznachrichten mit einer Länge von 160 Zeichen übermittelt werden. GSM nutzt dafür freie Kapazitäten auf Signalisierungskanälen und nicht die normalen Datenverbindungen. Daher ist das Senden und Empfangen von SMS auch während einer Sprach- oder Datenübertragung möglich. Zu Beginn wurde der Dienst kaum genutzt – dabei war er anfangs sogar kostenlos – bis Millionen junger Menschen diesen Dienst Mitte der 90er Jahre als Unterhaltungs- und Informationsdienst für sich entdeckten (vgl. Schiller, 2003, S.132f.). Das Format SMS war ursprünglich nicht für Person-to-Person-Messaging (P2P) gedacht (vgl. Konlechner, 2003, S.37). Ursprünglich wurde das Short Message Service von Mobilfunknetzbetreibern verwendet, um Kunden Nachrichten zu schicken (vgl. Czarnota, 2003, S.24).

Als erste entdeckten Handynutzer in Finnland und Skandinavien das (Versenden von kurzen Textnachrichten über) SMS für sich; das Handy als Medium schriftlicher Kommunikation (vgl. Czarnota, 2003, S.24). SMS sind eine Art E-Mail fürs Handy, unaufdringlich und eine Form brieflicher Kommunikation, meint Czarnota (2003, S.18ff.). Die Kommunikation findet dialogisch, asynchron und individuell, also zwischen einzelnen Kommunikationspartnern, statt (vgl. Czarnota, 2003, S.27). Es sei denn, man nutzt die Chat-Möglichkeit oder sendet eine Nachricht gleichzeitig an mehrere Empfänger. Beinahe jeder (Handybesitzer) weiß, wie man SMS verschickt. Der Vollständigkeit halber sei es hier dennoch beschrieben: Zunächst wird der Text per Handytastatur eingegeben und erscheint am Display. Danach gibt man die Nummer des Empfängers ein oder wählt diese aus dem Verzeichnis aus und sendet die Nachricht somit an den Netzdienst, der die Nachricht an den Empfänger weiterleitet (vgl. Le Bodic, 2005, S.48). Ist der Empfänger nicht erreichbar, speichert/lagert das SMSC (SMS Center) das SMS für eine gewisse Zeit (vgl. Le Bodic, 2005, S.80). Um die Texteingabe auf der kleinen Handytastatur zu erleichtern, gibt es einen Eingebebehelf mit „predictive text input mechanism" (vgl. Le Bodic, 2005, S.48). „These mechanisms anticipate which word the user is trying to enter by analyzing the most recent characters or symbols which have been typed in and checking those against entries of a static or dynamic dictionary. Entries from the dictionary which closely match the partially entered word are then presented to the subscriber who can select one of them if appropriate. These mechanisms significantly reduce the number of keys that need to be pressed to input text for the composition of a message" (Le Bodic, 2005, S.48). Diese dictionaries gibt es in mehreren Sprachen. Manche Handynutzer verwenden auch ein externes Keyboard zur Texteingabe.

Die erste Kurznachricht wurde im Dezember 1992 im Vodafon GSM-Netz verschickt, von einem Personalcomputer zu einem Mobiltelefon[31]. „The first short text message is believed to have been transferred in 1992 over signalling channels of a European GSM network" (Le Bodic, 2005, S.47). Auf der IFABO 1994 wurde das erste Handy vorgestellt, das SMS empfangen, nicht aber senden konnte (vgl. Glanz, 2006, S.111). Obwohl es die Technik bereits seit 1992 gab, wurde SMS erst **ab 1997** richtig populär in Europa und dem Fernen Osten. SMS war zunächst in Finnland erfolgreich und bald darauf in Deutschland, wo das Service 1994 in Hannover vorgestellt wurde. Forscher sprechen von einer *text messaging culture*, die in Finnland bereits 1997 sichtbar wurde (vgl. Burkart, 2007, S.109). Die Popularität von SMS wurde durch Berichterstattung in den Medien und ständige Entwicklung neuer Dienste (zB bot Sat1 SMS-Chat im Videotext an) gesteigert. Im Jahr 2000 bemerkte Rheingold (2002, S.xi), dass die Menschen auf Tokios Straßen nicht mehr ins Handy sprachen, sondern viel mehr darauf schauten – sie betrieben „texting", schrieben SMS.

Die Begeisterung für SMS scheint auf Europa und Asien begrenzt zu sein: In den USA wird das Short Message Service nur selten genutzt (vgl. Egger, 2001, S.105). Grund dafür ist zum einen der Mangel an einheitlichen technischen Standards, zum anderen wird von einer kulturtechnischen Barriere gesprochen, da Amerika als PC-verliebte Kultur gilt (vgl. Streif, Tilman: SMS-Abneigung in den USA: Spott für Übersee-Methode. In: Apa-Meldungen vom 19.07.2001, zit. in Egger, 2001, S.105). In den USA, wo die Mobilfunk-Telefonie insgesamt weniger erfolgreich war, hat auch SMS weniger gut funktioniert. Seit April 2002 sei SMS-Austausch zwischen allen Netzbetreibern *möglich*, doch die Kunden hätten keine Ahnung, dass dieses Service existiert, schrieb die International Herald Tribune am 03.09.2002 (zit. in Burkart, 2007, S.109). Neben der kulturellen und der technischen Barriere, falsch angelegtem Marketing und den hohen Preisen haben allerdings ein paar Subkulturen in den USA trotzdem das „texting" für sich entdeckt: Hip-hop culture, streetwise and fashion-conscious fans of rap music, favor Motorola's two-way pagers,

---

[31] vgl. www.gsmworld.com, 08.03.2006

while young stockbrokers, suits, and geeks in the information technology industry favour the BlackBerry wireless pagers from Research In Motion (vgl. Century, 2001, zit. in Rheingold, 2002, S.23).

SMS zu versenden hat einige Vorteile: Es kann geräuschlos (quasi heimlich) übermittelt werden, ist unaufdringlicher sowie meist günstiger als ein Anruf und außerdem hören nicht alle mit, falls man sich gerade in der Schule oder U-Bahn befindet. In China zB kostet jedes SMS nur 0.1 yuan (0.009 Euro)[32]. In Österreich gibt es die Möglichkeit, gratis SMS über das Internet[33] (zB über sms.at) zu versenden. Manche Anbieter (zB One) stellen bei Abschluss eines bestimmten Vertrages (zB „4ImmerJung") monatlich 1000 Gratis-SMS zur Verfügung.

Ein Nachteil ist die beschränkte Zeichenanzahl, aber Le Bodic (2005) betont im Vorwort: „Users have forged their own dialect to cope with service limitations". Meistens werden Abkürzungen verwendet, um Zeit zu sparen: Statt „Are you OK?" steht dann „ruOK" am Display (vgl. Le Bodic, 2005, S.49). SMS weisen Merkmale der Mündlichkeit auf (Umgangssprache, Anglizismen, Jugendsprache, Computersprache). Gestik und Mimik werden durch grapho-stilistische Mittel (Emoticons, Smileys) ausgedrückt (vgl. Czarnota, 2003, S.77). Short Messages sind eine „Mischung aus Dialekt, Telegramm und Abkürzung, aufgelockert mit Symbolen" schreibt Journalist Schädel in den Oö. Nachrichten (am 05.12.2000, S.4). Negativ an SMS ist, dass es unpersönlich ist, das Tippen mühsam und es aufgrund der auf wenige Zeichen beschränkten Nachricht öfters zu Missverständnissen kommt (vgl. Czarnota, 2003, S.36). Ein Nachteil ist die Langsamkeit. Es dauert relative lange, ein SMS zu tippen. Sogar der Morsecode, die älteste Art elektronischer Textnachrichtenvermittlung, schlägt in der Geschwindigkeit das SMS[34].

---

[32] http://www.160characters.org/news.php?action=view&nid=1411 erstellt von Mike Grenville am 21.01.2005

[33] SMS über Internet zu versenden hat den Vorteil, dass eine Computertastatur durch das 10-Finger-System ein schnelleres Eintippen erlaubt als die Daumenstrategie am Handy.

[34] Mike Grenville stellte am 5. Mai 2005 sinngemäß folgenden Artikel online: Laut The Times ist der Morsecode schneller: Obwohl der Sender des Codes 93 Jahre alt war und die SMS-Herausforderer Jugendliche waren. Während der Telegraphist den vollen Wortlaut verschickte, gelang es den Jugendlichen nicht einmal mit Slang und Abkürzungen, schneller zu sein. Das SMS lautete: "hey gf u can txt ur best pals 2 tel them wot u r doing, where ur going and wot u r wearing."
http://www.160characters.org/news.php?action=view&nid=1541

Ein weiterer Nachteil ist Spam. Unerwünschte Werbe-SMS haben bereits 28 % der Amerikaner, die SMS verwenden, auf ihrem Handy erhalten. Eine Schwäche des SMS-Modells, das viele US-Bürger nutzen ist, dass der Empfänger für erhaltene SMS zahlen muss. Diese Tatsache und jene, dass es viele Möglichkeiten des Gratis-SMS-Versandes über das Internet gibt, machen Spam auf Handys leichter und günstiger als in Ländern, in denen der Sender zahlt[35]. Partei-neutrale Erinnerungs-SMS an die bevorstehende Wahl sind heutzutage erlaubt. Mobiles Marketing per SMS wird in Österreich bereits im politischen Wahlkampf eingesetzt. Messaging (vor allem SMS) ist die technische Grundlage für mobiles Marketing, das mit dem Handy ein neues Werbeinstrument mit maximaler Reichweite und minimalen Streuverlusten erhält. Im *Push-Modell* werden Nachrichten ohne Informationsanforderung durch den Nutzer versandt. Im *Pull-Modell* werden Informationen dagegen nur auf Anforderung des Empfängers bereitgestellt. So kann der Handynutzer beispielsweise durch Versand eines SMS an eine Nummer, die über TV-, Print- oder Außenwerbung bekannt gemacht wird, weitere Informationen anfordern, heißt es im Bericht der Berlecon Research GmbH (2003).

Ein anderer Nachteil sind gesundheitliche Schäden. Rund 3,8 Millionen Briten leiden an chronischer Sehnenscheidenentzündung und anderen Schmerzen – aufgrund exzessiven SMS-Tippens. Über 93,5 Millionen SMS werden laut einer aktuellen Studie des Mobilfunkers Virgin Mobile täglich in Großbritannien verschickt[36]. Über zwölf Prozent der Befragten gaben an, rund 20 SMS am Tag zu verschicken. Immerhin zehn Prozent gaben zu, dass sie es am Tag auf 100 Kurznachrichten bringen. Auch wenn die Mobilfunkbranche ständig neue Trends und Services erfindet – die „Killer-Applikationen" bleiben weiterhin Telefonieren und SMS. Psychologen fürchten unterdessen, dass die Kommunikation über E-Mail und SMS die Menschen entfremdet und sie dadurch nicht mehr imstande sind, persönliche Unterhaltungen zu führen. Außerdem gebe es bei exzessiven SMS-Nutzern schon Suchterscheinungen. Virgin Mobile hat nun in Zusammenarbeit mit dem britischen Verband der Chiropraktiker eine Initiative zum Schutz vor SMS-Verletzungen gestartet. Auf der Website practisesafetext.com werden etwa Übungen zum Lockern der Finger veröffentlicht.

---

[35] Zu diesen Ergebnissen kommt eine landesweite Telefon-Umfrage unter 1.460 Handynutzern des Pew Internet & American Life Project zwischen Jänner und Februar 2005. Vgl. www.pewinternet.org auf http://www.160characters.org/news.php?action=view&nid=1484, 21. März 2005
[36] http://futurezone.orf.at/it/stories/90570/http://futurezone.orf.at/it/stories/90570/Telefonie und SMS bleiben Handy-Renner und http://www.practisesafetext.com

Die 4 größten Märkte für SMS sind Japan, USA, Deutschland und England. Laut Bericht der mobileYouth ist der typische SMS-Nutzer zwischen 15 und 19 Jahre alt. SMS ist immer noch populärer als MMS, weil es schnelle Kommunikation ermöglicht und minimalen Aufwand benötigt[37]. In den meisten Ländern bleibt SMS nach wie vor die größte Einnahmequelle der Netzbetreiber (vgl. Prossliner, 2006, S.68). In Anbetracht dessen, dass wir über SMS Termine vereinbaren, Beziehungen aufrecht erhalten, mit Geschäftspartnern kommunizieren, flirten, Votings abgeben und wählen, kann man durchaus von einer neuen Kulturtechnik sprechen (vgl. Prossliner, 2006, S.69). Die Erfahrung lehrt uns, dass Menschen, die SMS einmal probiert haben, dazu neigen, es weiterhin und schließlich vermehrt zu nutzen. Die Bedeutung von SMS liegt vor allem in der Möglichkeit, jeden jederzeit und überall zu erreichen, auf direktem, persönlichem, aber nicht aufdringlichem Weg, meint Lindholm[38]. SMS kann aufgrund seiner technischen Möglichkeiten benutzt werden für:

1. Person-to-Person Messaging
2. Information Services/Machine-to-person: With information services, weather updates and financial reports can be prepared by value-added service providers and pushed to mobile handsets with SMS. It is usually necessary to subscribe manually to the service prior to receiving associated reports and updates (vgl. Le Bodic, 2005, S.49).
3. Voice Message/Fax Notifications: Ein SMS gibt Bescheid, dass eine Nachricht in der Box wartet.
4. Internet E-Mail Alerts: Ein SMS gibt Bescheid, dass ein E-Mail gekommen ist.
5. Download Services: It has become popular for mobile subscribers to customize their mobile handset. This can be done by associating ringtones to persons in the phone contact directory. Jeder Anrufer bekommt seinen eigenen, ihn identifizierenden, Anrufton (vgl. Le Bodic, S.50).
6. Chat Applications
7. Smart Messaging: Dieser Dienst wurde von Nokia entwickelt. Verschiedene Objekte (business cards for PIM updates, bitmap pictures) können per SMS versendet werden (vgl. Le Bodic, 2005, S.50).

---

[37] http://www.160characters.org/news.php?action=view&nid=1502
[38] vgl. Lindholm, Christian. 2003: Mobile Usability: How Nokia Changed the Face of the Mobile Phone. Blacklick. USA. S.114, http://site.ebrary.com/lib/kaubib/Doc?id=10045798&ppg=132

In Österreich wurden 2001 täglich ca. 8 Mio. Kurznachrichten versendet (NEWS, 13.06.2001, S.46). Im November 2001 wurden über das globale GSM-Netz 26 Milliarden SMS verschickt. Die meisten SMS sind von Person zu Person (one-to-one, person-to-person) gesendete Texte (zB „Treffen wir uns an der Bar, 17:30"), obwohl mit SMS ebenso andere mobile Informationsdienste empfangen werden können, wie News, Sport, Wetter, Horoskop, Chat, downloadbare Klingeltöne und Bilder[39]. 2008 werden nach Einschätzung des internationalen IT-Marktforschungs- und Beratungsunternehmens Gartner[40] weltweit erstmals mehr als 2,3 Billionen SMS auf den Hauptmärkten verschickt werden. Das ist um ein Fünftel mehr als 2007. Vorausgesagt wurde das Ende des SMS-Booms für frühestens 2005, wenn komplexere Technologien wie MMS für die breite Masse zugänglich würden (vgl. Konlechner, 2003, S.37). Doch Prognosen, dass mit 2005 mit einem Stopp des SMS-Booms zu rechnen sei, haben sich als falsch erwiesen (vgl. Prossliner, 2006, S.67). Ist SMS bereits Geschichte? Laut Le Bodic (2005) nicht, wenn man sich die enorme Anzahl heutzutage verschickter SMS ansieht. Für ihn bedeutet das SMS einen Meilenstein in der Geschichte der Mobiltelefonie. Es scheint den Höhepunkt an Ausbaufähigkeit erreicht zu haben: Jedes GSM-Handy ist SMS-fähig. „From an engineering perspective, technologies for SMS have reached a mature stage and no more extensions of SMS are being considered […]" (Le Bodic, 2005, Vorwort). Es wird in Zukunft wahrscheinlich schnellere, einfachere Arten geben, Textnachrichten zu verschicken als das daumengetippte SMS; im Gegensatz zum Pager, der nur in den 1990er Jahren modern war, wird das SMS vielleicht in der Form ergänzt werden, aber nicht gänzlich verschwinden, heißt es aus anderer Quelle[41], da diese Art der Nachrichtenübermittlung nicht so unterbrechend eingreift wie ein Anruf und es stets Bedarf nach asynchroner Kommunikation geben wird, wie zB das Hinterlassen von Nachrichten. Neben all den Vorteilen des SMS glaubt Ling allerdings nicht an eine große Zukunft des Services. Er vermutet, dass eine solch an jugendliche Bedürfnisse angepasste Kommunikationsart nicht bis ins Erwachsenenalter anhalten wird. Das SMS wird zwar weiterhin von der Bevölkerung zur Koordination von Treffen genutzt werden und in Situationen, in denen Anrufe unpassend wären, doch Ling prophezeit, dass die SMS schreibenden Jugendlichen von heute auf andere Services umsteigen, wenn sie älter sind, wie auch die mobilen Medien selbst: „There will always be a need for asynchronous

---

[39] vgl. Lindholm, Christian. 2003: Mobile Usability: How Nokia Changed the Face of the Mobile Phone. McGraw-Hill Companies. Blacklick, USA. S.114,
http://site.ebrary.com/lib/kaubib/Doc?id=10045798&ppg=132
[40] vgl. www.DiePresse.com, am 17.12.2007
[41] http://archives.obs-us.com/obs/english/books/nn/bdcont.htm

mobile communication", bemerkte Ling kürzlich in einem E-Mail an Rheingold, "but SMS will go the way of paisley ties and bell bottom pants, i. e., will become a nostalgic phenomenon that today's teens will remember fondly as part of their youth"[42].

SMS traffic growth started to slow down (vgl. Le Bodic, 2005, S.131). Im Jahr 2000 wurde, um diesem Rückgang vorzubeugen, besonderes Augenmerk auf EMS gelegt:

3.3 EMS

„SMS was first introduced as a basic service of GSM and has been the subject of many extensions. […] One of the significant evolutions of SMS is an application-level extension called the *Enhanced Messaging Service* (EMS). EMS allows subscribers to exchange long messages containing text, melodies, pictures, animations, and various other objects" (Le Bodic, 2005, S.31). EMS erreichte nicht den erwarteten Absatz am Markt. Basic-EMS-fähig sind viele Handys, Extended-EMS-fähig kaum welche. Die Möglichkeiten für einen Erfolg waren für EMS zwischen dem erfolgreichen SMS und dem aufkommenden MMS minimal (vgl. Le Bodic, 2005, S.205). Ein Vorteil von EMS gegenüber MMS: „For a network supporting SMS, the availability of EMS-enabled handsets is the only condition for making EMS available to mobile users; no further network investment is required. Unlike EMS, MMS requires significant network investments for mobile network operators in order to make the service a reality" (Le Bodic, 2005, S.206). Das „Enhanced Message Service, der Nachfolger von SMS, bietet neben einer größeren Nachrichtenlänge (zB 760 Zeichen durch aneinander gehängte SMS) auch formatierten Text und die Übertragung von animierten Bildchen und Klingeltönen in einem standardisierten Format" (Schiller, 2003, S.133). EMS wurde nie so richtig bekannt, da MMS bald verfügbar wurde.

3.4 MMS

Das Multimedia Message Service bietet u. a. die Übertragung größerer Bilder (gif, jpeg) und kurzer Videoclips und ist typischerweise auf Handys verfügbar, die mit Kameras ausgestattet sind (vgl. Schiller, 2003, S.133). Bei den neueren mobilen Innovationen wie zB MMS ist beim Empfänger ein MMS-fähiges Handy Voraussetzung und die Preise liegen über dem des SMS. MMS, „dessen bahnbrechende Einführung in Ungarn bereits im

---
[42] http://www.thefeature.com/article?articleid=100945

Frühjahr 2002 erfolgte, erlaubt den Benutzern von Handys, mittels eingebauter Kameras Schnappschüsse zu machen und sie sogleich weiterzusenden, Strichzeichnungen anzufertigen, Bilder zu editieren, Texte mit Graphik zu integrieren und die so hergestellten komplexen Mitteilungen zu verschicken" (Nyíri, 2002, S.186). „The deployment of MMS only started a few years ago and MMS is already gaining wide support from the mobile industry with a fast growing handset penetration rate and worldwide operator support. MMS underlying technologies are still in an ongoing maturation process, and user experience with today's phones has already greatly improved compared with the one of early implementations" (Le Bodic, 2005, Vorwort). Le Bodic (2005) ist überzeugt, dass MMS von der Einführung von Farbdisplay, digitaler Kamera und „packet-based communications" bei neuen Handys profitiert (hat). Er sieht im MMS den „appropriate distribution channel for commercial contents (music downloads, alerts, news, etc.)" (Le Bodic, 2005, Vorwort). MMS funktioniert technisch auf GPRS-Basis (vgl. Burkart, 2007, S.210).

Seit 1998 konzentriert man sich auf die Entwicklung von MMS. „MMS enables subscribers to exchange multimedia messages. The standardization of MMS has reached a mature stage and the penetration of MMS devices in the market is growing rapidly" (Le Bodic, 2005, S.31). 10 Jahre nach dem ersten SMS taucht MMS auf. MMS is still in its infancy and still has to meet the expectations of the mass market (vgl. Le Bodic, 2005, S.207). Das Geschäft mit Bildern (MMS) ging zunächst schleppend, weil es teuer und kompliziert war und weil es nicht um Dinge ging, die der Kunde „immer schon haben wollte". Auch im Jahr 2006 wurde MMS immer noch wenig genutzt (vgl. Handelsblatt, 28.11.2006, S.14, zit. in Burkart, 2007, S.116). Dem MMS wird aber enormes Wachstumspotenzial vorhergesagt. Viele Experten sind der Meinung, dass MMS (so wie zuvor SMS) zu einer Massenbewegung wird (vgl. www.fmk.at, 16.03.2004, zit. in Kapeller, 2005, S.11). In Japan, wo MMS weltweit zuerst eingeführt wurde, ist bereits ein Rückgang an SMS zugunsten von MMS-Nachrichten zu beobachten (vgl. www.atkearny.de, 16.03.2004 zit. in Kapeller, 2005, S.11). Multimedia messages range from simple text messages to sophisticated messages comprising a slideshow composed of text, images and audioclips (vgl. Le Bodic, 2005, S.207). Die Wurzeln von MMS liegen bei SMS und E-Mail. MMS supports the management of reports, message classes and priorities and group sending. In addition, MMS differs from other messaging services with its multimedia capabilities, its support for Email and phone number addressing modes, its efficient transport mechanism and flexible charging framework (vgl. Le Bodic, 2005, S.207). Zunächst wurde MMS hauptsächlich als Fotoversanddienst angesehen. Es wäre zu früh, von einem überwältigenden finanziellen Erfolg zu sprechen. Operators have widely adopted the service but interoperability issues are still to be solved (vgl. Le Bodic, 2005, S.207f.). There is much room for improving MMS as it stands today. Back in 2002, MMS solutions did support limited message size (30 KB) and low number of formats and codecs (no video, no vector graphics). MMS standards have evolved (300 KB, many formats and codecs).

Es wird zunehmend schwieriger, ein Handy von einer Kamera zu unterscheiden: New handsets available on the market already support 4 or 5 million pixel built-in cameras, with high-resolution screens and ability to record short video clips. Multimedia phones are becoming digital cameras with, in addition from their phone capabilities, the ability to exchange instantly photos with friends, ordering prints from an online shop or sending a postcard. It looks like mobile phone and digital camera industries are now sharing common markets (vgl. Le Bodic, 2005, S.291). Das Fotohandy unterscheidet sich im Wesentlichen vom Bildtelefon bzw. der Videotelefonie darin, dass es bei letztgenannten Telefonformen darum geht, den Gesprächspartner zu sehen, während es beim Kamerahandy um das Fotografieren geht (wobei es auch vorkommen kann, dass man ein Bild von sich selbst macht und verschickt). Der Versuch, das Bildtelefon einzuführen, ist in den 1980er Jahren gescheitert und hat keine soziale oder kulturelle Aneignung durch den Menschen erfahren. So ist fraglich, ob sich nun die Videotelefonie durchsetzen wird (vgl. Kapeller, 2005, S.10).

3.5 Videotelefonie und Bildtelefon

Bildtelefonie hat den Durchbruch aus mehreren Gründen nicht geschafft. Erstens war niemand daran interessiert, dass man ihn immer und überall, ungeschminkt, gestresst etc. sehen kann. Zweitens hat sie sich deshalb nicht durchgesetzt, weil mit dem Bild keine Emotion übertragen wurde, das Bild weder attraktiv noch spannungsgeladen war: Es wurde ein statisches Bild vom Gesprächspartner übertragen (vgl. Reischl/Sundt, 2000, S.144). Videotelefonie dagegen ist neben anderen Vorteilen ein Segen für gehörlose Menschen, die sich über die Bildschirme in Gebärdensprache unterhalten können. An der Displayqualität wird gearbeitet. Eine Durchsetzung der Videotelefonie würde allerdings eine weitere

Grenzverschiebung zwischen Öffentlichkeit und Intimität bedeuten. Die körperliche Ungezwungenheit, Mimik und hemmungslose Bewegungsfreiheit würden etwas eingeschränkt werden. „Es steht auch noch nicht fest, ob das Bildtelefon das alte Telefon ersetzen wird, denn einer der vielleicht unverzichtbaren Vorteile des Telefons ist ja gerade, nicht gesehen zu werden" (Burkart, 2007, S.181). Simic (2005, S.28) nennt dazu ein Beispiel: „Kinder fühlen sich in der Phase der Pubertät unsicher und suchen nach ihrer eigenen Identität. Die „Non-Visibilität" ist dabei ein wichtiger Faktor beim Telefongespräch". Doch andererseits meint Burkart (2007, S.181), dass sich das Bildtelefon vermutlich früher oder später durchsetzen wird. Laut apa-Meldungen sind die Österreicher bisher nicht für Videotelefonie zu begeistern. Lediglich drei Prozent des Telefonumsatzes bei „3" werden derzeit mit Videotelefonie erzielt. Der Rest ist klassische GSM-Sprachtelefonie.

Mit neuen Medien kommen neue Normen – und wer das vielleicht bald übliche Bildtelefon dann noch ausschaltet, wird die Nichtsichtbarkeit (so wie heute die Nichterreichbarkeit) legitimieren müssen, meint Burkart (2007, S.182).

3.6 Klingeltöne

Seit bzw. mit dem Nokia „8110i können sich via Internet Tausende Melodien herunterladen oder sogar selbst welche komponieren" (Reischl, 1998, S.65). Klingeltöne sind darüber hinaus ein Extra-Geschäft für die Musikindustrie. Schon lange gibt es die Möglichkeit, mit unterschiedlichen Klingeltönen Anrufer(gruppen) zu identifizieren, sodass man die Person, die anruft, schon am Klingelton erkennt (vgl. Burkart, 2007, S.73). Bei der Differenzierung von Klingeltönen wurde nicht an verspielte Kinder gedacht. Sie war erstmals bei dem Business-Oberklassen-Handy 6110/6150 von Nokia möglich, das 1998 auf den Markt kam. Hier sollte Geschäftsleuten signalisiert werden, wer der Anrufer war oder zu welcher Gruppe er gehörte (vgl. Burkart, 2007, S.124).

3.7 WAP

WAP (Wireless Application Protocol) ist ein Standard, um Internet-Seiten den Möglichkeiten mobiler Endgeräte anzupassen, wurde 1997 entwickelt und 1999 marktreif (vgl. Burkart, 2007, S.212). WAP macht Handys internetreif. Es reduziert eine

Internetseite auf das Notwendigste (keine Bilder oder Grafiken) (vgl. Reischl, 1999, S.79). WAP „is an enabling technology for developing services such as browsing and multimedia messaging" (Le Bodic, 2005, S.1). „Über WAP werden auch Zahlungsabwicklungen durchgeführt. Das Cola aus einem Automaten in einem fernen Land kann über die Telefonrechnung bezahlt werden" (Günther, 2004, S.193).

WAP erlebte eine unglückliche Einführungsphase um die Jahrtausendwende (vgl. Steuerer, 2002, S.26). Der von vielen erwartete Höhenflug von WAP wollte sich nicht einstellen. Ein Vorteil aber war, dass die Mobilfunkbranche nun erkennen konnte, mit welchen Benutzerpräferenzen sie bei mobil vernetzten Informationsangeboten zu rechnen hat. Verlangt werden einfach zugängliche Daten, die ohne langes Herumsurfen und ohne viel technisches Know-how schnell abrufbar sind. Die von vielen WAP-Anbietern produzierte simple Übertragung von Website-Strukturen des Internet (mit zahlreichen Untermenüs) auf das Handy mit seinem kleinen Display funktionierte einfach nicht und war darüber hinaus noch recht langsam (vgl. Steuerer, 2002, S.60). Eine – wie im Internet – technische Verlässlichkeit der präzisen und schnellen Datenübertragung wird bei Handys der dritten Generation noch nicht annähernd erzielt werden können, vermutet Steuerer (2002, S.26). Dennoch: „Mobiltelefone haben eine höhere Verbreitung als Personal Computer und werden zunehmend als Internetterminal verwendet" (Günther, 2004, S.194). Wolfgang Coy (zit. in Nyíri, 2002, S.93) beschreibt in seinem Aufsatz „Text und Stimme – Informatik und die Zukunft des Telefons", wie sich Handys mit Hilfe von paketvermittelten Diensten wie GPRS und UMTS zu Internetknoten wandeln sollen: „Nachdem die projizierte Erfolgsstory WAP sich eher als Sackgasse erwies, orientiert sich die Branche nun an NTT DoCoMos japanischem iMode-Erfolg", wobei in Japan iMode[43] als Ersatz für internetfähige PCs dient und nicht als Ergänzung, wie sie in Europa oder den USA geplant ist.

---

[43] Im Gegensatz zu Europa wurde in Japan erfolgreich iMode eingeführt. iMode bietet Bildübertragung, Video, Sound, farbige Texte und Grafiken, Location Based Services und andere Anwendungen (vgl. Rheingold, 2002, S.1-12, zit. in Prossliner, 2006, S.68). 1999, ein halbes Jahr nach seinem Start, verzeichnete der Dienst bereits 1 Million User, 2005 waren es 45 Millionen allein in Japan. Nach seiner Einführung in mehr als zehn Ländern weltweit entwickelte sich iMode zum erfolgreichsten mobilen Datendienst. 2001 startete in Japan UMTS (vgl. Prossliner, 2006, S.68). iMode, ein mobiler Internet-Dienst, wurde in Japan auf GPRS-Standard basierend entwickelt und kann als Vorstufe zu UMTS angesehen werden. In Deutschland kam es 2002 auf den Markt (vgl. Burkart, 2007, S.45f.). Handys im iMode sind stets online, also ständig im Internet (vgl. Reischl/Sundt, 2000, S.140).

3.7.1 M-Commerce

M-Commerce ermöglicht Menschen, mit dem Mobiltelefon oder PDA im Internet Waren einzukaufen und Dienstleistungen in Anspruch zu nehmen. Für die Einführung von M-Commerce sind Technologien wie WAP und UMTS nötig. WAP ermöglicht die Übertragung von Informationen zu Mobiltelefonen, während UMTS Hochgeschwindigkeitsverbindungen zwischen Mobiltelefonen und Servern schaffen wird. WAP wurde Anfang 2000 eingeführt. Der Roll-out für UMTS wird im Jahr 2003 erwartet (vgl. Amor, 2002, S.11). Nachteile beim Geschäftemachen über Mobiltelefone liegen auf der Hand: Anstatt einfach eine Produktübersicht, eine Produktbeschreibung oder eine Zahlungsseite anzusehen, muss man mindestens 25 Seiten auf dem Handy durchgehen. Das Mobiltelefon kann keine großen Datenmengen auf einmal anzeigen, und langsame Downloadzeiten verschlimmern dies noch (vgl. Amor, 2002, S.34). Darüber hinaus gibt es Displayprobleme, da Webseiten in der Regel nicht für kleine Bildschirme mit kleiner Farbpalette geeignet sind (vgl. Amor, 2002, S.109). „In Japan hatte iMode auch deshalb großen Erfolg, weil es jedermann ermöglichte, Webseiten zu entwerfen, die sowohl auf einem Standardbrowser als auch auf einem Mobiltelefon gut aussehen" (Amor, 2002, S.109).

3.8 GPS, LBS, MPS – Man weiß immer, wo man ist. Und andere wissen es auch.

GPS (Global Positioning System) ist ein „Satellitennavigationssystem, das von der US-Armee erfunden wurde. Bei GPS kreisen 24 Navigationssatelliten in einer Höhe von 20.200 Kilometern um die Erde. Erhält ein Empfänger […] Daten von mindestens 4 Satelliten, kann seine Position auf 50-100 Meter genau festgestellt werden" (Reischl, 1999, S.219). Jedes Mobiltelefon kann mittels seiner Funksignale lokalisiert werden. GPS ist ein satellitengestütztes Navigationssystem des US-Verteidigungsministeriums zur weltweiten Positionsbestimmung.

Mit LBS (Location Based Services) wurden Dienste entwickelt, die auf den momentanen Aufenthaltsort des Handynutzers zugeschnitten sind. LBS-Applikationen stellen Informationen über die unmittelbare Umgebung zur Verfügung. Der User gibt seinen Standort entweder via Internet ein, oder er wird automatisch über sein Handy geortet. Die gewünschten Abfragergebnisse, wo sich zB die nächste Tankstelle oder Apotheke befindet, werden dem Nutzer in Karten- und Textform via SMS bzw. per Internet übermittelt. Ist der Nutzer in einer fremden Stadt, kann er sich in Sekundenschnelle Informationen über nächstgelegene Hotels, Restaurants oder Veranstaltungen besorgen (vgl. Prossliner, 2006, S.69f.).

GPS erhöht die persönliche Sicherheit, weil es zB zur Ortung von Unfällen hilfreich sein kann. Auch die polizeilichen Möglichkeiten der Fahndung werden durch GPS und MPS erhöht[44]. Terroristenfahnder konnten seit dem 11. September 2001 schon mehrfach Erfolge durch Handy-Ortung[45] verbuchen (vgl. Burkart, 2007, S.67). Eine andere Art der Ortung existiert seit 1998 mit dem Mobile Positioning System (MPS). Jedes Handy ist mit einem Mobile Location Centre angemeldet, dessen Lage man auf verschiedene Arten auf 125 m genau errechnen kann – entweder mit der Timing-Advance- oder Direction-Finding-Methode oder mit Hilfe von Mini-Funkstationen, die eine Reichweite von 300 m haben (vgl. Reischl, 1999, S.37f.).

3.9 Bluetooth

Bluetooth ist eine Technologie, mit der mobile Geräte rasch und leicht miteinander über Funk und ohne Kabel verbunden werden können (vgl. Reischl, 1999, S.82). Es ist eine in Schweden entwickelte Funktechnik, die seit 1999 auf dem Markt ist (vgl. Burkart, 2007, S.207). It's a short-range wireless connection standard enabling seamless voice and data transmission via short range (up to 10 metres) radio signals. Its aim is to link a wide range of computers, electronics and telecoms devices. The technology uses a low-power, two-way radio link, which is built into a microchip. It is a global initiative by Ericsson, IBM, Intel, Nokia and Toshiba to set a standard for cable-free connectivity between mobile phones, mobile PCs, handheld computers and other peripherals[46].

---

[44] Ein User hat auf www.textually.org im Mai 2005 folgenden Artikel online gestellt: "Cell Phone Leads To Murder Suspect: […] GPS technology helped local police arrest an accused killer Saturday. Fernando Roberson, 31, was suspected of killing his ex-girlfriend Saturday morning near Ann Arbor, Michigan. Hours later he was handcuffed by Cincinnati Police. Authorities had a lead on his whereabouts the entire time because of a cell phone. Every time he placed a call on his cell phone, police said he was being **tracked by satellite**. The global positioning system which helps 911 dispatchers track down callers in emergencies is proving to be a valuable **crime fighting tool** as well."
[45] siehe auch Kapitel Der gläserne Mensch
[46] vgl. www.hutchison-whampoa.com/NewsDIR/print, August 2006

3.10 Sonstige Dienste (Voting, Ticketing)

Das mobile Medium wird im Marketing als Response-Kanal für Ad-hoc-Mobile-Voting, also Umfragen oder Abstimmungen genutzt. Damit kann eine höhere Involvierung der Kunden erreicht werden (zB im Rahmen von TV-Sendungen, wie Starmania, Dancing Stars oder die Musical-Show im ORF) und auch Daten zum Nutzerverhalten können gesammelt werden. Bei Mobile Ticketing bucht der Käufer mit der Messaging-Technologie seines Handys Karten, reserviert Plätze oder lässt Waren zurücklegen, laut Berlecon Research GmbH (2003).

4. Nutzung des Handys

4.1 Der Nutzenansatz – Uses-and-Gratifications-Approach

Inwieweit ein Medium im Alltag tatsächlich genutzt wird, hängt wesentlich von den Gratifikationen ab, die man sich vom Medium verspricht (vgl. Köchler, 2003, S.94). Der Nutzenansatz knüpft beim Uses-and-Gratifications-Approach an. Dieser geht davon aus, dass sich Rezipienten den Medien nicht voraussetzungslos zuwenden, sondern sich eine „Belohnung", eine Befriedigung von Wünschen, bestimmten Interessen und Bedürfnissen dadurch erwarten und die Massenmedien somit als Gratifikationsinstanzen benutzen (vgl. Burkart, 2002, S.221f.). Der Nutzenansatz setzt sich aus drei Hauptkomponenten zusammen: der Nutzung aufgrund der Bedürfnisbefriedigung, der Idee vom aktiven Rezipienten und der Theorie der symbolischen Interaktion (vgl. Maletzke, 1998, S.119, zit. in Zederbauer, 2007, S.49). Dieser 1974 von Katz, Blumler und Gurevich entwickelte Ansatz fragt „Was machen die Menschen mit den Medien?", wohingegen das bisher übliche Stimulus-Response-Modell fragte „Was machen die Medien mit den Menschen?" (vgl. Merten, 1999, S.364, zit. in Zederbauer, 2007, S.50). Zederbauer (2007, S.51) meint, dass es gerade die Idee vom „aktiven Publikum" ist, die den Nutzenansatz für Untersuchungen der mobilen Telefonie interessant macht: Die Handlung des Anrufens ist ohne Frage eine aktive und verfolgt dabei immer ein Ziel, nämlich die Befriedigung eines Bedürfnisses. Gratifikationen, die das Mobiltelefon erfüllen kann, sind laut Zederbauer (2007, S.53f.) Ablenkung und Zeitvertreib, persönliche Beziehungen, persönliche Identität (einerseits in Anwendung, andererseits in Ausstattung des Handys) und Kontrolle der Umwelt.

Mobilität beispielsweise war, historisch betrachtet, immer schon ein Motor kultureller und ökonomischer Entwicklung. „The desire to communicate between any two points must be as old as civilization itself" (Solymar, 1999, S.240). Früher mussten Stämme einander vor wilden Tieren oder anderen Feinden warnen. Es sind häufig ein bestimmter Nutzen oder eine Notwendigkeit, welche die Idee unterstützen, neue Technologien zu entwickeln (vgl. Solymar, 1999, S.240). Die Aneignung einer Technik (zB SMS) aus sozialen Gründen erwähnt Rheingold (2002, S.15): „The unexpected success of texting was also a sign that people were once again appropriating a communication technology for social purposes". „Die technische Weiterentwicklung geschieht in einer Geschwindigkeit, die auf gesellschaftlicher Ebene nicht mitvollzogen werden kann", merkt jedoch Simic (2005, S.70) kritisch an. „Technik- und Kulturentwicklung finden statt in einem Wechselspiel zwischen kulturellen Visionen und Bedürfnissen, die auf eine technische Lösung drängen, und technischen Entwicklungen, die auf die Entstehung oder Weckung eines kulturellen Bedürfnisses drängen. […] Anthropologisch gesehen geht es darum, dass das Mobiltelefon, als es in die Welt gekommen ist, auf ein grundlegendes menschliches Bedürfnis gestoßen ist: sich zu unterhalten" (Burkart, 2007, S.180).

Obwohl das Handy für viele ein alltäglicher Gebrauchsgegenstand geworden ist, ist seine Handhabung von Individuum zu Individuum verschieden. Das Telefon im Allgemeinen wird zum einen *zweckrational* genutzt, etwa wenn es um Notrufe, Nachfragen bei Behörden, Firmen oder Privatleuten geht, zum anderen existieren *emotional motivierte* Nutzungen wie die spontane Plauderei (vgl. Beck, 1989, zit. in Auböck, 2001, S.19). Ling (2004) argumentiert, dass die Koordination der Face-to-face-Aktivitäten der wichtigste Teil der Mobiltelefonie sei. Nach Adler (1993, zit. in Auböck, 2001, S.20-24) kann man von einer aktiven und passiven Nutzung sprechen, die er als Gebrauchsnutzen und Optionsnutzen definiert. Der Optionsnutzen erwächst aus dem Besitz, der passiven Erreichbarkeit sowie der Möglichkeit, das Handy bei Bedarf verwenden zu können, was zum Sicherheitsgefühl der (auch älteren) Handybesitzer beiträgt.

4.2 Der Gebrauchsnutzen

Nach Adler (1993, zit. in Auböck, 2001, S.21-24) entsteht der Gebrauchsnutzen durch die aktive Verwendung des Handys als Organisationsmittel (um den Tagesablauf effektiver zu gestalten, Verabredungen zu treffen, Informationen einzuholen oder um Auskünfte zu erteilen) oder als Beziehungsmedium, d. h. als Mittel zur Aufrechterhaltung und Pflege sozialer Beziehungen. Adler (1992, S.13, zit. in Gschwendtner, 2003, S.37) unterteilt den Gebrauchsnutzen bzw. die aktive Nutzung in die instrumentale und die emotionale Nutzung.

4.2.1 Vorwiegende Gesprächspartner

Meistens telefoniert man mit jenen Personen, die man häufig sieht oder zumindest gut kennt. Somit überbrücken Telefonate oft keine großen Entfernungen, meint Zelger (1997, S.187, zit. in Glanz, 2006, S.45). Vorwiegende Gesprächspartner der Handybesitzer sind in Glanz' Studie (2006, S.111) die Familie, an zweiter Stelle Freunde und Bekannte. An dritter Stelle werden berufliche und ausbildungsspezifische Telefonate genannt. Dadurch bestätigt sich, dass das Handy ein Beziehungsmedium ist und zur Kontaktpflege, zur Stärkung der eigenen Identität und zur Entstehung von künstlichen Nachbarschaften beiträgt (vgl. Glanz, 2006, S.111f.). Die meisten Gespräche werden mit Familienangehörigen, Freunden und Bekannten geführt. Auch Lange (1989, zit. in Konlechner, 2003, S.27) zitiert eine Untersuchung der Forschungsgruppe Telekommunikation der FU Berlin und hält fest, dass die häufigsten Gesprächspartner Freunde und Verwandte sind. Höflich (1996, S.221, zit. in Gschwendtner, 2003, S.11) hält fest, dass das Telefon trotz internationaler Netze ein Medium des Nahraumes ist und die häufigsten Gesprächspartner demnach Verwandte, Freunde und Bekannte sind. Bei den 11-Jährigen werden Freunde (mit 64,4 %) als häufigste Gesprächspartner genannt, die Eltern sind gleich dahinter platziert. Die Wertigkeit der Eltern als Kommunikationspartner nimmt ab dem 12. Lebensjahr zusehends ab, wohingegen Freunde und Freundinnen zunehmen, was die Thesen in der Literatur über die Loslösung vom Elternhaus bestätigt. Ab dem 13. Lebensjahr sind auch die Beziehungen zum anderen Geschlecht wichtiger als die zum Elternhaus (vgl. Gschwendtner, 2003, S.94f.). In der Tat bezieht sich die überwiegende Mehrheit der telefonischen Kontakte auch beim Handy, wie wir aus der Forschung wissen, nicht auf Fremde, sondern auf die sehr vertraute, lokale Nahwelt. So gesehen fördert das Handy nicht globale, sondern lokale Netzwerke (vgl. Geser, 2005, S.24, zit. in Burkart, 2007, S.166). Wer kann anrufen? Oft verfügt nur ein enger Kreis über die Mobiltelefonnummer und diese ist zumeist auch nicht im Fernsprechverzeichnis angeführt (vgl. Höflich; Gebhardt, 2005, S.137f., zit. in Zederbauer, 2007, S.37). Eine Studie aus dem Jahr 2005 zeigt, dass „sehr oft" mit dem Lebensgefährten mobil kommuniziert wird. Dabei wird der Wandel eines vormals dominanten Mediums beruflicher Kommunikation hin zu einem Beziehungsmedium augenscheinlich (vgl. Höflich; Gebhardt, 2005, S.143f., zit. in Zederbauer, 2007, S.37).

4.2.2 Handybereitschaftszeit

Gutwenger (2005, S.70ff.) stellte 2004 einen Fragebogen über E-Kommunikation ins Netz. 200 Personen aus Österreich, Deutschland und Italien, davon 84 % zwischen 20 und 30, schickten verwendbare Daten zurück, die folgende Ergebnisse zutage brachten: Bei 30 % der Befragten läuft das Handy 24 Stunden am Tag, 27 % schalten es nur zum Schlafen aus, 42 % der Befragten sind nur selektiv erreichbar. Für 23 % ist der Hauptgrund, weshalb nicht telefoniert wird, der Kostenfaktor – sowie auch die Kosten (bei 15 % der Befragten) beim SMS-Versenden eine Rolle spielen und SMS von 23 % als zu unpersönlich angesehen werden. Zur Handybereitschaftszeit lässt sich nach Auböcks (2001) Untersuchungen sagen, dass 22 % der Befragten das Handy selten bzw. unregelmäßig eingeschaltet haben. 40 % haben es nur tagsüber und 38 % haben das Handy auch nachts eingeschaltet.

4.3 Die instrumentale Nutzung

Die instrumentale Nutzung wird nach Adler (1992, S.13, zit. in Gschwendtner, 2003, S.37) in die Organisationsnutzung, soziale Nutzung und Unterhaltungsfunktion unterteilt. Besonders dem Handy wird eine bedeutende Rolle als *Organisationsinstrument* im geschäftlichen und privaten Bereich zugeschrieben. Plötzlich auftretende Aktivitäts- oder Zeitlücken sowie Fahrzeiten im Zug können nun effizient genutzt werden, um Informationen einzuholen oder Aufgaben zu organisieren (vgl. Auböck, 2001, S.23). Das Handy kann helfen, Wartezeiten zu überbrücken. Man kann sich bilden oder informieren, spielen oder Geschäfte erledigen (vgl. Burkart, 2007, S.59).

Neben der Organisationsfunktion besitzt das Telefon auch eine *Abschirmungsfunktion*. Der Nutzen liegt darin, seine Privatsphäre vor Eindringlingen zu schützen: Unerwartete Besuche gibt es heute fast nicht mehr, sie werden telefonisch angekündigt, meint Adler (1993, zit. in Auböck, 2001, S.24). Paradoxerweise hat somit das sonst als aufdringlich geltende Telefon, vor allem das allgegenwärtige Handy, eine Abschirmungsfunktion, da mit ihm Überraschungsbesuche seltener werden (vgl. Kuttner, 2001, S.42).

Die letzte Form der instrumentalen Nutzung ist die Verwendung des Telefons als *Spielzeug und Unterhaltungsinstrument*. Diese Form spielt eine große Rolle im Handyzeitalter (vgl. Auböck, 2001, S.24). Das Handy als Spielzeug und Unterhaltungsinstrument nutzte nach eigener Beobachtung ein Mann im Radiokulturhaus mit Begeisterung – er zeigte seiner Frau, wie Autorennen am Handy funktionieren. Die einzelnen Formen der Nutzung, die hier allgemein zum Telefon beschrieben wurden, lassen sich auf das Handy umlegen. Eigene Forschungen gibt es dazu noch nicht (vgl. Auböck, 2001, S.24).

Zu Beginn wurde das Handy fast ausschließlich zum Telefonieren benutzt (vgl. Glanz, 2006, S.111).

4.4 Geschlechtsspezifische Nutzung

„Das Nutzungsprofil von Männern unterscheidet sich bei der telefonischen Kommunikation wesentlich von jenem der Frauen" (Egger, 2001, S.55). Laut Claisse (1989, zit. in Auböck, 2001, S.27f.) nutzen Männer das Telefon vor allem zur Organisation von Freizeitaktivitäten oder zur Regelung beruflicher Angelegenheiten. Sie wollen Probleme lösen und Informationen erhalten. Frauen hingegen ist der Austausch von Neuigkeiten mit Familienmitgliedern und Freunden wichtig. Im Vergleich zur sachorientierten Kommunikationsweise der Männer ist die der Frauen eindeutig auf die Organisation des gesellschaftlichen Lebens ausgerichtet (Freizeit, Einladungen etc.). Claisse (1989, zit. in Auböck, 2001, S.28) meint, dass – welcher Indikator auch immer benutzt wird (Anzahl der Gespräche, Verbrauch von Zeit/Geld) – Frauen stets doppelt so viel telefonieren wie Männer. Über das Geschlecht hinaus hat auch das Merkmal des Alleinlebens großen Einfluss auf die Nutzung des Telefons (vgl. Claisse, zit. in Auböck, 2001, S.29). Es gibt nur wenige Daten zur Telefonnutzung im privaten Alltag. Dennoch fällt darin häufig die Behauptung „Frauen telefonieren am meisten und am längsten". Die ersten spärlichen Daten zur privaten Telefonnutzung (zB Schabedoth, Storli, Beck, Lange, 1989) widersprechen diesem Bild (noch) nicht (vgl. Auböck, 2001, S.28). Auch aus Glanz' Interviews geht hervor, dass Männer tendenziell weniger telefonieren als Frauen (vgl. Glanz, 2006, S.115). Ein Forschungsprojekt aus Salzburg 1999 brachte zutage, dass die höhere Telefonrechnung der Männer nicht auf längere Gespräche, sondern auf die höhere Anzahl von Telefonaten zurückzuführen ist. Männliche Handynutzer geben an, ihr Handy vor allem beruflich zu nutzen, daher kann diese berufliche Nutzung ein Grund für die hohen Gesprächskosten sein. Frauen geben an, ihr Handy zu 84 % privat zu nutzen (vgl. Keul, 2000, zit. in Egger, 2001, S.57). Nach einer im Juli 2000 durchgeführten Studie an der Universität in Erfurt lässt sich erkennen: „Das männliche Geschlecht nützt demnach sowohl im Jugend- wie auch im Erwachsenenalter ein Mobiltelefon intensiver als Frauen bzw. Mädchen" (Egger, 2001, S.59). Dem entspricht Konlechners Untersuchung (2003, S.272), in der Männer angeben, mehr über das Handy als über das Festnetz zu telefonieren und Frauen hingegen insgesamt mehr über das Festnetz telefonieren. Männer rufen häufiger jemanden an als Frauen, besagen Konlechners (2003, S.272) Untersuchungsergebnisse.

Zederbauer (2007, S.120) ist wiederum überrascht, dass sich in ihrer Studie zwischen Männern und Frauen in der Handynutzung nur geringe Unterschiede aufzeigen lassen konnten. Und entgegen der weit verbreiteten Annahme, Frauen telefonierten mehr bzw. häufiger, konnte Auböck (2001, S.131) feststellen, dass das Ergebnis ihrer Untersuchung dem von Claisse (1989) widerspricht. Es besteht kein Geschlechtsunterschied hinsichtlich des Ausmaßes der Handynutzung (vgl. Auböck, 2001, S.110). Es besteht aber ein Geschlechtsunterschied hinsichtlich der Nutzungsmotive/Anlässe für Handytelefonate. Frauen ist Kommunikation als Motiv signifikant wichtiger. Frauen legen größeren Wert auf Plaudern und darauf, Befindlichkeiten auszutauschen, sich die Langeweile zu vertreiben oder etwas von sich hören zu lassen. In diesem Punkt werden frühere empirische Ergebnisse bestätigt (vgl. Auböck, 2001, S.131).

Männer telefonieren öfter, Frauen dafür länger: Laut einer monatlich erscheinenden Integral-Studie für ONE (www.one.at/presse, zit. in Konlechner, 2003, S.74) telefonieren Männer häufiger als Frauen per Handy mit Freunden und Freundinnen sowie der Partnerin (M: 44 %, F: 36 %) und mit Geschäftspartnern sogar um ein Vielfaches häufiger (M: 26 %, F: 7 %). Frauen telefonieren länger (5,4 Minuten gegenüber Männern mit 3,6 Minuten). Geschlechtsspezifische Unterschiede gab es auch bei den **Orten**, an denen am liebsten mit dem Handy telefoniert wird: Männer telefonieren häufiger auf der Straße (M: 17 %, F: 10 %), im Auto (M: 13 %, F: 10 %) und im Geschäft (M: 6 %, F: 3 %) und Frauen greifen eher im Kaffeehaus oder Restaurant zum Handy (M: 3 %, F: 6 %)

Ende 1999 sind es vor allem Männer, die im Besitz eines Handys sind (Dr. Karmasin Marktforschung, Österr. Gallup-Institut, 1999, S.1, zit. in Egger, 2001, S.57). Während Männer in der Öffentlichkeit sehr offen und manchmal sogar demonstrativ telefonieren, bemühen sich Frauen, verdeckt und unauffällig Gespräche zu führen. Männer neigen auch eher dazu, das Rufsignal auffällig laut einzustellen. Männliche Handynutzer tragen ihr Handy eher in der Hand bzw. am Körper, während Frauen das Endgerät in einer Tasche aufbewahren (vgl. Keul, 2000, zit. in Egger, 2001, S.57f.).

Es besteht also ein Geschlechtsunterschied hinsichtlich des öffentlichen „Handy-Verhaltens", es unterscheidet sich signifikant. Frauen ist das Telefonieren in der Öffentlichkeit eher peinlich als Männern. Sie telefonieren weniger gern in der Öffentlichkeit als Männer. Männern ist das Läuten von Handys eher nicht peinlich, Frauen ist das Läuten ihres Handys im Supermarkt oder bei geschlossenen Veranstaltungen eher peinlich (vgl. Auböck, 2001, S.113 und S.131). „Dieses Ergebnis unterstützt die Studie von Keul & Kühberger[47] (2000), die zu dem Ergebnis kamen: die „Handy-Show" ist männlich, d. h. Männer telefonieren weit häufiger demonstrativ oder offen als Frauen" (Auböck, 2001, S.132).

4.4.1 Das Kommunikationsverhalten von weiblichen und männlichen Schülern im Vergleich

Im Gegensatz zur verbreiteten Meinung, Mädchen telefonierten häufiger als Jungen, konnte Egger (2001, S.183f.) feststellen, dass männliche Jugendliche das Handy stärker für Gespräche nutzen als weibliche. Eggers Untersuchung bestätigt somit andere Studien, die in den letzten Jahren durchgeführt wurden. Bei der Verwendung von SMS zeigt sich auch die Tendenz, dass Jungen mehr SMS erhalten als Mädchen, obwohl andere Untersuchungen im Bereich SMS Mädchen die höhere Nutzung zusprechen (vgl. Egger, 2001, S.184).

---

[47] Keul, Alexander; Kühberger, A. 2000: Der österreichische Handyalltag. Verhalten, Wünsche und Sorgen. Unveröffentlichtes Manuskript. Universität Salzburg, Institut für Angewandte Psychologie.

4.5 Altersspezifische Nutzung

Aus Claisses (1989, zit. in Auböck, 2001, S.30) Untersuchungen ging hervor, dass „Jugendliche und ältere Personen weniger telefonieren", was zum Teil damit zusammenhing, dass Jugendliche unter familiärer Kontrolle ungern telefonierten und häufig ihre Telefonate außerhalb der Wohnung (in Telefonzellen) führten – und diese Kosten häufiges Telefonieren verhinderten. „Dass Jugendliche weniger oft Plaudergespräche führen, wird auf die fehlende Privatheit zu Hause zurückgeführt" (Egger, 2001, S.60). Durch die Erfindung des Handys und die dadurch gewonnene Mobilität kann man sich heutzutage überall hin zurückziehen, um ungestört zu sprechen. Simic (2005, S.28) meint: „Das Handy erlaubt es ihnen [den Kindern], ohne Kontrolle durch Eltern und Familie Telefongespräche an jedem beliebigen Ort zu führen".

Alles in allem kann nicht vom Nutzungsverhalten der Erwachsenen auf jenes von Jugendlichen geschlossen werden (vgl. Egger, 2001, S.58). Eine neuere Studie belegt, dass das Alter eine starke Einflussgröße auf die Art der Handynutzung ist: Jugendliche zwischen 15 und 19 Jahren rufen am häufigsten jemanden an, telefonieren am längsten und erhalten auch die meisten Anrufe am Handy. Es besteht dabei kein geschlechtsspezifischer Unterschied (vgl. Konlechner, 2003, S.2). An Konlechners (2003, S.271) Untersuchung nahmen 223 Personen teil, wobei die älteste Person 56 Jahre alt war. Das Alter erwies sich als höchst signifikanter Einflussfaktor bei der Häufigkeit getätigter Anrufe, der Länge der Telefonate und bei der Häufigkeit erhaltener Anrufe. Die 15-19-Jährigen rufen am häufigsten jemanden an, die über 30-Jährigen am seltensten. Bezüglich der Länge der Telefonate zeigte sich, dass die 15-19-Jährigen und die 20-30-Jährigen länger telefonieren als die Personen über 30. Dieses Ergebnis, dass die Jugendlichen am längsten telefonieren, deckt sich mit (Festnetz-)Studien. Die Jugendlichen sind es auch, die am öftesten Anrufe am Handy erhalten. Jugendliche kennen sich besser mit Zusatzfunktionen des Handys aus als ältere Befragte und darüber hinaus zeichnete sich ab, dass sich Jugendliche an Gleichaltrigen orientieren und das gleiche Handymodell besitzen wollen und in der Folge, dass das Handy für junge Leute ein Statussymbol darstellt (vgl. Konlechner, 2003, S.275f.).

Zederbauers (2007) Befragung von 102 Personen (20-30-Jährigen und 50-60-Jährigen) bringt ähnliche, bekannte Ergebnisse zu Tage: Menschen zwischen 20 und 30 Jahren verwenden mehr mobile Geräte als Menschen zwischen 50 und 60 Jahren. Die jüngere Gruppe nutzt auch mehr Funktionen des Handys als die ältere (vgl. Zederbauer, 2007, S.108). Die jüngere Gruppe telefoniert häufiger mit dem Handy (vgl. Zederbauer, 2007, S.111). Das Alter beeinflusst, in welchen Situationen die Handynutzung als angemessen empfunden wird. Die jüngere Gruppe empfindet die Handynutzung in mehr Situationen angemessen als die ältere: „Es sieht so aus, als sei die jüngere Gruppe dem Mobiltelefon gegenüber toleranter als die ältere Gruppe, vielleicht aus dem Grund, dass für die Gruppe der 20- bis 30-Jährigen das Handy schon ein alltäglicher Bestandteil des Lebens geworden ist" (Zederbauer, 2007, S.112). Auch Zederbauer (2007, S.119) kommt zu dem Ergebnis, dass für Ältere das Handy weniger eine Möglichkeit zur Bedürfnisbefriedigung darstellt, sondern die Funktionalität des Handys im Vordergrund steht (die Erreichbarkeit für Notfälle). Für die Jüngeren scheint es schon genauso wichtig, die Möglichkeit zu haben, sich in langweiligen Situationen zu beschäftigen.

Ergebnisse der Berliner Telefonstudie belegen, dass für Jüngere das Telefon wichtig ist, um Neuigkeiten zu erfahren (14- bis 29-Jährige: 70 %) und Informationen zu bekommen (84 %), während Personen über 60 vor allem die Möglichkeit schätzen, Hilfe holen zu können (vgl. Schabedoth, Storli, Beck, Lange, 1989, S.103, zit. in Auböck, 2001, S.30).

Es bleibt die Frage, ob Handys soziale Bindungen eher behindern oder fördern. Seit sie ein Handy besitzen, tätigen 52 % der Österreicher mehr Anrufe. Dank des Mobiltelefons werden junge Nutzer spontaner und arrangieren öfter Treffen sehr kurzfristig. Auch Senioren können ihre sozialen Kontakte dank Handy intensivieren[48].

4.5.1 Ältere Menschen und das Mobiltelefon

Mollenkopf (1993, zit. in Auböck, 2001, S.32) meint, dass sich ältere Menschen allgemein Unbekanntem und Ungewohntem gegenüber vorsichtig bis ablehnend oder misstrauisch verhalten. Der Zugang zu neuen Techniken wird oft durch ihre komplizierte Handhabung (oder zu kleine Tasten etc.) erschwert.

---

[48] http://www.mobilkomaustria.com/CDA/frameset/sec_frame/1,3150,890-957-html-en,00.html, März 2006

Ergebnisse aus der Forschung zu Technikakzeptanz und Einstellung älterer Menschen zeigen, dass die Bereitschaft, Veränderungen zu akzeptieren, vorhanden ist. Ältere Personen haben lediglich Umstellungsprobleme von einem Modell zu einem anderen. Sie können sich schlecht auf eine andere Gestaltung einstellen, was aber nichts mit genereller Ablehnung von neuen Entwicklungen zu tun hat. Weitere Untersuchungen (vgl. Wald; Stöckler, 1991, zit. in Konlechner, 2003, S.82) besagen, dass alternde Menschen in überraschendem Umfang begabt sind, generelle Trends gesellschaftlichen Wandels mit zu vollziehen – die „neuen Alten" sind in großem Maß zu flexiblen Reaktionen und Umstellungen fähig. Nachrückende Generationen erleben das Handy bereits als selbstverständlicher, da der Einsatz der Kommunikationstechnik „Handy" offenbar ein Sozialisierungsprozess ist (vgl. Konlechner, 2003, S.82f.). Die Technikakzeptanz sinkt, je später die Anschaffung des Handys stattfindet oder diese durch Gebrechlichkeit erzwungen wurde; in diesem Fall ist die passive Erreichbarkeit/Nutzung wesentlicher als die aktive Kontaktaufnahme mit der Umwelt (vgl. Reinwein, 1990, zit. in Konlechner, 2003, S.83). Dennoch zeigen Studien, dass „ältere Personen und Pensionisten noch stärker Distanz zu Handys wahren" (Auböck, 2001, S.33). Die Ergebnisse ihrer Studie sprechen dafür, meint Konlechner (2003, S.3), dass „für die Jüngeren das Handy zu einem festen Bestandteil ihres Lebens geworden ist, wohingegen ältere Personen teilweise Schwierigkeiten haben, sich auf dieses neue „Kommunikationsmittel" einzustellen".

Für viele ältere Menschen stellt das Mobiltelefon vor allem eine Ergänzung zum Festnetz dar, findet Boden (2002, S.92) in ihren Befragungen heraus. Für längere Gespräche und wenn die Menschen über 55 zuhause sind, verwenden sie eher das Festnetz. Zum Handy greifen sie in Ausnahmesituationen und wenn sie unterwegs sind. Für viele ältere Menschen bedeutet die Handynummer etwas sehr Privates, fast schon Intimes, und sie überlegen sich sehr genau, wem sie erlauben, sie auf dieser anzurufen (vgl. Boden, 2002, S.93). Jemand auf dem Handy anzurufen, erfordert für sie eine Berechtigung, eine Erlaubnis, hat den Status von Exklusivität und ist weder selbstverständlich noch alltäglich (vgl. Boden, 2002, S.93).

Neben dem Aspekt, sicher zu sein, indem sie selbst Hilfe holen können, stellt das Handy besonders für Ältere eine Möglichkeit dar, sich über das Wohlbefinden anderer in vermuteten Gefahrensituationen zu versichern (vgl. Boden, 2002, S.97).

Mollenkopf (1993, zit. in Konlechner, 2003, S.83) nennt ebenso als Vorteile eines Handys bei älteren Menschen in erster Linie die Erfüllung des Sicherheitsbedürfnisses und in zweiter Linie die Aufnahme und Aufrechterhaltung sozialer Kontakte auch über räumliche Distanz hinweg. Auch Kuttner (2001, S.41) wähnt das Handy als Sicherheitsinstrument, mit dem gebrechliche Personen alleine den Arzt anrufen können und das somit für Ältere ein Mittel gegen das Hilflosigkeitsgefühl darstellt sowie auch mehr Bewegungsfreiheit, Zeit- und Wegersparnis bedeutet.

Auf der anderen Seite (neben Integration und Sicherheit) haben einige Ältere den Eindruck, durch Anrufe kontrolliert und bevormundet zu werden und meinen verärgert, dass ihre Eigenständigkeit durch die besorgten Anrufe hinterfragt wird (vgl. Boden, 2002, S.97). Ein älterer Interviewpartner von Boden (2002, S.100) beschreibt sein Handyverhalten in der Freizeit folgendermaßen: Für ihn klar als Notfallgerät bestimmt, unterlässt er allgemein Telefonate über das Handy, weil er verblödende Gespräche vermeiden will. Überpräsenz und Ununterbrochenheit von Kommunikation führen zu einem Verlust an Qualität und Tiefe der Inhalte und zu einer Konzentration auf Unnötiges, die Zeit und Energie für Wichtiges nimmt sowie persönliche Wachheit und Aufmerksamkeit für Mitteilungen anderer senkt. Andere ältere Befragte orten ebenso eine Verflachung der Kommunikation, da jederzeit über Belangloses geredet werden kann (vgl. Boden, 2002, S.108). Sie missbilligen Möglichkeiten zu ständiger Auslagerung von Problemlösungen – anstatt eigene Entscheidungen zu treffen, wird Rücksprache mit Abwesenden gehalten. Sie „beklagen Kürzerfristigkeiten in Planung und Notwendigkeit an raschen Entscheidungen, die über Handy jederzeit mitgeteilt werden können, bemängeln Ersatz persönlicher Anwesenheit […], beanstanden Oberflächlichkeit in sozialen Kontakten und Beziehungen, missbilligen Einschränkungen in ihren Bedürfnissen nach Ruhe durch mobiles Telefonieren an öffentlichen Orten, tadeln Kurzangebundenheit und Hektik der Anrufe von „unterwegs"" (Boden, 2002, S.108).

Es besteht ein Altersunterschied hinsichtlich des Ausmaßes der Handynutzung: Personen zwischen 20 und 25 Jahren nutzen ihr Handy häufiger als ältere Handybesitzer (vgl. Auböck, 2001, S.115). 20-25-Jährige unterscheiden sich auch signifikant von den 50-55-Jährigen hinsichtlich der Nutzungsmotive: Kommunikation und Unverbindlichkeit werden von der jüngeren Gruppe genannt; Menschen der älteren Gruppe sprechen stärker dem Motiv Dringlichkeit zu (vgl. Auböck, 2001, S.116), d. h. ältere Menschen benutzen das

Handy häufiger für wichtige Mitteilungen und in Notfallsituationen (vgl. Auböck, 2001, S.132). Es besteht kein Altersunterschied hinsichtlich des öffentlichen „Handy-Verhaltens". Nur stimmen 50-55-Jährige eher der Aussage „Mein Verhalten beim Telefonieren ist in der Öffentlichkeit anders als im privaten Rahmen" zu (vgl. Auböck, 2001, S.118).

4.5.2 Interviews mit älteren Personen

Bei Interviews mit älteren Personen zeigte sich bei Köchler (2003, S.134f.) dass jenen Handys meist von ihren Kindern geschenkt wurden und sie die Geräte kaum benutzen, aber generell die Vorteile schätzen. Als unangenehm wird zB nur eine durch Klingeln erzeugte Gesprächsunterbrechung empfunden – und die ständige Erreichbarkeit. Die wenigen, die kein Handy besitzen, begründen es damit, dass es unnötig sei. Zu Telefongesprächen in der Öffentlichkeit meint ein älterer Herr, dass jeder sich wohl individuell auf sein Handy einstellt: Manche heben nicht ab, wenn im Gasthaus das Handy läutet, um die Situation nicht zu unterbrechen, andere gehen raus, damit sie frei reden können und ihre Nachricht nicht preisgeben müssen. Frau Maria R. erzählt, dass sie nur draußen telefoniert und nicht, wenn sie in der Wohnung ist. Darüber hinaus gibt ihr das Handy ein Gefühl der Sicherheit, meint sie. Die Grundfunktion des Telefonierens kennt sie und das reicht ihr an Beschäftigung mit der Technik (vgl. Köchler, 2003, S.136). Auch Rosamunde L. spricht von einem guten Gefühl, wenn man schon die Möglichkeit hat, das Handy zB in Ausnahmefällen, Notfällen oder bei Bergwanderungen zu nutzen. Roman A. betonte, dass er sich durch das Telefon nicht einsam fühlt (vgl. Köchler, 2003, S.138). Nach Meinung der Interviewten seien viele ältere Leute Handybesitzer, damit sie den Kontakt aufrechterhalten können (sei es zu Kindern, Enkelindern etc.) (vgl. Köchler, 2003, S.144).

Ein Leben ohne Telefon können sich die Befragten heute nicht mehr vorstellen; sie kennen die Annehmlichkeiten, nutzen es zur Aufrechterhaltung von Kontakten und kompensieren mit dem (Mobil-)Telefon ihre im fortgeschrittenen Alter eingeschränkte Mobilität. Niemand möchte das technische Medium missen (vgl. Köchler, 2003, S.144). Mit der Option, das Mobiltelefon jederzeit und überall verwenden zu können, erkennen gerade ältere Menschen einen erhöhten Sicherheitsfaktor und somit lässt sich ihre Einstellung gegenüber dem Mobiltelefon als durchwegs positiv charakterisieren (vgl. Köchler, 2003, S.147).

4.5.3 Handybesitz von Kindern

Das durchschnittliche Alter, in dem Kinder ihr erstes Handy erhalten, beträgt laut mobilkom austria 2005 10,5 Jahre. Eine Studie von Fessel GfK 2002 aber ergab, dass beinahe die Hälfte aller 6- bis 14-Jährigen im Besitz eines Handys ist (vgl. Boran, 2007, S.14). Über Jugendliche gibt es mehr Literatur; „Kinder" werden erwähnt, wenn die mobile Kommunikation zur emotionalen Stabilisierung des Kindes beitragen kann (vgl. Selmer, 2005, zit. in Boran, 2007, S.17). Kinder können sich über das Handy bei ihren Eltern die Erlaubnis für Aktivitäten holen (vgl. Nave-Herz, 2002, zit. in Boran, 2007, S.16). „Die Verwendung des Handys der Kinder liegt nur darin, mit der Mutter zu kommunizieren" (Boran, 2007, S.130). „Von Seiten der Mütter werden vor allem Verspätungen mitgeteilt" (Boran, 2007, S.125). Alle befragten Eltern sehen im Handy eine Unterstützung in der Ausübung der Aufsichtspflicht, sind sich aber bewusst, dass das Handy diese nicht ersetzen kann (vgl. Boran, 2007, S.126). Die Eltern sehen das Handy als willkommene Errungenschaft der Technik, für sie stellt es eine Erleichterung dar (vgl. Boran, 2007, S.130).

Es lassen sich für den Handybesitz des Kindes drei Hauptmotive der Mütter erkennen: die Sicherheit, die leichtere Organisation des Alltags und die emotionale Stabilisierung. Die Motive der Kinder sind: das Sicherheitsmotiv, dass Freunde und Geschwister Handys haben, das Handy als Spielzeug sowie zur emotionalen Stabilisierung (vgl. Boran, 2007, S.122ff.). „Im familiären Alltag wird das Handy von den Müttern vorwiegend zur Organisation des Alltags verwendet […] weiters werden mittels Handy des Kindes auch Ratschläge und Hilfestellungen von Müttern an Kinder gegeben. Zusätzlich wird das Handy im Alltag von der Mutter als Instrument eingesetzt, um sich nach dem Wohlbefinden des Kindes zu erkundigen, womit das Motiv der emotionalen Stabilisierung, für die Mutter selbst, eingelöst wird" (Boran, 2007, S.124).

Ein aktueller Bericht[49] zum Handybesitz von Kindern in England besagt, dass heute 13 Millionen junge Menschen ein Handy besitzen und 9 Millionen von ihnen unter 15 sind. Verantwortlich für diesen Anstieg sind die Eltern: 95 % der unter 14-Jährigen erhielten das Handy von ihren Eltern. Das Durchschnittsalter eines Kindes, in dem es sein erstes Handy bekommt, beträgt 8 Jahre. Die Eltern sorgen sich um die Sicherheit ihrer Kinder und

---

[49] http://www.160characters.org/news.php?action=view&nid=1502; Information from the third mobileYouth.org annual report on the state of the industry and is published by Wireless World Forum.

wollen mit Hilfe des Handys mit ihren Kindern in Kontakt bleiben. 78 % der befragten Kinder behaupteten, sich mit Handy sicherer zu fühlen und 73 % meinten, das Handy schon einmal in einem Notfall benutzt zu haben.

4.5.4 Besorgte Eltern vs. Emanzipation der Jugendlichen

Richard Lings (2004) Forschung konzentriert sich auf Handynutzung im sozialen Kontext. In seinem Buch „The Mobile Connection: The Cell Phone's Impact on Society" beschreibt er die größten durch Mobiltelefonie verursachten Veränderungen in der Gesellschaft. Ling erkennt: „Teenagers in Scandinavia, Japan and the US in the process of moving away from home, and consequently reestablishing themselves, are working out identity issues. It is here that they incorporate the mobile phone." Handys werden Teil ihrer Identität und Emanzipation, ihrer Loslösung von den Eltern. Das Handy gibt Jugendlichen einen Kommunikationskanal zu ihren Freunden, der nicht erst über die Eltern laufen muss. „The mobile phone helps them to move away from home and establish themselves in a social sphere. Mobility tightens the social sphere"[50]. Es ist ein wenig paradox, dass Eltern ihren Kindern Handys kaufen, um mit ihnen in Kontakt bleiben und um sie eventuell kontrollieren zu können – und gleichzeitig ihren Kindern damit ein Gerät in die Hand geben, mit dem sie ohne ihr Wissen und ihre Kontrolle mit anderen kommunizieren können. War früher, als das Telefon an einer festen Stelle in der Diele angebracht war, das Telefonieren oft eine *familienöffentliche* Angelegenheit, so fördern neue technische Möglichkeiten eine Individualisierung des Telefonierens (vgl. Burkart, 2007, S.166).

4.5.5 Handybesitz von Jugendlichen

„Der Eindruck, dass so gut wie kein Jugendlicher ohne Handy ist, wird durch zahlreiche Studien belegt" (Burkart, 2007, S.120). Auch Simic' (2005, S.69f.) Untersuchung am Bundesgymnasium Tulln zeigte zusammenfassend, dass fast alle 10-14-Jährigen ein Handy haben, dass die Modernität des Handys den Kindern mittelmäßig wichtig ist, die Verschleißrate bei der jungen Generation relativ hoch ist (25 Befragte gaben an, dass sie zuvor bereits mindestens 3 Handys besessen haben) und dass der Großteil der Kinder das Handy hauptsächlich zum SMS-Versand nutzt. Joachim Höflich (2001, S.4, zit. in Gschwendtner, 2003, S.4) und Patrick Rössler prägten bereits 2001 den Begriff der

---

[50] http://www.ericsson.com/about/publications/telecomreport/archive/2004/october/mobility.shtml

„Handy-Generation" und veranschaulichten damit die Wichtigkeit des Mediums für Kinder und Jugendliche. Für Kinder und Jugendliche bietet das Handy die Möglichkeit, abseits des Festnetzanschlusses mit Gleichaltrigen telefonieren zu können und sich dem Einfluss der Eltern zu entziehen (vgl. Gschwendtner, 2003, S.4). Für Kinder und Jugendliche ist das Handy vor allem ein Kommunikationsmedium, um mit Gleichaltrigen Gedanken und Probleme auszutauschen, die mit ihrer momentanen Entwicklung in der Phase der Pubertät zu tun haben, stellt Gschwendtner (2003, S.52) fest. An Gschwendtners Untersuchung (2003) nahmen 256 Kinder der zweiten und dritten Klassen mittels Fragebogen teil und es zeigte sich, dass die Kinder das Handy sowohl zum Telefonieren als auch zum Versenden von SMS verwenden und dass auch die Verwendung vom Handy als Spielzeug sehr hoch ist. Selten lassen die Kinder sich Informationen auf ihr Handy schicken oder surfen im Internet (vgl. Gschwendtner, 2003, S.92).

Einige interviewte Mädchen erzählen im ZEITmagazin Leben (Nr. 28, 5. Juli 2007, S.29-33), dass sie empfangene, besonders liebe SMS aufheben bzw. sogar in ein Heftchen abschreiben. Zwei 19-Jährige nützen die Fotofunktion ihres Handys gerne, wenn sie mit Freundinnen unterwegs sind oder die Digitalkamera vergessen haben, und hören am Handy auch Musik. Eine 22-Jährige erwähnt im ZEITmagazin Leben (Nr. 28, 5.Juli 2007, S.31), ihr erstes Handy von inzwischen dreien mit 16 bekommen zu haben, obwohl ihre Mutter zuerst dagegen war. Sie stimmte schließlich aber zu, weil sie ihre Tochter so an der langen Leine haben konnte. Am häufigsten schreibt die Jugendliche ihrem Freund und ihren Freundinnen SMS. Sie dreht ihr Handy nie ab.

4.5.5.1 Kommunikationsanlass und Medienwahl

Erhebt man die Anlässe der Telefonate, zeigen sich häufig neben knappen Informationsgesprächen Telefonate, die als Überbrückung zwischen zwei Treffen oder als Zwischenlösung beschrieben werden. Jugendliche telefonieren häufiger, aber unverbindlicher, belangloser[51] – es werden weniger konkrete Abmachungen getroffen: „Wir rufen uns noch zusammen." (vgl. Auböck, 2001, S.61). Für das Verabreden mit Freunden und „um Menschen einzuladen, ist das beliebteste Medium das Telefon/Handy. Es überholt sogar Einladungen, die unter vier Augen ausgesprochen werden. Im Freundes- und Bekanntenkreis erfreuen sich SMS und Email einer hohen Beliebtheit" (Gutwenger,

---

[51] siehe auch Kapitel Gesellschaftlicher Wandel – Sittenverfall?

2005, S.74). Bitten und Glückwünsche werden hauptsächlich am Telefon/Handy mitgeteilt, dann per E-Mail und SMS (vgl. Gutwenger, 2005, S.75). Um ein persönliches Erlebnis mitzuteilen, bevorzugt Gutwengers (2005, S.76) befragte Stichprobe ein persönliches Gespräch. Das SMS ist aufgrund seiner beschränkten Textlänge für diesen Anlass weniger geeignet, wird als umständlich empfunden und ist dem E-Mail unterlegen.

4.5.5.2 Telefonieren in der Schule

Egger (2001, S.160) stellt fest, dass für 90 % der jugendlichen Handybesitzer das Mobiltelefon zeitweise oder ständig Begleiter in die Schule ist. Die jugendlichen Handynutzer lassen das Mobiltelefon mehrheitlich (also immer oder zumindest in den Pausen) eingeschaltet (vgl. Egger, 2001, S.160). Die Nutzung innerhalb der Schule ist nicht von großer Bedeutung: Telefonieren und das Verschicken von Kurzmitteilungen dienen fast nie der Kommunikation innerhalb des Schulgebäudes (vgl. Egger, 2001, S.162). Das Face-to-face-Gespräch wird nicht durch das Handy „ersetzt" oder von ihm verdrängt. Im Jahr 2001 geben 4 % der Schüler an, das Handy zum Schummeln zu verwenden (Bacher, 13.06.2001 in NEWS, S.46, zit. in Egger, 2001, S.62). Von der Schule definierte Regeln über den Umgang mit dem Handy im Schulgelände werden von der Mehrheit der Handynutzer nicht befolgt (weil ein Verstoß meist keine Konsequenzen hat) (vgl. Egger, 2001, S.177f.). Egger (2001, S.158) stellt in ihren Untersuchungen fest, dass 83 % der jugendlichen Handynutzer nicht während der Schulstunde telefonieren, 29,1 % benutzen das Handy auf keinen Fall auf der Toilette und 27,6 % nennen den Schulsport als Handytabuzone. Gründe, warum Jugendliche ihr Handy in der Schulstunde nicht nutzen, sind keineswegs ausschließlich im Handyverbot während des Unterrichts zu finden. Laut Egger (2001, S.158f.) meinten 30,3 %, an diesen Orten nicht zu telefonieren, weil „es störend ist". 23,5 % bevorzugten die Antwort „weil es nicht notwendig ist" und 21 % nur meinen, nicht zum Handy zu greifen, „weil es verboten ist". 19,4 % wählten die Antwort „weil es sich nicht gehört". „Das Verbot an der Schule ist somit nicht der ausschlaggebende Grund, warum Handy-Telefonate unterlassen werden" (Egger, 2001, S.159).

4.5.5.3 Regeln im Umgang mit dem Handy

„Es hat sich bestätigt, dass bestimmte Verhaltensweisen und Regeln gefordert sind, um dieses Medium und seine Folgen entsprechend zu beherrschen und nicht von ihnen beherrscht zu werden" (Egger, 2001, S.194). Allerdings: „Da das Medium Mobiltelefon so jung ist und die Entwicklung mit riesigen Schritten vor sich geht, konnte sich im öffentlichen Raum noch kein allgemein gültiges Regelwerk etablieren" (Glanz, 2006, S.102). Glanz' Interviewpartner schlagen vor, Handygespräche in öffentlichen Verkehrsmitteln einfach generell leiser zu führen, eventuell handyfreie Zonen einzuführen und sich in Anwesenheit Dritter kurz zu halten oder das Handy unterwegs auf „lautlos" zu schalten (vgl. Glanz, 2006, S.130). „Mehr als 75 % halten Regeln, die den Umgang mit einem Handy bestimmen, für unerlässlich. Die Untersuchung bestätigt somit, dass von Seiten der Gesellschaft der Bedarf nach Regeln vorhanden ist" (Egger, 2001, S.173). Ein kleiner Widerspruch besteht darin, dass strenge Regeln sowie deren Überprüfung nur von einem kleinen Teil der Jugendlichen in der Umfrage befürwortet werden (vgl. Egger, 2001, S.174). Egger (2001, S.171) stellt in ihrer Umfrage Folgendes fest: 98 % der Jugendlichen kennen die Regel „Telefonieren mit dem Handy ist während des Autofahrens verboten". Der Mehrheit (80 %) ist bekannt, dass ein Handy bei Besprechungen abgeschaltet oder auf lautlos gestellt werden sollte und 94,2 % der Jugendlichen wissen, dass das Telefonieren an Orten der Ruhe (Kirche, Krankenhaus) unterlassen werden sollte. 78,4 % sind darüber informiert, dass Telefonieren im Flugzeug verboten ist. Nur 42,8 % ist bekannt, dass im Restaurant das Telefonieren nach Möglichkeit unterlassen werden sollte. Von der Benimmregel, dass sich lautes Telefonieren in der Öffentlichkeit nicht gehört, wussten nur 13,5 % der Probanden.

4.6 Kulturspezifische Unterschiede

Kulturelle Unterschiede in der Handynutzung möchte ich hier nicht unerwähnt lassen. Diese erkennt beispielsweise Karasek (1997, S.76f.): „Wer meint, dass in Deutschland eine Handy-Manie ausgebrochen ist, der muss nur einmal nach Italien fahren […] während sie essen oder auf das Essen warten, kreisen ein oder zwei Handys um den Tisch, alle kommen dran".

4.6.1 6 Typen von Mobiltelefonierern

Hinsichtlich der Nutzungstypen oder -motive existieren einige Kategorisierungsversuche, deren wissenschaftliche Fundierung aber oft fragwürdig erscheint und auf deren Ausführung ich hier – bis auf ein Beispiel – verzichte. Es gibt laut einer Studie des Markt- und Meinungsforschungsinstituts Fessel + GfK 6 Typen von Mobiltelefonierern (vgl. Reischl, 1998, S.36-40):

1. Handy-Dandy (Angeber, der das Neueste haben muss)
2. Handy-Trendy (Studenten, junge Berufstätige, die das Handy immer dabei haben, um nichts zu versäumen und meinen, es zu brauchen)
3. Handy-Pragmatiker (will telefonieren und erreichbar sein, sein Handy ist ein Gebrauchsgegenstand für seinen Job und auch Instrument für die Freizeit)
4. Handy-Sir/Handy-Lady (haben ein Handy, weil man eines haben muss; demonstrativ zu telefonieren sei peinlich, meinen sie)
5. Notfall-Handyaner (akzeptiert das Handy, weil es die persönliche Sicherheit im Notfall erhöht)
6. Handy-Mitläufer (hat eines, weil alle eines haben, als Kontakt zur Außenwelt)

4.7 SMS-Nutzung

4.7.1 Altersspezifische SMS-Nutzung

Als in den Anfängen der GSM-Technologie erklärt wurde, dass man damit auch Textnachrichten von einem Handy zum anderen schicken kann, reagierten die Menschen mit Verwunderung und hielten dies für überflüssig (vgl. Auböck, 2001, S.17f.). SMS ist kein Jugendphänomen mehr, meint Egger (2001, S.105). Kurznachrichten werden heute von allen Generationen und Gesellschaftsschichten benutzt. Dennoch nutzen Jugendliche das Handy vorwiegend, um SMS zu versenden, nicht um zu telefonieren (vgl. golem.de, zit. in Konlechner, 2003, S.37). Die Daten sind eindeutig und gelten für alle Länder, in denen entsprechende Untersuchungen gemacht wurden: Es sind vor allem Jugendliche und junge Erwachsene, die SMS schreiben. Dabei liegen Mädchen und junge Frauen deutlich vorne (vgl. Ling, 2004, S.148, zit. in Burkart, 2007, S.108). SMS ist doch eine Jugend-Domäne. Für ältere Menschen ist SMS nur eine Nebensache, wie sich in den Interviews

2002 zeigte (vgl. Burkart, 2007, S.113). Jugendliche zwischen 15 und 19 Jahren verschicken signifikant mehr SMS pro Tag (über Handy sowie Internet) als ältere Personen. Das Alter spielt in dem Fall eine Rolle, das Geschlecht nicht (vgl. Konlechner, 2003, S.3). 20-25-Jährige versenden und erhalten häufiger SMS als ältere Gruppen (vgl. Auböck, 2001, S.133). Kinder versenden hauptsächlich SMS, wird immer wieder festgehalten. Durchschnittlich versenden Kinder 3,3 Nachrichten pro Tag (vgl. MPFS, 2005, zit. in Boran, 2007, S.17) und in der Kids Verbraucher Analyse (KVA) 2006 wird ersichtlich, dass mehr als doppelt so viele Kinder häufig SMS versenden wie täglich telefonieren. Die meisten SMS-Nutzer in Amerika sind ebenfalls jung und zwischen 18 und 27 Jahre alt[52]. Laut einer Online-Umfrage im April 2002 (vgl. golem.de, zit. in Konlechner, 2003, S.42) nutzen speziell die unter 30-Jährigen SMS-Kommunikation intensiv. Es stellte sich außerdem heraus, dass „die Jugendlichen meistens sofort antworten und die Personen im Alter von 20-30 Jahren eher erst im Laufe des Tages auf ein SMS antworten" (Konlechner, 2003, S.220).

4.7.1.1 Nutzungsmotive der Kinder

Sensor Marktforschung befragte (laut einer Presseaussendung vom 27.05.2003 auf mobilkomaustria.com) Kinder zum Thema SMS und nannte schließlich 6 Gründe, warum Kinder gerne SMS versenden: weil es billiger als ein Telefonat ist, Spaß macht, schnell ist, eine Überlegenheit gegenüber den nicht so fingerfertigen Eltern darstellt und weil es nützlich ist, um Peinliches, Liebeserklärungen oder Unangenehmes zu kommunizieren. Weiters ist SMS der Weg des geringsten Widerstandes – es kann verschickt werden, ohne dass man mit einer direkten Reaktion des anderen rechnen muss (vgl. Simic, 2005, S.33f.). Besonders wichtig „is the role of texting in youthful mating rituals. Because they can take their time to compose their message, and because they don't have to face rejection in person, young men in Scandinavia and elsewhere have found it easier to ask for dates" (Rheingold, 2002, S.26).

4.7.1.2 Nutzungsmotive der Jugendlichen

Die erste kommunikationswissenschaftliche Studie im deutschen Sprachraum zur SMS-Nutzung durch Jugendliche wurde im Juli 2000 auf Basis einer Befragung durchgeführt.

---

[52] www.pewinternet.org auf http://www.160characters.org/news.php?action=view&nid=1484, April 2005

204 Jugendliche zwischen 14 und 18 Jahren wurden befragt und es zeigte sich, dass SMS versendet werden, um sich zu verabreden, sich nach dem Befinden der Freunde zu erkundigen (Rückversicherung) oder, um das eigene Befinden mitzuteilen und Kontakte zu erhalten. Das SMS gilt als Telefongesprächersatz, weil es als billiger angesehen wird (vgl. Bug; Karmasin, 2003, S.128f., zit. in Simic, 2005, S.32). Darüber hinaus ist SMS beliebt, weil es ermöglicht, dem anderen etwas mitzuteilen, ohne diesen bei seinen momentanen Aktivitäten zu stören und dadurch als aufdringlich wahrgenommen zu werden. Schüchternen Jugendlichen scheint der SMS-Dienst die Kontaktaufnahme zum anderen Geschlecht enorm zu erleichtern (vgl. Bug; Karmasin, 2003, S.135, zit. in Simic, 2005, S.32f.). Jüngere sehen SMS eher als Ältere als „Telefonersatz", „zusätzliche Kommunikationsmöglichkeit" oder „Zurückhaltung" (vgl. Auböck, 2001, S.117). Auch in Geschwendtners (2003) Arbeit heißt es: SMS ist mit Abstand die wichtigste Kommunikationsform unter Jugendlichen. Das SMS hat sich vom Jugend- zum Massenphänomen entwickelt, jedoch 98 % der jugendlichen Handybesitzer schreiben immer noch regelmäßig SMS (vgl. Metzger; Bacher, 2002, S.8 und S.180, zit. in Gschwendtner, 2003, S.32). Dem Internet kommt hier eine wesentliche Bedeutung zu, denn Kinder versenden viele ihrer SMS über den Computer, wohingegen die WAP-Funktion am Handy ungenützt bleibt (vgl. Gschwendtner, 2003, S.115). Eine weitere Studie zum Kommunikationsmedium Handy stammt von Höflich und Rössler (2000, zit. in Auböck, 2001, S.26), die sich auf Jugendliche und deren SMS-Verhalten konzentriert. SMS werden hauptsächlich verschickt, um sich zu verabreden und sich über das eigene Befinden und das des Empfängers auszutauschen. Die gegenseitige *Rückversicherung* ist ein zentrales Nutzungsmotiv. Als wichtig angesehen werden auch die allgemeine *Kontaktpflege* (sich verabreden) und die *Verfügbarkeit* des Mediums (zB in Notsituationen). Aspekte der *Lebenshilfe* (Rat geben) und der *Nutz-Spaß* (Vertreiben von Langeweile, Informationsabruf) werden als weniger relevant eingestuft.

Mäenpää (zit. in Rheingold, 2002, S.194) beobachtete, dass finnische Jugendliche „texting" nutzen „to share experiences in real time, to go through parts of the day simultaneously exchanging their thoughts and observations with a small group of friends". In einer anderen Studie (vgl. www.uni-frankfurt.de, zit. in Konlechner, 2003, S.38) im Jahr 2000 über Jugendliche und SMS – Gebrauchsweisen und Motive – wurden 204 Jugendliche befragt. Es zeigte sich, dass SMS als „nicht so aufdringlich wie das Telefonieren" empfunden werden und dass das Handy selbstverständlich und ein Medium zur Organisation des (städtischen) Alltags geworden ist. Die Jugendlichen gaben an, im Durchschnitt 6 SMS pro Tag zu versenden. SMS wurde bevorzugt von Mädchen genutzt. Hauptsächlich, um sich zu verabreden und gemeinsame Unternehmungen zu planen, werden SMS verschickt. Weiters vertreten sind die Gründe: „gegenseitiges Vergewissern über das Befinden", „allzeitige Erreichbarkeit" sowie „Kontakte erhalten" (vgl. Konlechner, 2003, S.39). Mädchen legen größeren Wert darauf, ihr Befinden mitzuteilen oder sich nach der Befindlichkeit anderer zu erkundigen, wobei die Burschen lieber mit den technischen Möglichkeiten des Geräts spielen und zweckorientiert Informationen abrufen. Das zentrale Nutzungsmotiv ist das der gegenseitigen Rückversicherung (zu erfahren, was Freunde machen, ob es ihnen gut geht und das Mitteilen des eigenen Befindens). Als zweitwichtigstes Motiv wird die allgemeine Kontaktpflege angegeben. Ein weiteres Motiv für das Versenden von SMS ist das Flirten. Männliche Befragte haben „richtig Spaß" daran, mehr als 75 % der Jugendlichen haben Flirten über SMS schon einmal ausprobiert (vgl. Konlechner, 2003, S.39f.).

Die 15 SMS-Nutzungsmotive[53] sind: "I write and receive SMS,

1) to tell about my problems and to get advice
2) to give advice to others
3) to know that others are concerned about me
4) to stay in contact with my friends
5) to learn what my friends are doing/if they are all right
6) to tell others what I am doing/if I am all right
7) because I can not use the phone in certain situations
8) to make appointments
9) because it's fun
10) to stay in contact to persons I can not meet face-to-face
11) in cases of emergency
12) to be reachable at any time
13) because I like to explore the technical features of the device
14) to retrieve information
15) to pass time when I am bored."

---

[53] Höflich, Joachim R.; Rössler, Patrick. 2002: More than just a Telephone. The Mobile Phone and Use of the Short message service by German Adolescents: Results of a pilot study. University of Erfurt. http://www.mtas.es/injuve/biblio/revistas/Pdfs/numero57ingles.pdf

Czarnotas SMS-Untersuchung (2003) im Rahmen seiner Diplomarbeit zeigte, dass SMS zur schnellen Verbreitung von Information, zum Spaß, wegen der niedrigen Kosten, aus Zeitmangel für ein langes Telefonat, gegen Langeweile und zur Terminabsprache versendet werden. Als Vorteile wurden genannt, dass man genug Zeit hat zu überlegen, was man schreiben will und dass SMS-Versand kurz, präzise, bequem und schnell sei. Die zwei Hauptgründe für das Versenden von SMS sind das Planen von Verabredungen und die Verbreitung von Kurzinformationen (vgl. Czarnota, 2003, S.36). Im Oktober 2004 führte Fessel-GfK im Auftrag von mobilkom austria eine repräsentative Studie unter 1.000 Handy-Usern ab 12 Jahren durch. 65 % der User meinten, dass SMS meist nur zum Spaß versendet würden. 59 % sahen SMS als Ersatz für Telefonate. 45 % sagten, SMS seien ideal, um unangenehme Mitteilungen zu machen (zB Absagen von Treffen) (vgl. www3.ots.at/anhang/12833034.pdf, zit. in Simic, 2005, S.33). Bevorzugte Adressaten sind Partner, beste/r Freund/in, Freunde und Bekannte (vgl. Konlechner, 2003, S.39).

Der norwegische Ethnologe Truls Erik Johnsen (zit. in Rheingold, 2002, S.25f.) behauptet, dass der Inhalt einer SMS-Nachricht gar nicht so wichtig ist, sondern die Sendung der Nachricht selbst etwas vermittelt, bedeutet und ein Weg ist, dem Empfänger zu zeigen, dass man an ihn/sie denkt.

4.7.2 Geschlechtsspezifische SMS-Nutzung

Die weiblichen Befragten der 15-19-Jährigen verschickten am häufigsten SMS zu sozialen Anlässen (d. h. Flirt, Ratschläge geben, Liebeserklärungen, Spaß am Kontakt, Langeweile vertreiben, in Erinnerung bleiben, Kontakte erhalten, Nettigkeiten mitteilen, Probleme besprechen, Warten überbrücken, Glückwünsche/Gratulation, eigenes Befinden mitteilen und sich nach dem Befinden anderer erkundigen). Zu organisatorischen Anlässen (d. h. Termine mitteilen, Treffen vereinbaren, verschieben oder absagen, anstatt zu telefonieren und zu stören, aus Kostengründen per SMS wichtige Informationen versenden) schrieben ebenfalls Frauen die meisten SMS (vgl. Konlechner, 2003, S.274f.). Männer verschickten nur häufiger als Frauen SMS, wenn es um Anlässe „ohne zwischenmenschliche Kommunikation (Information abrufen, Technik ausprobieren und Notsituation)" (Konlechner, 2003, S.275) ging. Die Nutzung des Handys als Mini-PC schien den Männern wichtiger zu sein als den Frauen (vgl. Konlechner, 2003, S.275). Frauen verwenden um 6 % häufiger das Telefon als Männer und schreiben um 6 % mehr SMS (vgl. Gutwenger, 2005, S.76). SMS werden Anrufen gegenüber bevorzugt, wenn es um die Anfänge einer romantischen Beziehung geht, behauptet eine Studie von Ruth Byrne und Bruce Findlay. Darüber hinaus gäbe es geschlechtsspezifische Unterschiede in der Handynutzung[54]: Während Frauen eher per SMS als Telefonat erste Schritte wagen, haben Männer keinen bevorzugten Kommunikationskanal.

Eine finnische Studie (vgl. Höflich, 2000, zit. in Konlechner, 2003, S.41) zeigt auf, dass junge Burschen im Vergleich zu gleichaltrigen Mädchen nicht die Kapazität von 160 Zeichen ausnützen und Mädchen wegen begrenztem Speicherplatz ihre SMS in Poesiealben übertragen. Für Jugendliche ist ein SMS am ehesten vergleichbar mit den für die Schulzeit charakteristischen Zetteln, die unter der Schulbank weitergereicht werden: Es scheint, als ob SMS diese Zettelchen ersetzen, die pubertäre Liebesbekundungen enthalten, die nur geschrieben und nicht gesagt werden können. In dem Fall dient das SMS also nicht zur Überwindung von Entfernung, sondern viel mehr zur Vermeidung von Nähe. Interessant ist auch der Ort der Nutzung: SMS werden am häufigsten von zuhause aus verschickt (vgl. Konlechner, 2003, S.39).

4.8 MMS-Nutzung – Handy-Kameranutzung

Gleich vorweg: Ein Hemmschuh für eine extensive Nutzung der MMS-Dienste sind deren Versandkosten und die noch nicht vereinheitlichten MMS-Standards der einzelnen Mobilfunkanbieter. Mit Fotohandys wird zwar geknipst, aber diese Fotos werden selten tatsächlich per MMS versendet, meint Kapeller (2005, S.11). Die Vermutung liegt nahe, dass „Photo-Messaging", also Fotos per MMS zu schicken, bald anstelle eines Anrufes oder einer schriftlichen SMS verwendet werden wird, weil bereits die SMS-Nutzung häufig darauf beruht, einen Anruf zu ersetzen bzw. zu vermeiden, aus Zeit- oder Kostengründen. „Photo-Messaging" würde die Kommunikation noch weiter vereinfachen: Ein Foto ist schnell und bequem gemacht, es erspart das mühsame Tippen einer SMS-Nachricht und ist ebenso unaufdringlich und oft sogar aussagekräftiger als diese (vgl. Kapeller, 2005, S.38f.). Die Befragten von Kapeller (2005, S.87) können sich allerdings nicht vorstellen, dass der Bildversand SMS völlig ersetzen könnte. MMS-Fotos werden nach ihren Angaben in völlig neuen Situationen verwendet, in denen vorher keine Kommunikation stattgefunden hat.

---

[54] http://www.swin.edu.au/sbs/ajets/journal/issue2/abstract_sms.htm

4.8.1 Kommunikationsanlässe

Das Verschicken von Fotos kann Kommunikation in Situationen entstehen lassen, in denen vorher keine vorhanden war. So ist zu beobachten, dass auf vielen Rock- und Popkonzerten Fotos mit dem Handy gemacht und versendet werden, wo man sonst weder SMS schreiben noch Telefonate tätigen würde. Aber „Photo-Messaging" ist in diesem Fall ein aussagekräftiges Kommunikationsmittel: Man zeigt, wo man sich gerade befindet und lässt den anderen gleichzeitig daran teilnehmen (vgl. Kapeller, 2005, S.39). Nach Reischl und Sundt (2000, S.122f.) wird der MMS-Versand das Schreiben von Ansichtskarten aus dem Urlaub ersetzen. Man schießt das Urlaubsfoto und schickt es quasi in Echtzeit als elektronische Postkarte weiter, erspart sich das Adressensuchen und -schreiben, den Briefmarken- und Kartenkauf sowie die Suche nach einem Postkasten. „Das Handy verschickt SMS […] und MMM (Multi Media Messages) wie Fotos und kurze Filmsequenzen. Das mit dem Mobiltelefon gemachte Urlaubsfoto ersetzt die Ansichtskarte" (Günther, 2004, S.195). „Photo-Messaging" wird vor allem dazu benutzt, andere Menschen (vor allem Freunde und gute Bekannte) an dem teilhaben lassen zu können, was man selbst gerade erlebt, stellt Kapeller (2005, S.86f.) fest. Sender und Empfänger teilen durch das MMS-Foto eine gemeinsame Erfahrung, wodurch eine bereits feststehende soziale Beziehung bestätigt wird. Von vielen Experten der Mobilkommunikation wird angenommen, dass die Motive für das Fotografieren mit dem Handy und die Nutzung von „Photo-Messaging" hauptsächlich den „Fun"-Kriterien unterliegen (vgl. Kapeller, 2005, S.40).

Die narzisstische Selbstportraitfunktion, sich selbst mit dem Handy zu fotografieren, ist in Japan Kult. Die Handykamera wird dabei zu einer elektronischen Variante eines Spiegels (vgl. Kapeller, 2005, S.56). Eine erfreulicherweise nicht so verbreitete Art der Kamera-Handynutzung ist das neue, illegale *happy slapping*. Der Begriff wurde geprägt als Neuschöpfung aus *happy snapping* (Schnappschuss) und *slapping* (Schlagen) und meint Attacken Jugendlicher auf andere Menschen, die mit dem Kamera-Handy festgehalten werden (vgl. Papilloud, 2005, zit. in Burkart, 2007, S.68).

Was mit den Handy-Fotos passiert, schildert Kapeller (2005) so: Nur wenige Bilder (von Freunden, Haustieren) werden länger aufbewahrt bzw. in der Handykamera gespeichert, was vergleichbar ist mit den Bildern, die man in der Geldbörse bei sich getragen hat. Die am Handy gespeicherten Bilder dienen nicht nur dem persönlichen Gebrauch, sondern werden über das Handy-Display auch anderen gezeigt, wie es auch bei SMS zu beobachten ist. Die Fotos werden wenn überhaupt am Handy gespeichert, aber selten auf den PC überspielt oder auf Fotopapier ausgedruckt.

4.8.2 Vorwiegende MMS-Partner

Diverse Untersuchungen über SMS-Nutzung haben gezeigt, dass SMS nur an einen sehr kleinen Personenkreis geschickt werden, der nicht nur aus Familienmitgliedern besteht, sondern aus dem engsten Freundeskreis. Dem „Photo-Messaging" kann eine ähnliche Nutzung unterstellt werden, meint Kapeller (2005, S.40).

4.8.3 Zukunft der Handy-Kamera

Unternehmen arbeiten an der Verbesserung der Handy-Kameras. Noch ist außerdem der Preis für das Versenden von Fotobotschaften zu hoch. Doch die Situation in Japan, wo aufgrund der niedrigen Kosten für MMS um ein Vielfaches mehr Fotos versendet werden, lässt erahnen, wohin die Entwicklung gehen wird (vgl. Kapeller, 2005, S.88). Darüber hinaus sind der Verlust von Privatsphäre und das unbemerkte Knipsen von Menschen ohne deren Zustimmung brisante Aspekte, die bald einer Lösung bedürfen (vgl. Kapeller, 2005, S.88). Eine Innovation der Hersteller besteht inzwischen darin, das Auslösergeräusch der Handy-Kamera deutlich hörbar und nicht ausschaltbar zu machen, sodass man es immer merkt, wenn ein Foto geknipst wird.

4.9 Mobilität

Egger (2001, S.7) meint, dass das Handy heute als Ausdruck zweier gesellschaftlicher Leitbilder gilt: Mobilität und Erreichbarkeit. Mobilität gilt als Voraussetzung, um am (urbanen) Leben teilnehmen zu können. „Die hohen Anforderungen an die Mobilitätsbereitschaft des Individuums wurden in den letzten Jahrzehnten sowohl in geographischer, beruflicher als auch kommunikativer Hinsicht deutlich" (Lahnstein, 1996, S.4, zit. in Simic, 2005, S.23). Das Handy ermöglicht es, den persönlichen Aktionsraum zu erweitern und bedeutet mehr Bewegungs- und Gestaltungsfreiheit (vgl. Egger, 2001, S.43). Das Mobiltelefon gilt als eine die Mobilität fördernde Technologie, was erstaunlich ist angesichts der Tatsache, dass ein Handy viele Arbeitswege, Staus und Hausbesuche erspart, indem es Teleworking ermöglicht. „Im Freizeitbereich dürfte das Mobiltelefon aber eher zu mehr Mobilität und mehr im PKW zurückgelegten Kilometern führen" (Lange, Klaus, 1991, S.160, zit. in Egger, 2001, S.43). „Heute wird das durchschnittliche Handy eher zur befreienden Unterstützung der alltäglichen Mikro-Mobilität verwendet. Im statistisch nachgewiesenen Radius von 15 bis maximal 30 Kilometern vom Lebensmittelpunkt entfernt" (Steuerer, 2002, S.111)[55].

Leopoldina Fortunati (2002, zit. in Burkart, 2007, S.104) fragt in diesem Zusammenhang kritisch, ob es sich beim Handy überhaupt um ein Instrument mobiler Kommunikation handelt: Gerade in Italien werde es nicht im strengen Sinn als Kommunikationsmedium betrachtet, sondern eher als Gerät zum Austausch von banalen Informationen, von kurzen Kommunikationssequenzen, als Spielzeug und als Mode-Accessoire. Auch sei das Gerät nicht wirklich mobil, da viele Europäer es nur in Gebäuden und nicht im Freien benutzten; und ein erheblicher Anteil benutze es überhaupt nur zuhause. Mobiltelefone zählen inzwischen zu den meistverlorenen Gegenständen. Erst wenn es der Modeindustrie gelungen sei, einen festen Platz in der Kleidung für das Handy zu reservieren, sei es ein portables Gerät, meint Fortunati (2002, S.47, zit. in Burkart, 2007, S.104).

---

[55] siehe auch Kapitel Vorwiegende Gesprächspartner

5. Das Handy im sozialen Kontext

5.1 Das Handy als Störfaktor/Störungen durch das Handy

5.1.1 Handynutzung im öffentlichen Raum – Wie das Umfeld reagiert

Das Handy ist ein Medium, das Dritte nicht einbezieht. Schönhammer (S.63, zit. in Egger, 2001, S.70) bezeichnet es deshalb als Zumutung für die im Umfeld Anwesenden, die durch lautes Telefonieren und quasi geheime Mitteilungen ins Leere gleichzeitig angesprochen und ignoriert werden. Burkart (2000, S.219, zit. in Konlechner, 2003, S.48) ist folgender Ansicht: „Das Mobiltelefon stört, weil es Anwesende von der situativen Kommunikation ausschließt, weil es unter Bedingungen körperlicher Kopräsenz „Fassaden"-Regeln verletzt – Mobiltelefonierende drehen einem den Rücken zu, nehmen einen trotz körperlicher Nähe nicht wahr. Es ist die Gleichzeitigkeit vom Zwang zum Mithören und Ausschluss vom Gespräch, die so störend scheint". Lehnert (1999, S.89f., zit. in Konlechner, 2003, S.47f.) bedauert, dass das Klingeln und dessen Beantwortung „jedes Gespräch mit den körperlich Anwesenden [stört] und […] Ungestörtheit des Zusammenseins sowie höfliche Rücksichtnahme den Mitmenschen gegenüber zu einem Traum von gestern [macht]".

Hellmuth Karasek (1997, S.78) beschreibt das Handytelefonieren in der Öffentlichkeit als „akustische Umweltverschmutzung". Beim Telefonieren neigt man dazu, lauter zu sprechen als im Gespräch mit unmittelbar anwesenden Personen. Dass Handygespräche oft lauter geführt werden, ist teilweise auf schlechten Empfang, offene Fenster, das Rattern des Zuges oder andere laute Nebengeräusche zurückzuführen (vgl. Glanz, 2006, S.127). „Wie die meisten Menschen am Telefon, so sprechen auch Handy-Telefonierer zu laut – so, als müssten sie die Distanz zu ihrem Gesprächspartner direkt überbrücken. Das Handy ist ein Telefon mit akustischen Tücken; es verleitet zum Zu-laut-Reden. Und wer zu laut spricht, bezieht seine Umwelt mit ein – ob sie es will oder nicht" (Karasek, 1997, S.78). „Die österreichische Telefonbegegnung ist radikal und öffentlich geworden. Längst ist es üblich, sich in Bussen, Supermärkten und Arztpraxen lautstark über die allerintimsten Befindlichkeiten zu verbreiten" (Dusl, 2007, S.35). Dazu haben sich noch keine klaren sozialen Normen entwickelt, es kann aber festgehalten werden, dass jemand strafende Blicke erntet, wenn er in einer ruhigen Umgebung Handygespräche entgegen nimmt, laute Gespräche in der Öffentlichkeit führt, oder das Handy läuten lässt und den Anruf nicht annimmt (vgl. Srivastava, 2006, S.236ff., zit. in Glanz, 2006, S.72). Vor allem „die ältere Generation, so scheint es, reagiert resignativ, beschränkt sich auf leicht verärgerte Blicke" (Burkart, 2007, S.97). Während das Handy die Beziehung zum Telefonpartner vertieft, kann es andere zwischenmenschliche Beziehungen stören[56], denn so wie sich Personen auf das Gespräch am Handy einlassen, so wenden sie sich von ihrer übrigen Umgebung ab (vgl. Auböck, 2001, S.62). Wie sehr Handys die Bindung zum Anrufer stärken, verdeutlicht die häufige Ablehnung der Umgebung gegenüber Handynutzern. Umstehende reagieren laut Gergen (2000, zit. in Auböck, 2001, S.62) nicht nur gereizt, weil ihre eigene Konversation gestört wird, das Handygespräch vermittelt zusätzlich eine enge Bindung zum jeweiligen Telefonpartner, von der die Umgebung ausgegrenzt ist. Personen, die dem Handynutzer nahe stehen, fühlen sich während seines Gesprächs ausgeschlossen. Handys holen Abwesende „heran" und blenden die unmittelbare Gegenwart aus.

5.1.2 Öffentlicher Raum

Glanz (2006, S.26) verwendet eine wikipedia-Definition von öffentlichem Raum, die auch in dieser Arbeit Verwendung findet: Unter öffentlichem Raum versteht man Orte, die für jeden frei und ohne Bezahlung zugänglich und nutzbar sind. Dazu zählen Straßen und öffentliche Plätze ebenso wie Gebäude, die frei zugänglich sind. Glanz zählt zu „öffentlichem Raum" all jene Plätze, auf denen die Möglichkeit besteht, auf fremde Personen zu treffen, also auch Kirchen, Theater, Universitäten etc. (vgl. Glanz, 2006, S.27).

Telefonieren hat sich mit dem Handy zu einer öffentlichen Angelegenheit entwickelt. Privates wird in der Öffentlichkeit besprochen, was großteils als störend und indiskret betrachtet wird. „Qualitative Auswertungen aus ganz Europa (Klamer 2000) und quantitative Auswertungen (Mante-Meier 2001) bestätigen, dass sich Menschen vom Gebrauch des Handys in der Öffentlichkeit gestört fühlen" (Glanz, 2006, S.58). Es gibt mehrere Störfaktoren bei der Nutzung des Handys im öffentlichen Raum, meint Höflich (2006, S.149-155, zit. in Glanz, 2006, S.60): Oftmals wird zu viel Lautraum beansprucht, sodass sich anwesende Dritte gestört fühlen. Weiters ist der Klingelton oft zu laut

---

[56] Anmerkung der Autorin: In meinem 2006 für die „netdays" in Salzburg angelegten Blog über Handys schrieb eine Frau, das Videotelefon ihres Mannes hätte die Flitterwochen enorm gestört. Auch eine Freundin berichtete 2007 vom im Urlaub nervenden – weil ständig läutenden und an Arbeit erinnernden – Begleiter namens BlackBerry ihres Freundes.

eingestellt. Störend wirkt es auch, dass man nur die eine Seite des Gesprächs und keinen Dialog hört und dass im öffentlichen Raum Dinge besprochen werden, die andere nichts angehen, was als sehr unangenehm empfunden wird. Störfaktor Nummer 1 bei der Handynutzung in öffentlichen Verkehrsmitteln sind laut Glanz' Studie (2006, S.128) laute Telefonate und schrille, laute Klingeltöne. Mit etwas Abstand folgt die Nennung von sensiblen Gesprächsthemen, die ausgetauscht werden. Einerseits, weil sie zur Neugier anregen, somit zum eigentlich ungewollten Mithören verleiten und zum als unhöflich geltenden Zuhören anstiften. Andererseits, weil es immer noch befremdlich ist, nur eine Seite eines Gesprächs zu hören und weil die Wortwahl manchmal nicht als angemessen empfunden wird (vgl. Glanz, 2006, S.135).

In öffentlichen Verkehrsmitteln droht das Handy in fast allen Ländern zum Störfaktor zu werden; während in Wien der Ausbau des Handynetzes im U-Bahn-Bereich noch vorangetrieben wird, ist zB in München das Telefonieren in U-Bahn, Straßenbahn und Bus mittlerweile verboten[57], da sich die Mehrheit der Fahrgäste (unter ihnen auch Handybesitzer) durch das Handy gestört fühlt (vgl. Egger, 2001, S.96). In einem Leserbrief im Falter (46/07, S.4) beschwert sich eine Frau über das ständige Handytelefonieren in öffentlichen Verkehrsmitteln, dem man nur mehr mit einem anderen elektronischen Medium wie zB iPodstöpseln im Ohr entgehen kann. Sie hofft auf Änderung: „Andere Länder – andere Sitten, aber die Japaner haben es geschafft, in einer Millionenmetropole wie Tokio in der U-Bahn fast nicht zu telefonieren, sondern nur SMS zu senden".

5.2 Regelverletzungen

Handygebrauch kann Höflichkeitsregeln verletzen, insbesondere die Regel der *Aufmerksamkeit und Priorität für Anwesende*. Wer sich im öffentlichen Raum bewegt, sollte die Anwesenheit anderer Personen nicht ignorieren – das ist eine Grundregel der öffentlichen Kommunikation (vgl. Burkart, 2007, S.80). Handytelefonierer stellen quasi Watzlawick in Frage: Wer anwesend ist, kann normalerweise nicht *nicht* kommunizieren. Mobil Telefonierende können das – bezogen auf die anderen Anwesenden (vgl. Burkart, 2007, S.84). „Mobiles Telefonieren im öffentlichen Raum kann […] in vielfältiger Weise zur *Verletzung von Intimitätsregeln* führen" (Burkart, 2007, S.79). Weiters verletzen Handytelefonierer auch öfters die Regeln der *öffentlichen Selbstdarstellung*, wenn sie

---

[57] siehe auch Kapitel Verspätete Debatten über das Handy(verbot) in der Öffentlichkeit

scheinbar ohne Gesprächspartner reden, dabei herumgehen und gestikulieren. Es wirkt befremdlich, gewöhnungsbedürftig und zunächst irritierend. Wir erleben eine zivilisatorische Enthemmung im Bereich der öffentlichen Körperpräsentation (vgl. Burkart, 2007, S.83). Darüber hinaus: „Wer telefonierend geht ist, ähnlich wie Hans-guck-in-die-Luft, in seiner Aufmerksamkeit für das Navigationsproblem reduziert" (Burkart, 2007, S.84).

5.3 Gleichzeitigkeit – Die Trennung von Ort und Kommunikationsraum

Gergen (zit. in Burkart, 2007, S.157) hat den Begriff der *absent presence* entwickelt, den man mit abwesender Anwesenheit oder auch anwesender Abwesenheit übersetzen kann. Wir sind mit anderen zusammen (present) und dennoch nicht ganz da (absent), weil wir ein Buch lesen oder telefonieren. Telekommunikationstechnologien machen es besonders deutlich, dass man sich *an zwei Orten zugleich* befinden kann (vgl. Höflich, 2005a, zit. in Burkart, 2007, S.157). Während man mit dem Handy telefoniert, scheint man ganz oder teilweise unwissend über seine Umgebung (häufig vergessen zB Telefonierende in öffentlichen Verkehrsmitteln, rechtzeitig auszusteigen). Der hin und wieder überforderte, gestresste Handynutzer ist an zwei Orten gleichzeitig, trotzdem aber am situierten Ort (geistig) abwesend (vgl. Glanz, 2006, S.75). Generell geht in unserer Gesellschaft die Tendenz dazu, mehrere Aufgaben gleichzeitig zu erledigen (vgl. Srivastava, 2006, S.238f., zit. in Glanz, 2006, S.76). Die Gegenwärtigkeit, die Anwesende verbindet, werde durch zunehmende Außeneinflüsse geradezu zersetzt, befürchtet Gergen (2002, S.229f., zit. in Burkart, 2007, S.157).

5.4 Störfaktor Handy im Gespräch

62,9 % der Handynutzer geben an, sich „sehr" oder „ein bisschen" gestört zu fühlen, wenn das Handy eines Gesprächspartners eine Unterhaltung stört; bei den Nichthandynutzern sind es 80 % (vgl. Egger, S.156). Das heißt, Handynutzer empfinden eine Unterbrechung eines Face-to-face-Gesprächs durch das Läuten des Handys des Gesprächspartners als weniger störend als Nichthandybesitzer (vgl. Egger, 2001, S.155). Nichthandynutzer empfinden derartige Störungen signifikant häufiger als ständige Belästigung (vgl. Egger, 2001, S.192). Egger (2001, S.160) konnte beobachten, dass das Handy von Mitschülern keinen größeren Störfaktor darstellt als das eigene Gerät, wenn ein Gespräch davon unterbrochen wird. Daraus schließt Egger, dass Jugendliche nicht nur ihre persönlichen Gespräche als wichtig empfinden, sondern auch ihren Kollegen das gleiche Recht zugestehen.

In der alltäglichen Kommunikation war lange Zeit die Vormachtstellung des Telefons gegenüber einem direkten Gespräch zu beobachten. „Galt es früher nämlich noch als unausgesprochenes Gesetz, dass ein eingehender Anruf bei Anwesenheit sofort angenommen werden muss, selbst wenn man gerade in einem Face-to-face-Gespräch vertieft ist, so gilt diese Priorität heute längst nicht mehr" (Bräunlein, 2000, S.147, zit. in Egger, 2001, S.107). Das könnte ein Hinweis darauf sein, dass das persönliche Gespräch wieder an Bedeutung zugenommen hat, aber auch darauf, dass die Abwehrmechanismen und Strategien zur Vermeidung von direkter Kommunikation funktionieren: Durch die Anruferidentifizierung oder die Mobil- bzw. Mailbox hat der Betroffene nicht mehr das Gefühl, etwas Wichtiges zu versäumen, wenn er das Gespräch nicht sofort annimmt (vgl. Egger, 2001, S.107).

Jedes Gespräch droht von einem Klingeln unterbrochen und gestört zu werden. Man kann die Empfangsbereitschaft zwar ausschalten, doch je öfter man das macht, desto sinnloser wird ein Handybesitz (vgl. Burkart, 2007, S.81).

5.5 Das Klingeln

Das Eindringen in die Privatsphäre, dass das Handy immer und überall dabei ist und läuten kann, wird als einer der größten Nachteile des Mobiltelefons verstanden (vgl. Egger, 2001, S.75). „Heute klingelt es überall und das Signal eines Telefons lässt auch Dritte nicht unberührt, sondern wird immer öfter als öffentliche Belästigung wahrgenommen" (Egger, 2001, S71). „Die *charakteristische Unvorhersehbarkeit*, die das Läuten des Telefons begleitet, eröffnet ein Möglichkeitsfeld, das vielfältige Überraschungen bergen kann" (Lemaitre, 1991, S.51). Ein Anruf ist unterbrechend, unangemeldet und eine Belästigung, behauptet Freymuth (2000, S.97, zit. in Czarnota, 2003, S.19). Das Telefon als eindringlich-persönliche Form beschreibt bereits McLuhan (1970, S.263, zit. in Czarnota, 2003, S.19), indem er erklärt, dass man abheben „muss", wenn es läutet und dass auf die Forderung des Privatlebens keine Rücksicht genommen wird.

Klingelt ein Handy, wird abgehoben, was auf die Macht des Telefons verweist. Lange (1989, S.33, zit. in Auböck, 2001, S.62) betont: „Ein klingelndes Telefon ist ein Tyrann, dessen Bann sich nur wenige Menschen entziehen wollen oder können". Das Klingeln ist für Lange ein Signal, das den Griff zum Hörer als unmittelbaren Reflex zur Folge hat. Höflich (1996, S.211f., zit. in Gschwendtner, 2003, S.19) spricht von einer Interaktionsaufforderung, auf die man reagieren muss, oder gar von einer Art Interaktionsverpflichtung, weil sie zum Zwang, abzuheben, führt. Die wenigsten heben das Handy nicht ab, wenn es läutet (vgl. Glanz, 2006, S.118). „In den feinen Adressen weiß man, wie wenig fein es wirkt, wenn ein Handy klingelt" (Karasek, 1997, S.73). Das Läuten des Handys wird durchaus als störend empfunden. Das wird bei der Frage nach Unterschieden zwischen Handybesitzern und Nicht-Handybesitzern hinsichtlich der Einschätzung von Handys deutlich: Nicht-Handybesitzer geben bei Auböcks Untersuchung häufiger an, sich durch das Läuten sowie das Gesprächsverhalten von Telefonierenden in der Öffentlichkeit gestört zu fühlen (vgl. Auböck, 2001, S.129).

Das Klingeln eines Telefons hat für Menschen unterschiedlichen Alters unterschiedliche Bedeutung. Während ältere Menschen mit dem Klingeln „bad news" assoziieren, versprechen sich Junge davon eine Befreiung von Langeweile (vgl. Lange, 1989, S.171, zit. in Egger, 2001, S.60). Das Klingelgeräusch hat sich inzwischen zu manchmal schrillen Klingeltönen, klassischen und Popmusikstücken sowie Schlagermelodien hin verändert. Die vielfältigen Möglichkeiten verschiedener Piepsmelodien „schaffen ein Provokationspotential" (Burkart, 2007, S.78). Autor und Zeichner Tex Rubinowitz wünscht sich im Falter (4/08, S.69), wie es in Japan schon üblich ist, ein „generelles Handyklingel- und Sprechverbot im öffentlichen Nahverkehr", da diese Dinge rücksichtslos und akustische Verrohung seien.

5.6 Verspätete Debatten über das Handy(verbot) in der Öffentlichkeit

Ständige Erreichbarkeit wurde in Wien 2001 groß geschrieben. In diesem Jahr wurde das Mobilnetz für Fahrgäste in der U-Bahn ausgebaut. Skurril, wenn man bedenkt, dass jetzt, (vgl. www.orf.at, am 5.6.2008), in Graz in den öffentlichen Verkehrsmitteln das Telefonieren verboten worden ist. Seit April besteht dieses heftig diskutierte Handyverbot in öffentlichen Verkehrsmitteln. Erst jetzt (2008!) entfacht eine wirklich hitzige Debatte über Handys in der Öffentlichkeit. Telefonieren geschieht heute vor Publikum und diese

Veränderung hat sich in kurzer Zeit vollzogen – und relativ reibungslos, meinte Burkart noch vor kurzem (2007, S.70): „Es kam nicht, wie manche erwarteten, zu einer Auseinandersetzung um die Legitimität des Telefonierens im öffentlichen Raum". Der Standard (vgl. Standard, 12./13.04.2008, S.14 und S.40) sowie u. a. der Falter berichten nun doch vermehrt darüber. Sowohl von rücksichtsloser, nervtötender „Lärmbelästigung", unzivilisiertem Verhalten ohne Fluchtmöglichkeit im vollen U-Bahn-Wagon und sinnlosem „Geplapper" als auch von spannenden „Gratishörspielen" ist die Rede. Am Mi, 16.04.2008, erlebte die Autorin dieser Arbeit mit, wie ein aufgebrachter Mann eine junge Handytelefoniererin zum Weinen brachte, indem er sie (um vieles lauter, als sie ins Telefon redete) anschrie, dass es unhöflich sei, so laut zu sprechen und sein Gespräch mit seiner Frau damit zu stören.

In Wien gilt nach den Beförderungsbedingungen der Wiener Linien und der Linz AG: „Den Fahrgästen ist verboten, in den Anlagen zu lärmen, zu musizieren und Lärm erzeugende Geräte zu betreiben". Wer sein Handy als Ghettoblaster missbraucht, muss mit einer Geldstrafe von 50 Euro rechnen (vgl. Standard, 03.04.2008, S.11). Im internationalen Vergleich: In Stockholm wie auch in München ist die U-Bahn „klingeltonfrei. Und in Tokio mahnt man mobile Quasselstrippen per Ansage" (Dusl, zit. im Standard, 25.04.2008, Rondo. S.8). Im Falter (14/08, S.67) wird die „Handyquette" von Andrea Dusl humorvoll besprochen: „Handygespräche in lauten Umgebungen führen […] dazu, selbst lauter zu sprechen. Hinzu kommen die mitgelieferten Ambienttöne. Das akustische Gegenüber beginnt, sich dem Halbschreien anzupassen […] Auch schlecht justierte Lautstärkelevels können diesen Effekt auslösen". Dusl empfiehlt, bei störenden Handytelefonierern einfach laut mitzusprechen oder nach Kabarettist Andreas Vitásek eine Handbewegung durchzuführen, „die einen zurückdrehenden Lautstärkedrehknopf imitiert".

5.7 Eingeschränkte Handynutzung durch Störungen/Verbote – Soziale, technische und rechtliche Einschränkungen

5.7.1 Soziale Einschränkungen

Soziale Einschränkungen betreffen den Einsatz von Handys auf Friedhöfen, in Restaurants, in der Oper etc. In der Oper zB wird vor jeder Vorstellung explizit darauf aufmerksam gemacht, daran erinnert, das Handy auszuschalten. Es gilt (bzw. galt, denn es wird immer üblicher) auch als unhöflich und störend, während eines persönlichen Meetings oder Gesprächs einen Anruf entgegenzunehmen.

5.7.1.1 Intimsphäre beim Mobiltelefonieren – Vermischung von Öffentlichkeit und Privatheit

Im Gegensatz zur standortgebundenen Telefonie stehen bei der Mobilkommunikation auch öffentliche Orte als Gesprächsumgebung zur Verfügung (vgl. Konlechner, 2003, S.34). Damit man als Handynutzer in bzw. trotz öffentlicher Sphäre eine Unterhaltung führen kann, bedient man sich laut Auziol (1999, zit. in Auböck, 2001, S.67) bestimmter *Strategien* (zB Ortswechsel oder Blickkontakt), um seine Privatsphäre zu erhalten. Ein Verhalten, das von Handynutzern intuitiv an den Tag gelegt wird, ist, beim Telefonieren umherzugehen. Auf öffentlichen Plätzen schaffen sich Handynutzer eine eigene mobile Privatsphäre, indem sie intensiv auf den Boden starren oder auf- und abgehen (vgl. Standard, 29.09.2006, Rondo, S.13, zit. in Zederbauer, 2007, S.39). Telefoniert ein Handynutzer in der Öffentlichkeit unter Anwesenheit Dritter, können drei *Verhaltensmuster* beobachtet werden: Der Angerufene entfernt sich entweder von potenziellen Zuhörern und führt sein Gespräch an einem distanzierten Ort, oder er unterzieht seine Äußerungen einer inhaltlichen Filterung, oder er nimmt in seinem Kommunikationsverhalten keine Rücksicht auf sein Umfeld – und führt private Gespräche in aller Öffentlichkeit (vgl. Hügli, 1997, S.119, zit. in Egger, 2001, S.77). Auch die Devise, sich kurz zu fassen, hat sich beim Telefonieren (in der Öffentlichkeit) schon allein wegen der Kosten etabliert (vgl. Konlechner, 2003, S.36).

Nach einer Umfrage von Egger (2001, S.148) stört es fast drei Viertel der jugendlichen Handynutzer „sehr" oder zumindest „ein bisschen", wenn ihnen beim Telefonieren andere Personen zuhören können. Mehr als die Hälfte aller Handynutzer wählen einen ruhigen Ort für ein aktives Telefonat, der ungestörtes Telefonieren ermöglicht und die Intimsphäre des einzelnen Jugendlichen schützt. Die Wahrung der Intimsphäre ist Jugendlichen wichtig. Sie versuchen, Zuhörer zu vermeiden und Gespräche an ruhige Orte zu verlegen (vgl. Egger, 2001, S.194). Das aus Filmen bekannte Bild des Teenagers, der sich im Schrank einschließt, um ungestört telefonieren zu können, „is not far away from the truth" (Skelton, 1989, S.297, zit. in Egger, 2001, S.76). Skelton (1989, zit. in Auböck, 2001, S.30) erwähnt, dass Privatsphäre beim Telefonieren für die Jugendlichen eine große Rolle spielt. Die meisten Teenager gehen zum Telefonieren in einen Raum, in dem sie nicht belauscht werden.

Laut Eggers (2001, S.150) Ergebnissen ist alten sowie jungen Handynutzern ihre Intimsphäre sehr wichtig. Der Großteil vermeidet es, sowohl bei aktiven als auch passiven Gesprächen, anderen die Möglichkeit zu geben, ihr Handy-Telefonat mitzuverfolgen. Initiieren Handynutzer ein Gespräch, legen sie verstärkt Wert darauf, dieses aktive Telefonat ungestört führen zu können. Mehr als bei eingehenden Anrufen und darauf folgenden Gesprächen, was darauf zurückzuführen ist, dass der Anrufer stets Zeitpunkt und Umfeld des Telefonats selbst bestimmen kann, während der Angerufene unerwartet aufgefordert wird, auf ein Anrufsignal wann und wo auch immer unmittelbar zu reagieren. Dieses Eindringen in die Privatsphäre wird als einer der größten Nachteile der Mobiltelefonie verstanden (vgl. Karmasin, 1999, S.8, zit. in Simic, 2005, S.26). Sehr oft telefoniert man an Orten, die man sich nicht ausgesucht hat. Das Handy läutet im Supermarkt, wenn man gerade beim Bezahlen der Ware ist, oder in öffentlichen Verkehrsmitteln, in denen man inmitten zwanzig Mithörer eingeengt steht.

5.7.1.2 Ungeeignete und geeignete Orte für Handytelefonate

In (räumlich und sozial offenen) Situationen, die sozial unstrukturiert sind, wird das Handy weniger stören, da die Kommunikation nur schwach geregelt ist, zB auf zentralen städtischen Plätzen, dem Bahnhof, dem Rathausplatz etc.: „Je größer die Personendichte, je höher die Mobilität, je mehr soziale und räumliche Offenheit, desto weniger stört das Mobiltelefon" (Burkart[58], S.24, zit. in Glanz, 2006, S.54). In einem kleinen, geschlossenen Raum wirkt die Mobiltelefonie für andere störend und lästig, vor allem, wenn man gezwungen wird, private Gespräche mitzuhören, ohne einbezogen zu werden. In einem Konzertsaal, feinen Lokal, Seminar oder bei einer Beerdigung stört ein Handy grundsätzlich, da es die Funktionserfüllung stört – die zB Stille vorschreibt oder nur leises Reden erlaubt. Mobiltelefonie stört hingegen an öffentlichen Plätzen oder in einem Café wenig bis gar nicht, wenn oder weil es keine bestimmte Funktion stört und weil Kommunikation in vielen Formen möglich ist (vgl. Glanz, 2006, S.55f.).

---

[58] vgl. www.mediaculture-online.de/fileadmin/bibliothek/burkart_mobiltelefon/burkart_mobiltelefon.pdf, 2005

2003 hat Höflich (2006, S.146f., zit. in Glanz, 2006, S.59) eine explorative Interviewstudie mit jeweils 100 Personen aus Finnland, Deutschland, Italien und Spanien zum Spannungsverhältnis zwischen privater und öffentlicher Kommunikation durchgeführt und kam zu dem Ergebnis, dass ein Handy im Kino, Theater oder Museum (92 %) und bei öffentlichen Veranstaltungen als besonders störend erachtet wird und auch in der Kirche (89,6 %) und in ärztlichen Wartezimmern (70 %) nicht angebracht ist. Am wenigsten nervt ein Handy auf der Straße (8,1 %), in öffentlichen Parkanlagen (7 %) und in Fußgängerzonen (6 %). Auffällig ist, dass das Handy in jenen Ländern als besonders störend aufgefasst wurde, wo auch die Handypenetration besonders hoch ist. (Zwei Drittel der Befragten gaben an, in der Öffentlichkeit leise zu sprechen oder sich von anderen wegzudrehen. Auch hier scheint eine unterschiedliche Fremd- und Selbstwahrnehmung eine Rolle zu spielen.) Dort, wo das Handy noch nicht so verbreitet war (zB in Deutschland in den 90er Jahren), fühlte man sich durch das öffentliche Zurschaustellen gestört und es wurde als angeberisches Gehabe interpretiert, wenn jemand auf der Straße stand und telefonierte. Dort, wo das Handy stärker verbreitet war (wie in Italien oder Großbritannien), störte eher das laute Reden (vgl. Ling, 1998 und Fortunati, 1998, zit. in Burkart, 2007, S.77).

In der Schule wird das Handy laut Eggers (2001, S.159) Umfrage eher nicht als störend empfunden. Die Mehrheit der Jugendlichen beurteilt es nicht negativ, wenn im Klassenzimmer, auf dem Schulweg, in den Gängen oder im Schulhof in der unterrichtsfreien Zeit Handys verwendet werden. Große Ablehnung erfährt das Handy in der Schule nur während des Unterrichts und beim Sport. „Obwohl das Telefonieren mit dem Handy an vielen Orten Zustimmung findet, wird ein Handy nicht uneingeschränkt verwendet. Mehr als 90 % der User nutzen ihr Mobiltelefon mit räumlichen bzw. situationsbedingten Einschränkungen" (Egger, 2001, S.159).

1995 war die prozentuale Verteilung der Orte des mobilen Telefonierens folgendermaßen (Booz-Allen & Hamilton, 1995, S.52, zit. in Auböck, 2001, S.65):

75 % im Fahrzeug
16 % in Gebäuden
8 % im Freien
1 % in anderen Verkehrsmitteln

Vor der Jahrtausendwende gehörten trotz großer Verbreitungsdichte die Handytelefonierer nicht zum alltäglichen Erscheinungsbild in Österreich. Nicht demonstrativ auf offener Straße, sondern eher im „Schutz" des Autos wurde telefoniert.

Glanz' Interviews brachten ein erstaunliches und eindeutiges Ergebnis zu Tage: Handynutzer telefonieren am liebsten zuhause, in den eigenen vier Wänden, da sie dort ungestört sind und sensible Themen ohne Zuhörer besprechen können (vgl. Glanz, 2006, S.114). Wie es scheint, wird der große Vorzug des Handys, seine Mobilität, in diesen häufigen Fällen also gar nicht genutzt. Ein Großteil der Interviewpartner telefoniert auch nicht gerne in öffentlichen Verkehrsmitteln und verlegt Gespräche auf den Heimweg (von der Ausstiegsstelle bis zum Eigenheim) oder auf andere öffentliche Plätze wie Parks (vgl. Glanz, 2006, S.115). Dennoch telefonieren 80 % der Interviewpartner in öffentlichen Verkehrsmitteln (v. a. wenn oder weil sie angerufen werden und der Anrufer nicht weiß, wo sich der Adressat gerade befindet). Nur 16,75 % verweigern dies prinzipiell und 2,54 % der Befragten verwenden das Handy hier nicht, weil der Empfang schlecht ist (vgl. Glanz, 2006, S.116).

5.7.2 Technische Einschränkungen

Der Handy-Akku muss geladen sein, das Gerät verfügbar und man muss „Netz" bzw. Empfang haben. Darüber hinaus sind (auch für SMS) eine gemeinsame Sprache, Technik-Kenntnis und eine funktionierende Technik Voraussetzung (vgl. Czarnota, 2003, S.29).

5.7.2.1 Funklöcher

Funklöcher können in Bergtälern oder U-Bahntunneln auftreten, die von Funkwellen nicht erreicht werden, sowie in Altbauten wegen dicker Wände und in Neubauten, wo Stahl- und Betonkonstruktionen den Empfang stören[59] (vgl. Reischl, 1998, S.24). Funksignale im GSM-Netz sind weiters atmosphärischen Schwankungen (zB Wetter und Luftdruck) ausgeliefert (vgl. Reischl, 1998, S.24f.).

---

[59] Eine israelische Erfindung war der Störsender „C-Guard Cellular Firewall", der ein Signal aussandte, das Kommunikation per Handy verhinderte. 1999 wollte es NetLine auf den Markt bringen, doch eine Genehmigung war gesetzlich fragwürdig, weil Netzbetreiber verpflichtet sind, eine Versorgung zu garantieren (vgl. Reischl, 1998, S.26 und S.68).

5.7.3 Rechtliche Einschränkungen

5.7.3.1 Handyverbot am Steuer

Seit 1. Juli 1999 sollte es ein Gesetz geben, das ein Handyverbot am Steuer besagt (vgl. Reischl, 1998, S.86). Heute gilt zumindest in Österreich die gesetzlich vorgeschriebene Regelung, dass man eine Freisprecheinrichtung verwenden muss, wenn man im Auto während der Fahrt telefonieren will. Telefonieren am Steuer erhöht das Unfallrisiko. „Die Crash-Gefahr kann sich sogar vervierfachen, hat ein kanadisches Forscherteam der Universität Toronto herausgefunden" (Reischl, 1998, S.86). Handytelefonierer sind eine ähnlich hohe Gefahrenquelle wie jene, die 1 Promille haben, da sich die Reaktionszeit verlangsamt und ein Telefonat zu Unaufmerksamkeit führt (vgl. Reischl, 1998, S.86). Eine Studie des Kuratoriums für Verkehrssicherheit in Wien zeigte auf, dass telefonierende Fahrer deutlich seltener an Schutzwegen anhalten, häufiger links von der Mittellinie fahren und öfter ohne Blinken die Fahrbahn wechseln (vgl. Reischl, 1998, S.87). Studien belegen, dass das Unfallrisiko vervielfacht wird, wenn man beim Autofahren das Handy benutzt. Sie zeigen aber auch, dass die Reaktionsgeschwindigkeit von Fahrern durch andere Ablenkungen, wie Rauchen oder Essen, sinkt und auch die Freisprechanlage das Unfallrisiko erhöht (vgl. Ling, 2004, S.49ff., zit. in Burkart, 2007, S.96).

Die Benutzung eines Mobiltelefons während der Fahrt ohne Freisprecheinrichtung ist in vielen Ländern verboten (zB in Deutschland, Österreich und der Schweiz, in Schottland, in Kanada in Quebec, Nova Scotia, Newfoundland und Labrador wie auch in Großbritannien, Wales und Nordirland). Bei Nichtbeachtung des Verbotes werden Bußgelder verhängt. Als Benutzung des Mobiltelefons wird in der deutschen Rechtsprechung auch das Ablesen der Uhrzeit erachtet. Die Anbindung des Mobiltelefons an die Freisprecheinrichtung des Kfzs kann entweder über einen so genannten Snap-In-Adapter erfolgen, oder kabellos über den Datenübertragungsstandard Bluetooth. Im September 2004 wurde in einer Studie des nationalen schwedischen Forschungsinstituts für Straßen und Verkehr (VTI) dargelegt, dass diese Geräte die Sicherheit im Straßenverkehr nicht erhöhen, da die Aufmerksamkeit bereits durch das Telefonieren an sich abgelenkt werde. Eine australische Untersuchung ergab, dass Freisprecheinrichtungen Autofahrer zu häufigeren und längeren Telefongesprächen während der Fahrt verführen und deshalb das Unfallrisiko sogar erhöhen (vgl. http://en.wikipedia.org/wiki/Mobile_phone, 2008).

Die *Zurechnungsfähigkeit* der Handytelefonierer scheint nicht nur beim Autofahren zu leiden: In London (vgl. Falter, 12/08, S.5) werden Laternenmasten und Verkehrszeichen mit Schaumgummimatten umhüllt, damit sich in ihr Handy vertiefte Passanten nicht den Kopf blutig rennen. Kein Wunder, befindet man sich doch gedanklich „an zwei Orten". Auch in Filmen und Serien ist es heutzutage eine „beliebte" Todesursache oder zumindest ein dramatisch wertvoller Augenblick, eine Person während einer Autofahrt nach dem klingelnden Handy kramen zu lassen oder bereits telefonierend zu zeigen und sie damit einen Unfall herbeiführen zu lassen.

Andere gesetzliche Einschränkungen gelten für Handys in Flugzeugen, Krankenhäusern etc., da sie technische Geräte in deren Funktion stören könnten.

6. Nachteile – Kritik am Handy

6.1 Kommunikationsbrüche

Mettler-Meibom (1994, S.20) stellt ernüchtert fest: „Medien erzeugen durch das Auseinanderdriften von Kommunikation, Kommunikationszeiten und Kommunikationsorten z. T. strukturelle Verwerfungen. Solche Verwerfungen lassen sich als *Kommunikationsbrüche* bezeichnen". Sie kritisiert, dass raum-zeitlich-gebundene Wahrnehmungsmöglichkeiten verschwinden durch die unseren Alltag bereits bestimmende Tele-Kommunikation – Kommunikation auf Distanz bzw. in die Ferne, die verbunden scheint mit Phänomenen der Enträumlichung, Entsinnlichung und Entzeitlichung. Kommunikationsbrüche tragen zu Wissens- und Erfahrungsdefiziten bei (vgl. Mettler-Meibom, 1994, S.21), da wir das jeweilige Umfeld der Menschen nicht kennen und dann mit weniger kommunikativer Kompetenz auf sie eingehen können. Mettler-Meibom (1994, S.27) spricht davon, „wie schädlich technisch-unterstützte Kommunikation für eine lebendige Kommunikation sein kann". Sie bevorzugt offensichtlich Face-to-face-Kommunikation. Diese dürfte dem Bedürfnis der Menschen nach Nähe, Kontakt, unmittelbarem Austausch und sinnlicher Erfahrungsintensität am nächsten kommen (vgl. Mettler-Meibom, 1994, S.23). Negativ bewertet sie technische „Problemlöser" wie Mobiltelefone, „die unsere immer schwieriger werdenden Kommunikationsbeziehungen erleichtern sollen und die doch zumindest z. T. selbst wiederum Problemverursacher sind" Mettler-Meibom (1994, S.22).

6.2 Vereinsamung und Verhäuslichung

Dass das Handy ein Mittel ist, Vereinsamung bei Alleinstehenden oder älteren Menschen zu verhindern, davon sind Wald und Stöckler (1991, zit. in Konlechner, 2003, S.85) überzeugt. Mettler-Meibom (1994, S.169) hingegen befürchtet Vereinsamung und Verhäuslichung besonders bei Singles, allein erziehenden Müttern und älteren Menschen durch Handys: Statt sich die Welt aktiv anzueignen, wird die Welt zunehmend von zuhause aus rezipiert. Macht man sich doch auf den Weg und verlässt das Haus, wird das Handy als Rückbindung an den Ort und als Sicherheitsfaktor mitgenommen. „Seelisch-geistig lebe ich so zwischen zwei Orten, weder bin ich ganz an dem einen, noch ganz an dem anderen Ort" (Mettler-Meibom, 1994, S.169). Man lebt durch diese technischen Erneuerungen weniger im Hier und Jetzt, vermutet Mettler-Meibom (1994, S.170), und darüber hinaus würden Orte der Stille und des Rückzugs wie zB die Wüste oder eine Alm an entspannendem Charakter verlieren, wenn das Handy und damit der „Atem des Büros" allgegenwärtig ist.

6.3 Stress

Da sich mit Mobiltelefonie sowohl der Kommunikations- als auch der Handlungsspielraum vergrößert, können wir mehr Dinge in kürzerer Zeit und sofort erledigen, vieles auch gleichzeitig, was wiederum Stress verursachen kann (vgl. Konlechner, 2003, S.50). Gottschlich (1998, zit. in Hingst, 2001, S.15f.) spricht früh über die Schattenseiten des dichten Kommunikationsnetzes bei gleichzeitiger Kommunikationsarmut. Er erwähnt neben dem *psychischen Stress* (permanenter Erwartungs- und Entscheidungsdruck und andauernde Reaktionsbereitschaft) auch den *sozialen Stress*. Dabei geht es vor allem um den Verlust der Privatheit und der Integrität. Unbeteiligte werden gegen ihren Willen zu Beteiligten. Es droht der überwachte und jederzeit überwachbare Staatsbürger. Der *biologische Stress* betrifft die Gesundheit. Es gibt 1998 noch zu wenige Erkenntnisse über die Wechselwirkung zwischen elektromagnetischen Feldern und Menschen, jedoch wird heftig über die Auswirkung auf die Gesundheit diskutiert.

6.4 Gesellschaftlicher Wandel – Sittenverfall?

6.4.1 Unpünktlichkeit

Rheingold zeigt auf, dass die Mobiltechnologie das Verhalten von Jugendlichen beeinflusst hat. Nach einer Reihe von Interviews mit Jugendlichen aus Tokio stellt Rheingold fest, dass Pünktlichkeit unter Handybesitzern nicht mehr viel zählt. Solange jemand erreichbar ist per SMS oder Anruf, ist es kein Thema mehr, zu spät zu kommen[60]. Unpünktlichkeit ist nicht mehr so tragisch, solange man ein Handy hat und Bescheid sagt. Die wahren Tabus von heute sind: das Handy zu vergessen oder den Akku nicht aufzuladen und „sterben" zu lassen, meint Kamide (zit. in Rheingold, 2002, S.5).

---

[60] http://www.wired.com/news/print/0,1294,55561,00.html, März 2006

6.4.2 Unhöflichkeit

„Der Kanon an Verhaltensregeln wird durch das massive Aufkommen von Handys aufgeweicht. Die Höflichkeit denen gegenüber, die den Raum mit dem Telefonierenden teilen, geht zurück" (Köhler, 2000, S.128). Die fernmündliche Unterhaltung hat heute noch Vorrang[61] gegenüber der von Angesicht zu Angesicht – ein Besuch zB muss warten, wenn der Gastgeber ans Telefon geht. Das inzwischen alltägliche Telefongespräch steht immer noch unter der Vermutung, wichtiger zu sein als das persönliche (obwohl zu telefonieren längst nicht mehr so teuer, selten oder umständlich ist wie in den Anfängen der Telefonie, als man froh war, dass eine Verbindung überhaupt zustande gekommen war) (vgl. Köhler, 2000, S.127). Fortunati (zit. in Rheingold, 2002, S.196) fasst zusammen: „[…] we talk into the mobile and give the person at the other end more importance than the person in front of us. So, it is the previous devaluation of natural communication that is the element that has implicitly permitted the emptying out of our presence in space". Zumindest im privaten Bereich wird man in Gegenwart Dritter höflicherweise einen eingehenden Anruf nicht annehmen bzw. sich kurz halten, empfiehlt Zelger (1997, S.208-211, zit. in Glanz, 2006, S.92). Die aktuelle empirische Studie von Glanz (2006, S.135) hat ergeben, dass die Face-to-face-Kommunikation doch Priorität hat: Wenn sich einander bekannte Personen unterhalten und ein Handy läutet, werden die Telefonate meistens kurz gehalten oder auf später verlegt. Ein Großteil der Befragten hebt ab und bietet dem Anrufer einen Rückruf an. Anders bei Anwesenheit (unbekannter) Dritter: Wenn das Handy läutet, heben mehr als 50 % der Befragten ab und telefonieren durchaus länger.

Abschließend meint Mizuko Ito (zit. in Rheingold, 2002, S.28): „The power of the mobile phone to allow people to be connected continuously with their virtual social group is what isolates them from co-present others in the public space, in other words, exclusion as the other side of the coin from affiliation". Sichtbare Veränderungen durch das Handy im öffentlichen Raum erkennt auch Rheingold: „Smart mob technologies already seem to be changing some people's sense of place as well as their experience of time, with visible effects on public spaces such as sidewalks, parks, squares, and markets, where more and more of the physically co-present population are communicating with people far away" (Rheingold, 2002, S.195). Vielleicht gewöhnen wir uns daran, dass im Restaurant sich

---

[61] siehe auch Kapitel Störfaktor Handy im Gespräch, Das Klingeln sowie Handynutzung im öffentlichen Raum

Leute gegenseitig ignorieren, aber SMS tippen oder wie auf den Philippinen Menschen sogar während eines Begräbnisses das Handy in der Hand halten und SMS versenden – „Filipinos don't see it as rude any more" (New York Times, 05.07.2000, C1, zit. in Rheingold, 2002, S.159).

6.4.3 Verbindlichkeit – Ein Mehr an Kommunikation

Durch das Handy sind Zweifel an der Verbindlichkeit gestiegen. Damit erhöht sich auch die Kontrolle: Menschen rufen sich heute viel häufiger an, bevor sie erscheinen. Sie vergewissern sich unterwegs noch einmal (oder sogar mehrmals), ob der andere auch tatsächlich auf dem Weg ist. Früher waren Verabredungen und Pünktlichkeit verbindlicher – empirische Untersuchungen zeigen, dass relativ viel telefoniert wird, nachdem eine Abmachung getroffen wurde (vgl. Burkart, 2007, S.54). Es ist, als ob man an der Verlässlichkeit der Verabredung mehr zweifelt, seit man weiß, dass man sie jederzeit widerrufen kann (vgl. Hulme/Truch, 2005, S.143, zit. in Burkart, 2007, S.195). Ein Mehr an Kommunikation stellt auch Karasek (1997, S.7) fest: „Die meisten Mobiltelefonierer erklären noch hastig in ihr Telefon, dass sie jetzt in die Maschine nach München einsteigen und sich von München gleich wieder melden würden. Gleich nach der Landung. Unbedingt". Karasek (1997, S.11f.) bemerkt zynisch: „Seit die Menschen fast unentwegt miteinander reden können, haben sie sich kaum noch was zu sagen".

6.5 Gefahren des Handys – Schädliche Strahlung – Elektrosmog

Der Elektrosmog ist quasi der „Strahlensalat", der sich aus der elektromagnetischen Strahlung aus Hochspannungsleitungen, Erdkabeln, Oberleitungen, Rundfunksendern, Mobilfunksystemen, Satelliten und Mikrowellen ergibt (vgl. Hingst, 2001, S.54). Meist wird argumentiert, dass zu wenige Untersuchungen über Schäden der unmittelbar einwirkenden elektromagnetischen Felder existierten und dass man erst in zehn Jahren mehr sagen könne. Hingst (2001, S.7f.) jedoch kommt zum Schluss, dass längst genügend seriöse wissenschaftliche Arbeiten vorliegen, um Alarm zu schlagen (und gegen Verharmlosungen seitens der Betreiber und Versteckspiele hinter Grenzwerten vorzugehen). Und das, obwohl die Forschung in keiner Weise der rasanten Ausbreitung der Handykommunikation entspricht, die WHO erst 1998 eine umfassende Studie über gesundheitliche Auswirkungen in Auftrag gegeben hat und zumindest bis 2001 noch keine umfassenden Arbeiten über Elektrosmog und ähnliche Gefahren des Handys veröffentlicht worden sind.

Zu den wissenschaftlich nachgewiesenen Reaktionen auf und Gesundheitsbeeinträchtigungen durch elektromagnetische Felder erklärt die deutsche Strahlenschutzkommission (vgl. fmk.at/mobilkom, zit. in Gschwendtner, 2003, S.63) im Jahr 2001, dass die Absorption von Energie zu einer nicht unerheblichen Erwärmung von Körpergewebe und somit auch zu Gesundheitsschäden führen kann. Simic (2005, S.37) merkt an: „Im medizinischen Bereich werden sowohl auf psychischer als auch physischer Ebene Bedenken zur Mobiltelefonie angemeldet". Einige Forscher machen Handy-Strahlung (durch steigende Anzahl von Sendemasten) verantwortlich für Kopfschmerzen, Krebs und Schlaganfälle (vgl. www.voak.at/frames/artikel.php?artikel=esmog2, 18.04.2005, zit. in Simic, 2005, S.37). Von Seiten der Netzbetreiber heißt es stets, dass keine Gefahr durch Handys und Basisstationen für die Gesundheit bestehe (vgl. Simic, 2005, S.37). Vor einigen Jahren hieß es immer noch, dass Telefonieren mit dem Handy ungefährlich und in keiner Weise schädlich sei. Durch Strahlung verursachte Schäden am Gehirn konnten auch 2005 als noch nicht wissenschaftlich gesichert gelten; auf vielen Internetseiten hieß es lediglich, es sei nicht bewiesen, es werde noch erforscht und untersucht[62]. Nur die „Krone" (07.08.2005, S.9, zit. in Simic, 2005, S.38) schien es bereits besser zu wissen und berichtete, dass Strahlung von Mobiltelefonen menschliche Zellen zerstört und das Krebsrisiko steigert. Auch 2006 lautete das deutsche Ergebnis einer Interphone-Studie[63]: Kein erhöhtes Hirntumorrisiko durch das Telefonieren mit Handys und auch kein höheres Risiko für Vielnutzer, die mindestens 30 Minuten pro Tag telefonieren. FMK[64]-Geschäftsführer Mag. Barmüller erklärt: „Durch diesen weiteren Teilbericht aus Deutschland im Rahmen der Interphone-Studie der Weltgesundheitsorganisation (WHO) festigt sich die bisherige wissenschaftliche Einschätzung weiter, dass Mobilfunk eine sichere Technologie ist".

---

[62] vgl. zB http://www.i-sis.org.uk/MPABD.php oder http://www.globalchange.com/radiation.htm
[63] In der Studie wurden unter Koordination der International Agency for Research on Cancer (IARC) in Lyon (Frankreich) und Federführung der Universität Bielefeld die Studienregionen Bielefeld, Mainz, Heidelberg und Mannheim miteinbezogen. Seit dem Jahr 2000 wurden 844 Patienten mit einem Hirntumor untersucht und diese mit 1.535 Kontrollpersonen verglichen.
http://www.fmk.at/medieninfo/medieninfo.cfm?cat=info&jahr=2006#, 14.03.2006
[64] Das Forum Mobilkommunikation (FMK) ist die Brancheninitiative aller österreichischen Mobilfunkbetreiber, der Mobilfunkindustrie und des Fachverbandes der Elektro- und Elektronikindustrie (FEEI). Es beschäftigt sich intensiv mit dem Thema „Mobilfunk und Gesundheit" und mit allen Fragen, die mit dem Aufbau der österreichischen Mobilfunknetze zusammenhängen.

Mit der Fragestellung, ob sich Handymasten störend auf Schlaf auswirken, setzte sich die Technische Universität Graz auseinander. Die Ergebnisse sind laut Studienleiter Dr. Leitgeb[65] eindeutig: Es gibt keine belastbaren Beweise für Schlafstörungen durch elektromagnetische Felder. Die elektromagnetischen Felder lagen weit unter den Grenzwerten. Hauptquelle der Felder war der Rundfunk. Leitgeb fasst zusammen: „Dass bisher selbst bei den untersuchten schwerwiegendsten Fällen keine belastbaren Beweise gegen Elektrosmog gefunden werden konnten, hat vielen Probanden Erleichterung gebracht und rechtfertigt jedenfalls die verbreiteten Ängste nicht". Trotz zahlreicher Studien gibt es keinen Nachweis, dass das Handy die Gesundheit gefährde, meint Silny noch 2005 (zit. in Burkart, 2007, S.96). Langzeitfolgen können allerdings nicht ausgeschlossen werden (vgl. Burkart, 2007, S.96).

Heute sieht es anders und konkreter aus: „Europaweit haben fast ¾ der 12-Jährigen und ¼ der 8-Jährigen ihr eigenes Mobiltelefon. Gerade Kinder seien durch Handy-Strahlung besonders gefährdet, heißt es. „Die Wissenschaft streitet nicht mehr darüber, **ob** Mobiltelefonie schädlich ist, sondern **wie** schädlich", so Umweltmediziner Huber" (ORF-Teletext, 06.11.2007, Hervorhebung v. d. Verfasserin d. DA). Scheiner (2006, S.12f.) beruft sich auf zahlreiche Studien über Mobilfunk und dessen gesundheitlich bedenkliche Folgen und warnt in seinem Buch detailliert und explizit nicht nur vor Gefahr herunterspielenden Politikern und Unternehmen, sondern auch vor steigender Krebshäufigkeit, dem Zusammenbruch der körpereigenen Abwehrkraft, vor verminderter Melatonin-Produktion, Erbgutschäden, Hirntumoren, Schlaflosigkeit, Müdigkeit, Kopfschmerzen, Herz-Kreislauf-Krankheiten, allergischen Erkrankungen, Tinnitus, Alzheimer oder gar Zeugungsunfähigkeit. Auch „die Wiener Ärztekammer will das „hemmungslose Telefonierverhalten" bei Kindern und Jugendlichen einbremsen. Jüngste Studien würden auf ein langfristig erhöhtes Krebsrisiko hinweisen, erklärte der ÄK-Chef Walter Dorner" (PulsTV-Teletext, 06.11.2007).

---

[65] Unter der Leitung von Univ.Prof. Dr. Norbert Leitgeb wurden in der EPROS-Schlafstudie (Elektrosensitives Protected Sleep) von 500 interessierten Personen die 29 schwerwiegendsten Fälle über ein Jahr lang untersucht. http://www.fmk.at/medieninfo/medieninfo.cfm?cat=info&jahr=2006#, 14.02.2006

6.6 Erreichbarkeitsdilemma

Schon die ersten Studien zum Mobiltelefon (zB Lange, 1991) sprachen vom „Erreichbarkeitsdilemma" (vgl. Burkart, 2007, S.60). „Es gibt, wenn man nicht aus Statusgründen die Möglichkeit dazu hat, kaum noch telefonlose Zeiten; Auszeiten, in denen man nicht erreichbar ist" (Burkart, 2007, S.59). Es kommt darauf an, wie man die Nichterreichbarkeit legitimiert. Das ist vor allem in Berufskontexten eine Frage der sozialen Stellung und weniger der freien Entscheidung. Ständige Erreichbarkeit ist für manche Arbeitnehmer gleichbedeutend mit ständiger Überwachung (vgl. Burkart, 2007, S.60). Ist der Handynutzer für Arbeitgeber und Bekanntenkreis ständig erreichbar, kann er sich kaum sozialen Verpflichtungen entziehen. Der Rückzugsraum wird eingeengt, was Stress erzeugen kann, und es gilt außerdem als unhöflich, nicht (so bald wie möglich) zurückzurufen. Es klingt ein Vorwurf durch in dem Satz „Ich konnte dich nicht erreichen" (vgl. Auböck, 2001, S.55). Überhaupt: „Das Nichtzurückrufen ist die schallende Ohrfeige, das endgültige Aus. Im Geschäft wie in der Liebe", mutmaßt Karasek (1997, S.71). Karasek (1997, S.135) hat die Handyszene in Deutschland unter die Lupe genommen und fasst zusammen, dass die totale Erreichbarkeit unser Leben nicht verbessert hat. Im Gegenteil: „Man wird Sklave der totalen Erreichbarkeit" (Karasek, 1997, S.70). Es sei ein Handicap des Handys, meint Karasek (1997, S.26), „dass man dauernd die bohrende Verpflichtung spürt, jemanden anzurufen, „sich mal zu melden!", weil der andere weiß, dass man das von überall und zu jeder Zeit tun könnte – so man nur wollte". „Man möchte zwar prinzipiell erreichbar sein, aber nicht für alle und nicht zu jeder Zeit" (Hügli, 1997, S.237, zit. in Konlechner, 2003, S.46).

Das Handy hat einen starken Anteil am Trend der Zeitrationalisierung. Alle Zeitabschnitte sollen und können sinnvoll genutzt werden. Gerade unerwartetes Warten, unausgefüllte Pausen, die Fahrzeit im Zug und Auto usw. werden als unangenehme Zeitverzögerung gesehen und werden mit Telefonieren „wertvoller" gemacht (vgl. Auböck, 2001, S.57). Die permanente Erreichbarkeit birgt Vorteile (Sicherheit, unterhaltender Pausenfüller, schnelle Kommunikation) wie Nachteile (Beschleunigung, Stress, Hektik) in sich. Alles hat zwei Seiten, betont Rheingold: „People might gain new powers at the same time we lose old freedoms" (Rheingold, 2002, S.xiii). The availability of constant mobile communication and information access is a good and bad thing – but mostly a good thing. It allows freedom of movement (office workers are less tied to their cubicles, for example) and can help a population organize quickly around a cause[66].

Erreichbarkeit ist kein Automatismus, sondern eine *Möglichkeit*. Nur muss erstens Nichterreichbarkeit legitimiert werden und ist zweitens Erreichbarkeit nicht nur eine technische Möglichkeit, sondern vor allem eine *soziale Norm*, eine legitime Erwartung, und gilt drittens diese Aussage umso weniger, je höher die Abhängigkeit in betrieblichen Hierarchien ist (vgl. Burkart, 2007, S.75).

6.6.1 Ständige Erreichbarkeit

„Der Wunsch, andere Menschen zu erreichen, ist so alt wie die Menschheit selbst" (Mettler-Meibom, 1994, S.163). Mit der Erfindung des Mobiltelefons geschieht in der Menschheitsgeschichte etwas Neues: Es wird „möglich, von allen Orten aus mit allen Menschen an allen Orten zu telefonieren – Kommunikation immer und überall [… sowie immer] *erreichen zu können und erreichbar zu sein*" (Mettler-Meibom, 1994, S.163). „Die Mobiltelefonie ermöglicht permanente telefonische Handlungsfreiheit (als offensives Merkmal bzw. aktives Kommunikationsverhalten) sowie ständige Erreichbarkeit" (Hügli, 1997, S.236, zit. in Konlechner, 2003, S.45). Der Wunsch nach Erreichbarkeit hat auf der psychosozialen Ebene viel „mit Sicherheit zu tun, mit Zugriff und Kontrolle bzw. umgekehrt mit Abwehr von Trennung und dem Bedürfnis, das Risiko zu vermindern – sei es, indem wir andere erreichen, sei es, indem wir für andere erreichbar sind" (Mettler-Meibom, 1994, S.171).

Mobiltelefone haben unseren sozialen sowie auch geschäftlichen Umgang miteinander verändert[67], auch im amerikanischen Raum. „The proliferation of cell phones and the spread of text messaging are changing patterns of communication for many Americans – especially younger ones", sagt Lee Rainie, Director of the Pew Internet & American Life Project. „For some cell phone users, the stream of conversation hardly ever ends"[68].

---

[66] The Seattle World Trade Organization protests of 1999 and the demonstrations that led to the removal of Philippine President Joseph Estrada last year were aided by mobile phones and text messaging (vgl. Rheingold, 2002, S.157f. und http://www.wired.com/news/print/0,1294,55561,00.html).
[67] vgl. Katz, James E. (Hrsg). 2002: Perpetual Contact. Port Chester, NY, USA. Cambridge University Press, zit. auf http://site.ebrary.com/lib/kaubib/Doc?id=10030950&ppg=1
[68] www.pewinternet.org on http://www.160characters.org/news.php?action=view&nid=1484

6.6.2 Instrumentelle Erreichbarkeit

Die instrumentelle Erreichbarkeit, die Mettler-Meibom (1994, S.176f.) beschreibt, hat mit dem Interesse und Wunsch nach Beschleunigung von Kommunikation und Überwindung von Raum und Zeit zu tun, vor allem mit dem Bedürfnis nach Kontrolle, Zugriff, Durchgriff und Steuerung. Das Interesse kann dabei militärischer, politischer oder ökonomischer Natur sein. Letzteres betrifft zB Arbeitnehmer, die in ihrer Freizeit erreichbar bleiben: Wenn ein Arbeitnehmer immer auf Abruf bereit sein muss, entfremdet und entfernt er sich von dem sozialen Umfeld, in dem er sich aufhält (vgl. Mettler-Meibom, 1994, S.181).

Das Verschwimmen von Arbeit und Privatbereich passiert schleichend und unbewusst, der Arbeitsdruck nimmt zu und auch das Familienleben kann darunter leiden (vgl. Reischl, 1999, S.208-211). Die Arbeitszeit mag offiziell bei 38,5 Stunden liegen, wird durch ständige Erreichbarkeit aber verlängert. Ob Angerufene eher erfreut reagieren, oder ob sie das Handyklingeln nach Arbeitsschluss stört, dieser Fragestellung geht Reischl (1999, S.208) nach, und warnt davor, dass Freizeit zum Beruf und Privates öffentlich wird. Als Arbeitnehmer, so scheint es, sollte man immer erreichbar sein. Man kann das Handy aus- und die Mobilbox einschalten, dennoch wird kein Vorgesetzter Nichterreichbarkeit gelten lassen. Funklöcher gibt es kaum mehr.

6.6.2.1 m/w

Dabei spaltet sich die Erreichbarkeit „tendenziell geschlechtsspezifisch auf: Männer wollen erreichen, Frauen wollen/sollen/müssen erreichbar sein. Für Männer ist der Mobilfunk offenbar eher ein Apparat zur Herstellung aktiver instrumenteller Erreichbarkeit, für Frauen eher ein Apparat zur Herstellung einer verständigungsorientierten sozialen Erreichbarkeit" (Mettler-Meibom, 1994, S.177).

„Erreichbarkeit trägt erheblich zur Beschleunigung, damit zu Hektik und Stress in unserer Gesellschaft bei" (Mettler-Meibom, 1994, S.183). Abhilfe könnten handy- und medienfreie Zonen bringen, für Menschen, die den Wert der Ungestörtheit und des Nicht-Erreichbarseins erkannt haben und ihr Recht auch einfordern (vgl. Mettler-Meibom, 1994,

S.182). Der Trend geht daher allmählich in eine andere Richtung: Handys werden immer häufiger stumm- oder abgeschaltet[69].

6.6.3 Nichterreichbarkeit

Den Luxus, nicht erreichbar zu sein, können sich nur wenige leisten. War es zuvor so, dass das Handy ein Statussymbol darstellte, zeigt sich jetzt ein entgegengesetzter Trend. In der Einsamkeit liegt zB für den Modeschöpfer Karl Lagerfeld „heute der wahre Luxus: „Ich bin beinahe total unerreichbar. Nur wenige haben meine private Faxnummer" (PulsTV-Teletext, 18.12.2007). Bei manchen Personen zeigen sich die ersten Widerstände gegen Handys. Der Verzicht auf ständige Erreichbarkeit scheint der neue Luxus zu werden, beobachtet schon Hingst (2001, S.18). Es etablieren sich allmählich *Abwehrmechanismen* gegen unerwünschte Eingriffe in die Privatsphäre und dadurch entstehenden Stress. Technische Funktionen wie „Mobilbox", „Anklopfen", „Anrufumleitung", „Anrufsperrung" und „Rufnummernanzeige" wehren teilweise den Anspruch auf Erreichbarkeit ab, vergrößern die Erreichbarkeit andererseits auch (vgl. Kittelmann, 1996, zit. in Glanz, 2006, S.49). Eine ungewöhnliche Möglichkeit, sogar trotz Mailbox nicht erreichbar zu sein, beschreibt Karasek (1997, S.144): „Manchmal müllte sie auch ihre eigene Mailbox voll – das war eine Variante, nicht erreichbar zu sein". Der Anrufbeantworter ist dann quasi wegen Überfüllung geschlossen und kann keine weiteren Nachrichten mehr speichern. Laut einer aktuellen Studie (vgl. GfK Fessel Studie auf gfk.at, zit. in Glanz, 2006, S.53) ist es weniger wichtig, ständig erreichbar zu sein, als sich von diesem Erreichbarkeitsdilemma zu emanzipieren. Die Tendenz geht dazu, einen Anruf zu ignorieren, wenn man seine Ruhe haben möchte.

6.7 Der gläserne Mensch – Überwachung und Transparenz durch Handyortung[70], Datenspeicherung sowie Abhörmöglichkeit

„The loss of privacy is perhaps the most obvious shadow side of technological cooperation systems" (Rheingold, 2002, S.xxi). Der durch das Handy gewonnene Freiraum wird durch bestimmte Kontrollpotenziale wieder eingeschränkt:

---

[69] http://www.mobilkomaustria.com/CDA/frameset/sec_frame/1,3150,890-957-html-en,00.html
[70] siehe auch Kapitel GPS, LBS, MPS – Man weiß immer, wo man ist. Und andere wissen es auch.

„Mittels Zugriff auf Verbindungsdatenbanken bzw. technischer Zusatzeinrichtungen ist der Benutzer von Handys mehr oder weniger exakt verortbar" (Lange, 1991, S.159, zit. in Auböck, 2001, S.55). Vom Betreiber werden darüber hinaus bei registrierten Handys Aufenthaltsort, angewählte Nummern und eingegangene Anrufe in Österreich ein halbes Jahr lang gespeichert. Nur bei Wertkartenhandys, gestohlenen Handys oder ausländischen Prepaid-Karten bleibt der Telefonierer anonym (vgl. Hingst, 2001, S.25ff.). Im Falter (50/07, S.24) steht, dass ab 1. Jänner 2008 ein neues Gesetz in Kraft tritt, das der Polizei erlaubt, Handys orten zu lassen, ohne dass ein Richter dem zustimmt. Die Voraussetzung für eine Handypeilung ist, dass eine „gegenwärtige Gefahr für das Leben oder die Gesundheit eines Menschen wahrscheinlich besteht". Datenschützern ist diese Formulierung nicht eindeutig genug. Natürlich hat die Ortungsmöglichkeit auch Schattenseiten: Datenschützer schlagen Alarm und befürchten die totale Überwachung, denn dieselbe Technologie, die es uns ermöglicht, an fast jedem Ort der Welt zu telefonieren, ermöglicht es auch, unseren Spuren zu folgen. Man kann den Standort eines Menschen ausfindig machen, sobald sein Handy eingeschaltet ist – gleichzeitig ist auch eine akustische Überwachung, also das Abhören, möglich (vgl. Hanus, 2001, S.51, zit. in Zederbauer, 2007, S.23). „We are moving rapidly into a world in which the spying machinery is built into every object we encounter", schreibt Rheingold, „although we leave traces of our personal lives with our credit cards and Web browsers today, tomorrow's mobile devices will broadcast clouds of personal data to invisible monitors all around us"[71]. In seinem Aufsatz „Gemeinschaft neu definiert: Privatsphäre und Rechenschaftsschuldigkeit" schreibt Nicola Green (zit. in Nyíri, 2002, S.43): „Es scheint, als würde das Individuum, in einer sozialen Welt, die immer stärker durch die Mobiltechnologien vermittelt wird, sichtbarer, transparenter, und schulde anderen mehr Rechenschaft – einerseits infolge der ständigen kommunikativen Verbindungen, die das Mobiltelefon herstellt, andererseits infolge der durch die Technologie gegebenen Möglichkeiten, Informationen über das Individuum zu generieren". „Bei aller Sorge darf man aber keineswegs vergessen, dass digitale Registrierungen und Transaktionen zwar theoretisch zum gläsernen Menschen führen könnten, in der Praxis aber das Volumen der übertragenen Daten dabei derart enorm wird, dass eine Überwachung in „Echtzeit" de facto nicht möglich sein wird" (Steuerer, 2002, S.36).

---

[71] http://www.wired.com/news/print/0,1294,55561,00.html

7. Das (Mobil-)Telefon im Spielfilm

Sowohl das Mobiltelefon als auch der Film sind zunächst zwei technische Kommunikationsmedien. Ersteres für die (intime) Unterhaltung zwischen zwei Personen, der Kinofilm für anonyme und öffentliche Unterhaltung im Einbahnstraßenmodus. Es gibt wohl kaum einen Spielfilm (abgesehen von Geschichten, die in Zeiten spielen, in denen es noch kein Telefon gab), in dem nicht telefoniert wird (vgl. Debatin/Wulff, 1991, S.9).

Das Telefon verdient – im Gegensatz zu anderen Requisiten im Film – besondere Aufmerksamkeit. Was nämlich das Telefon von anderen Alltagsgegenständen unterscheidet, ist seine *kommunikative Funktion*. Inzwischen ist das Telefon im Kino so präsent, dass uns seine Anwesenheit schon fast nicht mehr auffällt. Das Telefon im Film dient meistens als technischer Kommunikationsbeschleuniger, der Raum und Zeit überwindet; sei es, als soziale Nabelschnur oder als technisches Hilfsmittel für Erpressungsversuche (vgl. Debatin/Wulff, 1991, S.9).

7.1 Handys im Film – Erste Beispiele

Was war zuerst da – die Erfindung im Film und ihr Einsatz oder die reale Technik? „Die ersten Erfahrungen mit dem Handy der Zukunft hat bereits […] James Bond gemacht. In „Der Morgen stirbt nie" hat 007 mit dem Concept Phone von Ericsson demonstriert, was in einem Jahrzehnt vielleicht möglich ist. Er verwendete den Handy-Prototyp der Schweden als Auto-Fernsteuerung. Das ist […] Zukunftsmusik, aber ein fixer Platz im Auto ist dem Handy gewiss […] als Routenplaner, Navigationssystem und Diebstahlsicherung. Das Concept Phone war aber nicht bloß ein Product Placement in einem Film, […] sondern es war ein echter Prototyp der Ericsson-Forschungsabteilung" (Reischl, 1999, S.12). Im Film „Tomorrow Never Dies" (1997) verwendet Bond also ein Ericsson-Handy als Fernsteuerung für seinen BMW. „Ericsson provided a centerpiece gadget: a phone that doubled as a stun gun, a remote control for the BMW, and a safe opener. The company undertook a multimillion ad push in 130 countries starring 83-year-old Desmond Llewelyn (a long-time regular in the Bond series)" (Segrave, 2004, S.204).

7.2 Größe und Form des Handys – Handyuhr

Der Gründer des MIT „Nicolas Negroponte ist überzeugt, dass es noch kleiner geht, […] so klein, dass wir es gar nicht mehr merken. Wir werden es […] an uns tragen wie eine Brille, wie einen Trauring. Oder wie eine Uhr" (Reischl, 1999, S.14). Das erinnert natürlich an die Serie „Knight Rider", in der ein Mann mit seinem Auto per Uhr(handy?) kommuniziert … Die fantasievollen Autoren waren in dem Fall der Wirklichkeit voraus – und inspirierten Techniker, Unternehmer etc., es ihnen nachzumachen und ihre Ideen in die Wirklichkeit umzusetzen.

7.3 Gestern im Film – Heute am Markt

Neben technischen Visionären wie Negroponte ist es aber auch die Filmindustrie, welche die Technik vorantreibt. „Vieles, was die Handy-Hersteller heute präsentieren, gab es schon vor Jahrzehnten – als Filmutensil, als Hirngespinst eines Regisseurs oder Filmausstatters" (Reischl/Sundt, 2000, S.15). Ein Beispiel wäre Raumschiff Enterprise. „Wenn SCOTTY und CAPTAIN JAMES T. KIRK miteinander kommunizierten, taten sie das seinerzeit über ein Handy, das so aussah wie das ERICSSON Modell T28s. Ein kleines Gerät mit einer Klappe, die man öffnete, um mit dem anderen zu reden" (Reischl/Sundt, 2000, S.15). Vieles an Technik, mit der wir in ein paar Jahren konfrontiert sein werden, gibt es jetzt schon im Ansatz in Sci-Fi-Filmen, wie Star Wars, Star Trek oder Matrix, zu sehen. Vielleicht, weil viele Sci-Fi-Autoren tatsächlich auch Wissenschafter sind (vgl. Reischl/Sundt, 2000, S.15). „Vieles (um nicht zu sagen das meiste), das in Romanen oder Kinostreifen beschrieben und gezeigt wird, halten viele Menschen für durchaus machbar" (Reischl/Sundt, 2000, S.17).

„Der japanische Netzbetreiber NTT hat das beliebte Requisit aus amerikanischen Thriller-Filmen, ein armbanduhrgroßes Mobiltelefon, in einer Studie realisiert und als kleinstes Mobiltelefon seines Personal Handy Phone Systems (PHS) vorgestellt. Bedient wird die Handy-Uhr mit vier Tasten und per Sprachsteuerung. Marktreife hat das Produkt freilich noch nicht" (Reischl, 1999, S.14). Beim GSM-Weltkongress in Cannes 1999 zeigte Ericsson ein Concept Phone fürs Handgelenk (vgl. Reischl, 1999, S.14). „Nicolas Hayek, Präsident des größten Uhrenherstellers SMH mit seiner bekanntesten Marke Swatch, hat […] bei der CeBIT 1998 die erste Uhr der Welt mit integriertem Telefon angekündigt"

(Reischl, 1999, S.15). Doch bis jetzt, 2008, hat sich noch kein solches Handy-Uhren-Modell am Markt durchgesetzt, eher scheinen Handys immer flacher und leichter zu werden, nicht aber kleiner als „handlich".

7.4 Der Einfluss von Film und Werbung

„Das Handy ist also ganz gegen seine tatsächliche englische Bedeutung bereits zu klein, um praktisch zu sein", bemerkt Dusl (2007, S.31) sarkastisch an und fährt fort: „Mein erstes eigenes Handy war noch ein Ziegel von der Größe eines Wecken Schwarzbrots […] Schuld an meiner früh ausgebrochenen Handymanie war Captain Kirk. […] Kirk liebte Ausflüge. Wie ich. […] Und nie hatte er mehr bei sich als einen kabellosen Phaser-Föhn und sein Ding, sein, wie wir es heute nennen: Handy". Handyphonieren war für Dusl Freizeit. Amtliches besprach sie am Festnetztelefon. Die Schriftstellerin Dusl (2007, S.34) wechselte ihr Handy bald, aufgrund von Marketingoffensiven und Peer Group Pressure. Sie wollte nun das neue, schicke Madonna-Werbespot-Handy haben, das so viel kostete wie ein kleiner Sportwagen, das eine Art Popstar-Wangenmikrophon hatte und dessen Bedienungsanleitung so dick wie ein Telefonbuch war.

7.5 Product Placement

„Minority Report" (2002) von Steven Spielberg war übertrieben voll von Product Placement (von bzw. für American Express, Gap, Guinness, Lexus, **Nokia**, Pepsi und Reebok) und erntete dafür harsche Kritik (vgl. Segrave, 2004, S.208). Segrave (2004, S.1) definiert Product Placement in seinem Buch folgendermaßen: „as the deliberate insertion into an entertainment film script of a product, its signage, a verbal mention of a product, and so on, for a consideration". Product Placement hat sich in den letzten 25 Jahren von der unbeachteten, meist verheimlichten Praxis zu einem stark verbreiteten, wohl organisierten Prozess und Marketinginstrument entwickelt. Auch von PP als einer Art indirekter Form der Werbung ist die Rede (vgl. Segrave, S.166) oder PP als subversive Form der Werbung (vgl. Segrave, S.188). Ende der 70er verleugneten noch viele Firmen und Filmproduzenten, Product Placement zu betreiben oder darin in irgendeiner Weise verwickelt zu sein. Einen großen Sprung in der Entwicklung des Product Placements gab es mit dem Kinostart von „E.T." (USA, 1982), in dem die Süßigkeit Reese's Pieces in die Handlung integriert und geschickt platziert wurde (vgl. Segrave, S.164f). Immer unwahrscheinlicher ist es heutzutage, dass ein Markenprodukt, das auf der Leinwand zu sehen ist, zufällig dort gelandet ist[72], schreibt Journalistin Janet Maslin in der New York Times, 1982 (vgl. Segrave, S.165). Manchmal werden Skripten sogar auf Produkte hin verändert (vgl. Segrave, S.211). Journalist James Bone (zit. in Segrave, S.189) betont: „no important picture is untouched". Angeblich ist seit 1983 in 85 % aller Hollywoodfilme PP vorhanden (vgl. Segrave, S.167). PP ist Teil des Films und kann nicht – wie Werbung – weggezappt werden (vgl. Segrave, S.197). Mitte der 70er Jahre kamen PP-Firmen in Mode. 1985 gab es in den USA bereits 25 davon (vgl. Segrave, S.171). Die AFP (Associated Film Promotions) und andere PP-Firmen fungieren als Mittelmänner, die versuchen, Produkte in Filmen unterzubringen. Sie bekommen Drehbücher zugeschickt, die sie auf geeignete Szenen für eventuelle Produkteinbindungen prüfen und dann den jeweiligen Kunden Bescheid geben. Kunden wird geraten, etablierte, bereits bekannte Produkte einzubauen und nicht Filme wie Werbespots zu verwenden, um neue Produkte einzuführen (vgl. Segrave, S.171). PP darf nicht zu auffällig sein oder aus einem Film einen abendfüllenden Werbespot machen. Über die Wirkung von PP scheiden sich die Geister, doch in der Praxis gibt es einige Erfolgsbeispiele, die darauf hindeuten, dass sich PP bezahlt macht. Die Umsätze bei Ray-Ban-Brillen stiegen kräftig, nachdem sie Tom Cruise im Film „Risky Business" (USA, 1983) trug (vgl. Segrave, S.168). Don Nunley (zit. in Segrave, S.169), Gründer der Firma „unique product placement", vertritt die Meinung, „if Burt Reynolds drinks a certain beer in *Hooper*, so will a lot of people who want to be like him". Das Ziel von Seniorvizepräsident von Saatchi & Saatchi, Stephen Fajen (zit. in Segrave, S.172), ist es: „to have the product endorsed by a star, in a sympathetic environment, to cause the audience to emulate the action in the marketplace. In many cases it works". Der Vorteil von PP für Filmstudios ist Zeit- und Geldersparnis (wenn Firmen ihre Produkte gratis zur Verfügung stellen) und darüber hinaus verhilft es einem Film, **realistischer** zu wirken, wenn darin alltägliche Markenprodukte vorkommen, meint Maslin (vgl. Segrave, S.166).

---

[72] Um ihr Produkt in einem Film – in einem positiven Umfeld – positionieren zu können, mussten und müssen Firmen nicht unbedingt Bargeld an den Produzenten zahlen. Oft sind es Gratisprodukte (Autos, Zigaretten, Cola für die Crew) oder Dienstleistungen wie Partys, Übernachtungen im Gegenzug für Hotelkettenschilder im Hintergrund einiger Szenen oder freier Transport, wenn dafür zB die spendable Fluglinie im Film vorkommt (vgl. ebd.).

7.5.1 Filmographien der Handyhersteller

So geschickt oder plump PP auch geschieht, ist es interessant zu sehen, welche offiziellen Filmographien der wichtigsten Handyhersteller – jeweils als Produktionsfirma oder Verleihfirma – im Internet (vor allem auf imdb.com) zu finden sind:

7.5.1.1 Nokia

Diary of the Dead (2007) ... Cellular Phones
Antares (2004) ... Widmungen und Dankeschöns
The 70th Annual Nokia Sugar Bowl (2004) (TV) ... Sponsoring
The Rage in Placid Lake (2003) ... Widmungen und Dankeschöns
Laurel Canyon (2002) ... Besonderer Dank
Ich hab doch nur meine Frau zerlegt (2000) ... Cellular Phones
Live 8: A Worldwide Concert Event Presented by Nokia (2005) (TV) ... Sponsoring
Liberty Stands Still (2002) ... The Filmmakers Would Like To Acknowledge The Assistance Of (als Nokia Mobile Phones)
Dinner Rush – Killer zum Dessert (2000) ... Cell Phones Provided By
Letzte Ausfahrt Hollywood (2000) ... Cellular Phones
Mein Leben auf zwei Wegen (1999) ... With The Cooperation Of

7.5.1.2 Motorola

Pretty Cool Too (2007) ... Besonderer Dank (als Motorola Phones)
Essential Gorillaz (2006) ... Funding
"Scream Team" (2002) ... With Thanks To
Monster's Ball (2001) ... Widmungen und Dankeschöns
Neun Pforten, Die (1999) ... Besonderer Dank
Burnout (1999) ... Widmungen und Dankeschöns
Friends & Lovers (1999) ... Besonderer Dank
"Vendetta" (1995) ... Widmungen und Dankeschöns
Cooler Sommer (1993) ... Thanks To
Ha ett underbart liv (1992) ... Mobile Communication
Täcknamn Coq Rouge (1989) ... Besonderer Dank

"Wild On...: Wild on Fortaleza" ... Mobile Phones Provided By
Snake (2003) (VG) ... Produktionsfirma
Ten Dead Men (2007) ... Mobile Phones Provided By
"Scream Team: UFOs on Ilkley Moor (#1.5)" (2002) ... With Thanks To
... aus USA und GB sowie ein französischer Film:
Möchte-Gern-Väter, Die (1990) ... Widmungen und Dankeschöns

7.5.1.3 Ericsson

1. Dangerous Connection (2001) ... Product Placement Provided By
2. Matrimoni (1998) ... Widmungen und Dankeschöns

7.5.1.4 LG Electronics

Hot Fuzz - Zwei abgewichste Profis (2007) ... With Thanks To
"The Con Test" (2007) ... The Producers Wish To Thank
The Final Cut (2004) ... Besonderer Dank

7.5.1.5 Samsung

Dil Maange More!!! (2004) ... Besonderer Dank
Swimming Pool (2003) ... Widmungen und Dankeschöns

In diesen Filmen spielten die Hersteller also eine Rolle ... Auch der Netzbetreiber T-Mobile nutzt die Chance der Leinwand als bzw. für Werbung:

7.5.1.6 Netzbetreiber T-Mobile

"Project Runway: Finale: Part 2 (#4.14)" (2008) ... Phone Service Furnished By u. v. a.
Broken Flowers (2005) ... Besonderer Dank

In dieser Liste fehlt zB noch der für diese Arbeit analysierte Film „Die Super-Ex" (My Super Ex-Girlfriend, USA, 2006), in dem „T-Mobile" in Großaufnahmen des Handys sehr gut auf diesem lesbar ist.

7.6 Telefonsituationen im Film

„Schon aus Gründen der Verständlichkeit und Glaubwürdigkeit der dargestellten Kommunikationen wäre es zumindest seltsam, wenn Filmtelefonate ganz anderen Regeln folgen würden" (Debatin, 1991, S.31) als Telefonate in der Realität. Seine These ist daher, dass die Regeln und Störungsformen der realen Telefonanwendung (meist intuitiv, manchmal bewusst) als Konstruktions- und auch Interpretationsvorlage für fiktionale, filmische Nutzungsarten verwendet werden (vgl. ebd.).

„Tage wie dieser" (Days like this, USA, 1996) ist laut Köhler (2000, S.125) einer *der* Handy-Filme. Die Kinder vertauschen die Mobiltelefone der Erwachsenen, sodass die beiden Streithähne nicht voneinander loskommen, bis die Geräte zurückgetauscht sind. „Außerdem erfährt jeder einiges über den anderen anhand der eingehenden Anrufe […] Im Umgang mit dem Telefon spiegelt sich […] der Charakter der Personen wider. Das Handy ist für den Kontroll-Freak Melanie ein wichtiges Instrument zum Organisieren, Verabreden, Hilferufen. Sie führt private Anrufe mit ihrer Mutter und ihrer Schwester, in denen es aber immer auch um das Organisieren der Kinderbetreuung geht. Jack, der bekannte und umstrittene Kolumnist einer New Yorker Tageszeitung, führt im Film überhaupt keine Privatgespräche. Das Telefon ist für ihn ein reines Arbeitsgerät und ein sehr wichtiges dazu" (Köhler, 2000, S.125f.).

Telefone spielen in Journalistenfilmen eine zentrale Rolle (zB in „His Girl Friday" USA, 1940 sowie in „The Insider", USA, 1999), da sie für diesen Beruf ein elementares Arbeitsinstrument darstellen. Ein weiteres besonders telefonorientiertes Genre ist der Gangsterfilm (vgl. Köhler, 2000, S.127).

7.6.1 Kommunikationsstörungen und -abbrüche im (Film-)Telefonat

Durch alle möglichen Störungen[73] droht ein Abbruch (oder ein Nichtzustandekommen) eines Gesprächs, was „als *„Risiko der Kommunikation"* seit den ethnomethodologischen Studien bis hin zur sozialen Systemtheorie prominenter Gegenstand der

---

[73] Das Telefongespräch verläuft anders als ein Face-to-face-Gespräch, da zB die nonverbalen Anteile (wie Blicke, Gestik, Mimik – außer beim Videotelefon) herausgefiltert werden. Das Telefonat stellt einerseits einen prototypischen Fall dyadischer Kommunikation dar, andererseits bringt es als technisierte Kommunikation spezifische Einschränkungen mit sich, die der eigenen Betrachtung bedürfen (vgl. Debatin, 1991, S.16).

kommunikationstheoretischen Analyse" (Debatin, 1991, S.16) ist. Debatin[74] spricht hier vor allem von Störungen und Missverständnissen *während des Gesprächs* und vermutet, dass das Telefonat im Film als Metapher für die alltäglichen Organisationsleistungen der Kommunikation, aber auch für ihre negativen Seiten steht. Er sieht seine Vermutung unterstützt dadurch, dass seit den Anfängen des Kinos sich das Telefon(at) „durch außerordentliche Präsenz und selbstverständliche Verwendung im Film auszeichnet. Hieraus läßt sich die Arbeitshypothese gewinnen, daß das filmische Telefongespräch neben der Weiterführung der filmischen Handlung und der Informationsvermittlung (was beides auch anders möglich wäre) vornehmlich mit der *Thematisierung von Kommunikation* und ihrer *Störungen* zu tun hat" (Debatin, 1991, S.16f.). Das Telefonat (bzw. das Handy) scheint ein geeignetes (wenn nicht *das*) Standardmittel zu sein, um die Schwierigkeiten und den Eigensinn von Kommunikation und Verständigung im Film zu thematisieren, zu ironisieren und kathartisch zu verarbeiten und um Konflikte und Versöhnungen darzustellen. An den Problemen der Kommunikation „lässt sich die (Zer-)Störung der Zwischenmenschlichkeit ablesen", meint Debatin (1991, S.22) und geht dabei besonders auf die Umstände und Inhalte der Telefonate ein. Die Autorin dieser Arbeit geht davon aus, dass nicht nur das Telefonat, sondern das Telefon selbst, das Handy und dessen Funktionen und die Art und Weise dessen Gebrauchs an sich, im Film diese Thematiken aufwerfen kann. Hans Jürgen Wulff (1991) geht es um die verschiedenen Funktionen des Telefons im Film: die Aushandlung von sozialer Beziehung, Situationsdefinition und Konstruktion lebensweltlicher Realität, Demonstration von Macht und Ohnmacht, das Aufbrechen der Privatsphäre durch den Zwang der Erreichbarkeit, um Voyeurismus und technische Störungen. Strukturelle Momente wie diese kennzeichnen auch die Komplexität des Themenkreises um das Handy im Film. Um die Problematik des 24-Stunden-Jobs und der ununterbrochenen Erreichbarkeit aufzuzeigen, reicht es (der Meinung der Autorin der Arbeit nach), wenn im Film sicht- oder hörbar gemacht wird, dass jemand ständig von der Firma angerufen wird. Es genügt, im Film zu zeigen, dass jemand anonyme Anrufe bekommt, um das Problem des Telefonterrors zu thematisieren.

---

[74] Die von Debatin (1991) herausgegebenen Texte behandeln das Telefon, nicht das Mobiltelefon, lassen sich großteils aber gleichermaßen darauf anwenden/umlegen. Darüber hinaus geht es in seinem Band in erster Linie um eine *systematisch-theoretische* Aufarbeitung des Phänomens Filmtelefonat (bis zu allgemeinen Strukturen dialogischer Kommunikation) und zweitens um *filmspezifische* Fragestellungen (dramaturgische/erzählerische, szenische und ikonographische Probleme). In meiner Arbeit ist das Interesse aber auf das Handy gerichtet, auf seine technischen Möglichkeiten und seinen Einsatz in Film vs. Realität.

Störungen des Telefonats (oder Störungen durch einen Anruf!) im Film stiften eine doppelte Identifikationsmöglichkeit für den *Zuschauer*: „Die Alltagserfahrungen des Zuschauers mit Störungen und Abbrüchen von (Telefon-)Kommunikationen lassen sich als Übertragungsmedium nutzen, ziehen so den Zuschauer einerseits in die Handlung mit hinein und reflektieren andererseits implizit auch seine eigene mediale Rezeptionssituation – nämlich keinen Einfluß auf die Kommunikation (im Film) nehmen zu können" (Debatin, 1991, S.39). Nebenbei bemerkt: Für Filme nicht unwesentlich ist der spannungssteigernde und emotionalisierende Effekt von Kommunikationsabbrüchen und -störungen, u. a., weil sie vom betroffenen Kommunikationspartner schlecht beeinflusst werden können. Aufgrund der Technisierung kann die Kommunikation (oder der Versuch zu dieser) einseitig und ohne Interventionschancen des anderen aufgehoben werden (vgl. Debatin, 1991, S.39). Aber: Das Nichtannehmen eines Anrufs oder das Auflegen zum Beenden eines Gesprächs sind Möglichkeiten, die prinzipiell beiden Teilnehmern zur Verfügung stehen; allerdings zu unterschiedlichen Zeitpunkten.

7.6.2 Höflichkeit/Intimität/Geheimhaltung

„Das Telefongespräch genießt einen besonderen Intimitätsschutz: Wenn einer telefoniert, geht der andere aus dem Zimmer hinaus oder vermeidet es zumindest, allzu offensichtlich zuzuhören" (Köhler, 2000, S.127). Es gilt als grobe Unhöflichkeit, auf ein mitgehörtes Gespräch Bezug zu nehmen, weshalb in „Tage wie dieser" Melanie und Jack, in einem Taxi eingezwängt und gezwungen, das Gespräch des anderen mitzuhören, sich gegenseitig beleidigen können. Die Regeln der Höflichkeit verlangen, dass Jack so tut, als habe er die indignierte Zeile nicht gehört; und er reagiert mit derselben Doppelbödigkeit (vgl. Köhler, 2000, S.127f.).

„Telefonieren als intime Praxis – das bedeutete also bisher Abschirmung gegenüber der Öffentlichkeit; Diskretion, bis hin zur Geheimhaltung. Nicht umsonst ist das Abhören von Telefongesprächen ein brisantes politisches Thema und ein beliebtes Sujet in Spionagefilmen" (Burkart, 2007, S.69).

Karasek (1997, S.118f.) schreibt auffallend oft dem (Zweit-)Handy als Instrument zum Fremdgehen und Ehebrechen optimale Qualitäten zu, da man über heimliche

Handyverbindungen direkt mit dem oder der Geliebten in Kontakt treten kann und nicht erst unter falschem Namen im Büro oder am Festnetz zuhause anrufen muss.

7.6.3 Wahrnehmungs- und Kommunikationsraum

Wahrnehmungs- und Kommunikationsraum fallen beim Telefonieren normalerweise auseinander: Anrufer und Angerufener können einander nicht sehen. Besonders bei Handygesprächen stehen die Räume des einzelnen nicht mehr fest, weshalb Telefonate so häufig mit der Frage „Wo bist du gerade?" beginnen und hin und wieder mit einem „Ich leg jetzt auf, ich sehe dich schon!" enden (vgl. Köhler, 2000, S.129).

„Der erste Film, der menschliche Kommunikation vollständig auf die Ebene von Telefon und Handy verlegte, war wohl HIER SPRICHT DENISE (Denise Calls Up, USA 1995)" (Köhler, 2000, S.130). Sieben Freunde telefonieren miteinander über Telefonzelle, schnurlose Apparate und Handys – immer, ohne einander je zu sehen. Der Film handelt von „einer Virtualisierung der interpersonellen Beziehungen, für die die Unmittelbarkeit der Begegnung keine zentrale Bedeutung mehr hat" (Köhler, 2000, S.130).

„Die Hauptbedeutung des Telefons liegt zunächst darin, daß es räumlich voneinander getrennte Individuen miteinander kommunizieren läßt. […] Diese durch die Technik der Telekommunikation ermöglichte Fähigkeit, wird gleichsam zur *Gabe der Allgegenwärtigkeit*" (Lemaitre, 1991, S.50).

7.6.4 Statussymbol

„Das Handy erlebte eine kurze Phase, in der es als Statussymbol angesehen wurde – **im Film so wie im Leben**. Diese Phase ist offensichtlich inzwischen vorbei, das Handy wird als scheinbar notwendiges Übel geduldet oder sogar als lästig oder angeberisch empfunden" (Köhler, 2000, S.136, Hervorhebung v. d. Verfasserin d. DA). „Das Handy ist längst nicht mehr beliebt, sein Besitz schafft längst kein Ansehen mehr […] jeder denkt, dass der Besitzer damit „Wichtig! Wichtig!" spielt", ärgert sich Karasek (1997, S.72) schon zu Beginn des Handy-Booms.

„Ein Film aus der Hochphase des Handys ist CLUELESS – WAS SONST! (Clueless, USA 1995), die Geschichte zweier 16-jähriger Mädchen auf einer High School in Beverly Hills, die man durchaus auch als Parodie auf die Teenie-Fernsehserie BEVERLY HILLS, 90 210 sehen darf. Cher und Dionne bestimmen, was „in" ist und was nicht. „Das Handy dient hier als eine Art modischer Code. Eine Funktion, die auch die Mode- und Accessoire-Industrie bedient mit der Produktion bunter Deckschalen und modischer Handy-Täschchen" (Köhler, 2000, S.136). Die beiden Mädchen telefonieren von Klassenzimmer zu Klassenzimmer und hören damit nicht einmal auf, als sie sich im Flur begegnen und nebeneinander hergehen (vgl. Köhler, 2000, S.137). Wie oben erwähnt, fallen Wahrnehmungs- und Kommunikationsraum beim Telefonieren normalerweise auseinander, in diesem Extremfall aber nicht.

In „Workaholic" (D, 1995) gehört das Handy ebenso zum schicken Lifestyle eines Yuppies (Tobias Moretti) wie seine ausgefallene Wohnungseinrichtung (vgl. Köhler, 2000, S.137). In diesem Film läuten Telefone und Handys fast ununterbrochen.

7.6.5 Handyhorror vs. Erreichbarkeit

„Wer vorgibt, immer erreichbar sein zu müssen, demonstriert damit seine Wichtigkeit. Das kam schon beim Festnetz-Telefon zum Tragen: In Woody Allens MACH'S NOCH EINMAL, SAM (Play it again, Sam, USA 1972) stürmt Dick Christie (Tony Roberts) in jeder neuen Situation an das nächsterreichbare Telefon und gibt seinem Büro die Nummer durch, unter der er nun erreichbar ist. Ein *running gag* des Films, denn kein einziger ruft ihn jemals an. Im Handy-Zeitalter muss niemand mehr durchgeben, wo er erreichbar ist – mit dem mobilen Telefon ist er überall zu sprechen" (Köhler, 2000, S.135f.). „Und heute müsste Dick als Handy-Besitzer die Erfahrung machen, dass das schnurlose Telefon nicht nur beliebt und nicht nur glücklich macht. Im Gegenteil: das Handy ist auch ein Handycap" (Karasek, 1997, S.67).

Das Telefon als Medium, das Meldungen oder die Kunde von Gefahr von draußen herein und den Ruf nach Hilfe hinaus trägt, ist in Horrorfilm und Thriller ein beliebtes, oft eingesetztes dramaturgisches Mittel – ebenso das Durchschneiden der Telefonschnur als Bild der Bedrohung und des Isoliert-Seins (vgl. Köhler, 2000, S.138). „Horror und Thrill haben durch das Handy einerseits verloren. Da ist keine Telefonschnur mehr, die man durchschneiden kann. Hilfe herbeizurufen, ist mit dem Handy im Prinzip immer möglich, wenn der Akku des Gerätes aufgeladen ist" (Köhler, 2000, S.140). „Nicht von ungefähr musste der amerikanische Independent-Hit des Jahres 1999, BLAIR WITCH PROJECT, in die **noch Handy-freie Zeit des Jahres 1994** zurückdatiert werden" (Köhler, 2000, S.140, Hervorhebung v. d. Verfasserin d. DA). Romeo und Julia – auch dieses Stück ist (wie auch von der Autorin dieser Arbeit eingangs erwähnt) nicht ins Handyzeitalter zu übertragen, worum sich allerdings moderne Regisseure einfach nicht scheren, die die Liebenden Cola trinken lassen, wendet Karasek (1997, S.123) ein.

In „Mission Impossible 3" (D-USA, 2006) findet das Handy des Agenten (Tom Cruise) im entscheidenden Augenblick in der Großstadt kein Netz. Nichterreichbarkeit ist hier das Problem (aber gleichzeitig auch die Notwendigkeit für den dramaturgischen Spannungsbogen).

Andererseits hat Horror durch das Handy auch gewonnen: Im österreichischen Gruselfilm „In 3 Tagen bist du tot" (Ö, 2006) spielen SMS mit bedrohlichem Inhalt eine tragende Rolle. Und in „Scream – Schrei, wenn du kannst" (USA, 1998) erlaubt das Handy dem Killer, vom Garten aus sein Opfer zu beobachten und so die Macht des anonymen Anrufers zu demonstrieren (vgl. Köhler, 2000, S.140). Im Film hat die Immunität, die Anonymität des Anrufers, manchmal das zusätzliche Privileg, den Gesprächspartner ohne dessen Wissen beobachten zu können (wie zB im Thriller) (vgl. Lemaitre, 1991, S.51).

7.6.6 Anonymität/Unbekannter Anrufer

Die Möglichkeit der Anonymität des (Festnetz-)Telefons spielt in „Telefon" (USA, 1988) eine große Rolle. Whoopi Goldberg sitzt den ganzen Film über in ihrer Wohnung und telefoniert, wobei sie als arbeitslose Schauspielerin stimmlich ihre Identität wechselt, von einer Inderin bis zu einer Chinesin (vgl. Köhler, 2000, S.132). „Der Paradefall des unbekannten Anrufers ist indes der Telefonsex" (Köhler, 2000, S.133).

Im Thriller „Kaliber Deluxe" (D-Ö, 1999) gerät ein sich unerlaubt im Ferienhaus aufhaltender, sich versteckender Junge in Gefahr, gerade weil er ein Handy in der Tasche hat und das Klingeln von den Gangstern gehört werden könnte. Das Rettungsgerät wird ihm zum Verhängnis (vgl. Köhler, 2000, S.138ff.).

„Das Telefon selbst kann schließlich – ganz physisch – zu einer Bedrohung werden. In dem TV-Film DER HANDYMÖRDER (BRD 1998) versuchen ausgebildete Killer, einen verurteilten Stasi-Mann durch diffusen Terror freizupressen, u. a. mit Hilfe eines zur Bombe umgebauten Handys […]" (Köhler, 2000, S.140). Und in einem kanadischen Thriller namens „Tod aus dem Telefon" (1991) hat ein Bastler eine Apparatur gebaut, mittels derer tödliche Stromstöße durch das Telefon gejagt werden (vgl. Köhler, 2000, S.140).

7.7 Festnetztelefon im Film

„Der Kauf von Musikanlagen, Fernsehern und Plattenspielern für die neuen Wohnstuben gehörte zum Prestige der Erfolgreichen. Symbolische Leitbildfunktion erhielten das Auto und das Telefon gleichermaßen über den Film. Kaum ein amerikanischer Film aus den 40er oder 50er Jahren kam ohne das dramaturgische Mittel des Telefons aus, das zum Synonym für eine moderne „freiheitliche" Welt wurde" (Museumsstiftung Post und Telekommunikation, Telefone 1863 bis heute, 2001, S.144, zit. in Köchler, 2003, S.78). Im Folgenden soll u. a. untersucht werden, ob im Film das Handy das Festnetztelefon inzwischen verdrängt hat. In der Realität gibt es die Tendenz dazu bereits seit Jahren[75].

7.8 Der Spielfilm als Spiegel der Gesellschaft

Komödien und Satiren machen oft Veränderungen in der Gesellschaft und groteske Zwänge und Entwicklungen in der Handhabung neuer Techniken deutlich. „Filmsatiren haben eine starke Wirkung, wenn sie der Gesellschaft einen schonungslosen Spiegel vorhalten. Mit ihren Übertreibungen heben sie Züge des Alltags heraus, die in dessen selbstverständlichem Ablauf kaum bemerkt werden können" (Blothner, 2003, S.178).

„Narrative Fiktionen im Film […] existieren nicht in einem Vakuum, sondern sind Teil eines dynamischen sozialen und ökonomischen Prozesses; sie spiegeln die Gesellschaft, in der sie entstehen, nicht einfach ab, sondern kommentieren sie und erhellen dadurch oft, was in der Gesellschaft verborgen oder verdrängt ist" (Kaes[76], 1991, S.335).

---

[75] siehe auch Kapitel Keine Konkurrenz – Festnetz
[76] Kaes (1991) meint damit auch Produktions- und politische Bedingungen bei frühen deutschen Filmen. Laut Kaes (1991, S.329) wird „Filmgeschichte" in den Arbeiten von Ulrich Gregor, Enno Patalas, Jerzy Toeplitz oder David Cook als synoptische Übersicht über die internationale (meist aber nur europäische und amerikanische) Filmproduktion verstanden. Trotz gelegentlicher Hinweise auf politische und soziale

„Der Film spiegelt Gesellschaften und provoziert Interaktionen. […] In jedem Film steckt ein Abbild der Gesellschaft, so, wie sie vom Publikum verlangt und gewünscht wird" (Kaltenbacher, 1998, S.10). „Der Film bietet sich als ein anschauliches Zwischenstück für die Analyse des Seelischen an. Er ist ein für jeden zugängliches Medium und kann den Sinn für die unbewusste Morphologie des Lebens schärfen […] Aber nur, wenn wir den Film methodisch anhalten […] denn im Dunkel des Kinos fesselt er uns mit packenden Erlebnisfolgen, die den Einblick in deren Zusammenhänge verstellen" (Blothner, 2003, S.10).

7.8.1 Kino als Fenster zur Welt

André Bazin prägte den Begriff vom Kino als Fenster zur Welt (vgl. Furler, 1996, S.107). Erich von Stroheim (zit. in Furler, 1996, S.20) sagt zum Verhältnis von Film und Realität: „Film ist das einzige Mittel, das Leben wiederzugeben, wie es ist". Winkler (2002, S.11f.) hingegen fasst zusammen: „Kino ist nie Wirklichkeit gewesen, und selbst da, wo es das reine Elend zeigt […], glänzt dieses Elend gar künstlich". Doch es wird oft hart daran gearbeitet, Szenen real erscheinen zu lassen und sie der Wirklichkeit anzunähern. Einmal bezeichnet Winkler Kino als „ein Leben nur aus zweiter Hand" (Winkler, 2002, S.75). „In der Hl. Schrift gibt es an exponierter Stelle, im Dekalog, ein strenges Bilderverbot, das […] allen bildlichen Darstellungen streng absagt. Mit Bildern […] kann einem die Welt nicht mehr nur erklärt werden, sie geht einem womöglich von allein auf. Vor allem gewähren sie eine Anschauung von unserer, der diesseitigen Welt, die nun einmal nicht die wirkliche sein darf" (Winkler[77], 2002, S.76). Vogler (zit. in Furler, 1996, S.95) nennt, „was im Kino alltäglich ist: die Vortäuschung von Realität. Eine fiktive Handlung ist ja nur dann glaubwürdig, wenn sie realistisch ist. Deshalb muss jedes Detail so authentisch wie möglich wirken, von der Ausstattung bis zu den Kostümen". „Der Film ist die wirklichkeitsnaheste Kunst. Nun weiß doch jedermann, wie oft Filme unnatürlich sind. D. h. die Wirklichkeit nicht so zeigen, wie sie ist. Da ist dann ein höherer Begriff von Wirklichkeit im Spiel" (Arnheim, 1932, S.182, zit. in Kuchenbuch, 2005, S.120). An anderer Stelle beschreibt Kuchenbuch (2005, S.111), wie sehr Rezipienten eines Spielfilms eintauchen in den gezeigten „Lebensausschnitt" und das vermittelte Lebensgefühl quasi

---

Bedingungsstrukturen erscheint hier Filmgeschichte vor allem als eine Chronik der für eine Epoche charakteristischen Regisseure und deren wichtigster Filme, die kurz inhaltlich und stilistisch beschrieben werden. Was fehlt, ist der Blick auf die spezifischen, historisch sich wandelnden Zusammenhänge von Gesellschaftsstruktur und Filmstil, von filmischer Form und sozialer Funktion.

„miterleben". Die Person taucht in eine Als-ob-Wirklichkeit ein. Auch durch die technische Weiterentwicklung der elektronischen Bildbearbeitung (von nicht mehr erkennbaren Retuschen bis zu digitalem Kino und hochauflösendem Fernsehen) suggeriert der Fernsehschirm noch stärker als bisher, er sei das „Fenster zur Welt". Der Realitätsschein wird perfektioniert (vgl. Hickethier, 2007, S.212). „Als Bert Brecht und Hanns Eisler in Hollywood als Drehbuchautoren beschäftigt waren, klappten sie nachmittags regelmäßig die Tische hoch mit dem Satz: „Gehen wir Sozialstudien machen." Sie gingen ins Kino" (Winkler, 2002, S.104f.).

7.8.2 Filmanalyse im sozialen Kontext

Ende der 60er Jahre entwickelte sich eine spezielle Semiotik des Films, die sich auf zwei neue Aspekte konzentrierte. Der Film wurde als ein Text betrachtet, der nicht die Wirklichkeit abbildet, sondern mittels Zeichen Bedeutungen produziert; d. h. Bilder und Worte waren keine neutralen Vermittler einer vorgegebenen Wirklichkeit, sondern sie schufen spezielle Filmwirklichkeiten (vgl. Winter, S.23ff., zit. in Kaltenbacher, 1998, S.21). Seit den 80er Jahren ist Bewegung in die Filmwissenschaft gekommen – Detailuntersuchungen zur Filmgeschichte zeigen das Potenzial, das in der Verknüpfung von Kulturgeschichte, Sozialhistorie, Filmtheorie und textueller Einzelanalyse liegt (vgl. Kaes, 1991, S.331).

Die (neue) Kulturgeschichtsschreibung, die an amerikanischen Hochschulen unter Begriffen wie „New Cultural History" oder „Symbolic Anthropology" diskutiert wird, geht davon aus, dass „Fiktionen – Literatur ebenso wie Film – nicht nur eine gesellschaftlich-historische Wirklichkeit spiegeln (und qua ihres Kunstwerkcharakters als von der Wirklichkeit abgehoben gelten), sondern selbst Teil dieser Wirklichkeit sind, indem sie in Debatten intervenieren, Meinungen beeinflussen und bilden" (Kaes, 1991, S.331). Die neue Kulturgeschichte plädiert daher für eine Deutung des Films innerhalb seines (gesellschaftlich-historischen) Kontextes, wobei dieser nicht als Hintergrund fungiert, sondern selbst zum Gegenstand der Analyse wird (vgl. ebd.). Kaes (1991, S.332) vertritt die Meinung, dass „jeder Film als Schaltstelle und Umschlagsort angesehen werden kann für Diskurse, die zu einem Zeitpunkt relevant waren". Ein Film nimmt „Diskurse, die *vor* dem Film schon da waren und auch unabhängig vom Film existieren, selektiv auf […]" (Kaes, 1991, S.332).

7.8.3 Filmsoziologie

„Gegenstand der Filmsoziologie ist Filmgeschehen als eine der Voraussetzungen für und als eines der Ergebnisse von Interaktionsprozessen, die das Verhalten von Menschen einer gegebenen Gesellschaft ausdrücken, einschränken und/oder ergänzen" (Haselauer, S.11, zit. in Kaltenbacher, 1998, S.10f.). Ruggle (zit. in Furler, 1996, S.91) meint: „Kino kann […] uns mit Menschen konfrontieren, die wir zu kennen glauben, unseren Alltag dokumentieren". Viele Filmereignisse jonglieren mit essenziellen Grundbedürfnissen und Grundwerten menschlicher Existenz, was Filmsoziologen „Muster und Prinzipien in Filmen" nennen: Menschen erkennen sich und ihre Probleme in Filmen und Filmfiguren wieder, identifizieren sich und stillen ein Bedürfnis über fiktive Bilder. In der Filmsoziologie ist daher der Terminus für den Hauptdarsteller bezeichnenderweise „Musterträger" (vgl. Kaltenbacher, 1998, S.12).

7.8.3.1 Identifikation und soziale Muster im Film

Identifikation findet statt, wenn der Film beim Rezipienten etwas auslöst: Entweder der Rezipient empfindet die Situation der Filmfigur vergleichbar mit der eigenen, oder der Zuseher strebt die Situation der Filmfigur an (vgl. Haselauer, S.87, zit. in Kaltenbacher, 1998, S.45f.). Im Zusammenhang mit Casablanca spricht Winkler von möglicher Filmrealität und der Vorbildwirkung eines Filmstars: „Im Sinne der höheren Wahrheit aber, wie sie im Kino und nur dort verkündet wird, liefert […] Bogey hier ein Vorbild, dem nachzueifern gilt. Er gibt eine überlebensgroße Vorstellung von dem, wie es im Leben zugehen könnte […]" (Winkler, 2002, S.50). Nach Haselauer (S.77, zit. in Kaltenbacher, 1998, S.36ff.) unterscheidet man drei große Teilbereiche von sozialen Mustern im Film:

1. Muster sind menschliche Verhaltensweisen, die über den Einzelfall hinausreichen. In diesen Bereich fällt, wie man sich im Alltag zu benehmen hat, um nicht aufzufallen.
2. Muster sind (erfüllbare oder unerfüllbare) Sehnsüchte, Wünsche, Bedürfnisse, die über den Einzelfall hinausreichen. Diesen Vorgang nennen Filmsoziologen den Wunsch nach Identifikation.
3. Muster aus Sozialisationsprozessen

Zusammenfassend lässt sich sagen, dass soziale Muster hoch akzeptierter Filmereignisse erstens überindividuellen sozialen Erfahrungen entsprechen und zweitens psychophysische/evolutionäre Grundbedürfnisse decken. Drittens sind soziale Muster daher Aussagen über Mängel in Sozialsystemen (vgl. Kaltenbacher, 1998, S.40).

Der fiktionale Film kann zu Diskursen und angeschnittenen Problemen, die er behandelt, Lösungen anbieten, die in der Realität nicht möglich sind bzw. als kriminell, abartig, unlogisch oder märchenhaft abgetan werden – und sei es nur der Wunsch bzw. die Lösung im Film, dass das störende Handy endlich leise ist und es deshalb in ein Wasserglas getaucht wird: „Diese Freiheit besitzt der Film, gerade *weil* er Fiktion, das heißt phantastisch ist und sich über das Realitätsprinzip erheben kann. So haben selbst unkritische Unterhaltungsfilme oft eine kompensatorische, ungewollt kritische Funktion: sie zeigen etwas, was im Leben außerhalb des Kinos fehlt und „in Wirklichkeit" nicht zu haben ist. Ein Studium der filmischen Fiktionen zu einem Zeitpunkt ermöglicht somit einen Blick in die geheime Geschichte der kollektiven Wünsche, Ängste, Hoffnungen und Träume. Filme schreiben die ungeschriebene Geschichte eines Volkes" (Kaes, 1991, S.332).

(Bildquelle: http://de.wikipedia.org/wiki/Mobiltelefon, November 2008)

EMPIRISCHER TEIL

8. Untersuchungsdesign der Filmanalyse

Das Handy im Kino – die Untersuchung dieser Überschneidung ist gewissermaßen kommunikationswissenschaftliches Neuland. Der empirische Teil dieser Arbeit soll dazu beitragen, systematische Zusammenhänge zwischen dem Handy im Film und realer Handynutzung bzw. dem technischen Fortschritt des Handys in Film und Wirklichkeit zu stiften. Der Fokus meines Forschungsinteresses liegt auf der technischen Entwicklung des Mobiltelefons und darauf, wie und wann das Kommunikationsmedium der Alltagswelt in das Massenmedium Kinofilm Einzug gefunden hat. Ein sich daraus ergebender Schwerpunkt ist die vergleichende Analyse[78] von Funktionen und Gebrauchsweisen des Mobiltelefons im Film und in der Realität: „Funktionen und Gebrauchsweisen des Telefons in der „realen" Welt greifen über in die Sphäre des Films und lassen sich von dort aus wieder rückübertragen: Indem man filmische Telefonate untersucht, geben sich auch Strukturen, Funktionen und Bedingungen des Telefonierens außerhalb des Films zu erkennen. So können durch die Untersuchung der Strukturen filmischer Kommunikation die kommunikativen Organisationsformen der sozialen Realität sichtbar werden" (Debatin/Wulff, 1991, S.10).

8.1 Erkenntnis- und Forschungsinteresse, Untersuchungsmethode und -material

8.1.1 Zielsetzung der Untersuchung

Ziel der Arbeit ist es, einen kleinen Forschungsbeitrag zu leisten, um die Mobilkommunikation im Alltag und im Spielfilm zu beleuchten und deren Einfluss auf unser Leben aufzuzeigen. Die Intention ist daher, im theoretischen Teil einen Überblick über die technische/geschichtliche Entwicklung des Handys, dessen Funktionen und

---

[78] Nicht untersucht wird, worüber Handynutzer sprechen, was sie sagen sowie die formale filmische Umsetzung. Außer Acht gelassen werden in dieser Arbeit dramaturgische oder formale Merkmale wie der Inhalt des Telefongesprächs oder der Textmitteilung sowie die filmische Umsetzung; ob split-screen oder ein anderes filmspezifisches Stilmittel verwendet wird, um Gleichzeitigkeit zu zeigen, ist nicht Gegenstand der Untersuchung. Der *Kommunikationsmodus* des Telefonats ist auf soziologischer Ebene eingehend untersucht worden (vgl. dazu Beiträge von Wulff, Hans J. u. a.). Auch über das Handy gibt es bereits Studien zum Telefonierverhalten, sodass hier nicht näher auf das Gespräch selbst eingegangen werden muss. Natürlich wäre ein Vergleich darüber und das Verhalten im Film auch nicht uninteressant, würde aber den Rahmen dieser Arbeit sprengen, in eine ganz andere Richtung führen.

Nutzung in seinen ersten 10 Jahren zu geben. Im empirischen Teil möchte ich darlegen, wie und wann das Handy ins Kino kam, wie es dort benutzt wird und ob (und welche) Rückschlüsse sich daraus ziehen lassen auf die reale Handynutzung, auf den Gebrauch (der Möglichkeiten) des Handys im „realen" Alltag. Mein Erkenntnisinteresse liegt vor allem in der Untersuchung der spezifischen Eigenschaften des Handys und seines Gebrauchs im Film, was in „aktuellen" Spielfilmen untersucht werden soll. D. h. in Filmen, die seit der Erfindung bzw. Markteinführung des Mobiltelefons bis Ende 2007 gedreht worden sind und in der Gegenwart/Neuzeit oder Zukunft spielen (und auf DVD erhältlich sind). Zwar wurde bereits 1940 das erste Handy Talkie in den USA präsentiert, ein schweres, aber tragbares Funkgerät, das senden und empfangen konnte (vgl. Reischl, 1998, S.17f.), aber was wir heutzutage unter einem Handy verstehen, gelangte erst später auf den Markt. Das Handy, wie wir es kennen, feierte erst kürzlich sein 10-Jahre-Jubiläum. Im Rahmen der gesamten Arbeit, das heißt für die Sequenzanalyse und die Frequenzanalyse zusammen, wurden 65 Filme untersucht. Das (Festnetz-)Telefon wird in fast allen wissenschaftlichen Beiträgen als „das vernachlässigte Medium der Kommunikationswissenschaft" bezeichnet (vgl. Köchler, 2003, S.8). Dieses Schicksal soll dem Handy erspart bleiben, indem es bereits jetzt, in seiner Entstehungs-, Einführungs- und Entwicklungsphase untersucht werden soll.

Mit Hilfe zweier Methoden der Filmanalyse möchte ich Unterschiede und Übereinstimmungen zwischen Film und Wirklichkeit im Handygebrauch herausarbeiten. Um es mit den Worten von Wulff (1989, S.348) zu sagen: „Man untersucht Organisationsformen der sozialen Realität selbst, wenn man den formalen und sozialen Funktionen des Telefons im Film nachspürt". Weiters erlaubt die laborähnliche Situation der Telefonnutzung, über die cineastische Darstellung dieser, die Strukturen und Funktionen des Telefongebrauchs selbst zu thematisieren (vgl. Debatin, 1991, S.16f.). Man erfährt durch die Untersuchung „realer" Telefonnutzung nicht nur etwas über das Telefon im Film, sondern es zeigen sich auch umgekehrt durch die Analyse des Gebrauchs des Handys im Film die des realen Nutzungsverhaltens. „Vielleicht ist die letztere Perspektive sogar ergiebiger, da wir – gemäß einem alten ethnomethodologischen Postulat – die quasitranszendentalen Selbstverständlichkeiten unserer Alltagswelt erst durch ihre (hier: filmspezifische) Verfremdung in den Blick bekommen" (Debatin, 1991, S.17).

Die Funktion und Nutzung des Mobiltelefons und die spezielle Telefonsituation stehen also im Mittelpunkt. Wie sehen die Handynutzung und der Umgang mit diesem Medium im Film aus? Wulff (1989, S.360) behauptet, dass „in den Abweichungen und Störungen, in den Übertreibungen und Persiflagen […] strukturelle Momente" des Umgangs mit dem Telefon sichtbar werden, „die im alltäglichen Gebrauch oft nicht identifiziert werden können". In Komödien wird mit dem Handy oft überzeichnet umgegangen und werden Dinge damit angestellt, die im realen Leben selten in der Art vorkommen: Das Handy wird in ein Glas Wasser getaucht, überfahren, in den Mülleimer (weg-) oder über die Brücke geworfen …

8.2 Sequenzanalyse

8.2.1 Einheiten des Films – Einstellung und Sequenz

Ein Film ist ein großer, komplexer Text, der trotz seiner komplizierten Zeichenstruktur meist als organische Einheit erlebt wird. Das macht es schwierig, ihn angemessen zu analysieren. Er muss daher in methodisch bearbeitbare Elemente zerlegt werden. Eine Einstellung, durch zwei Schnitte oder Blenden begrenzt, gilt als kleinste sinnvolle Einheit eines Films. Die nächstgrößere Einheit ist die Filmsequenz, die verschiedene Einstellungen zu einer inhaltlich sinnvollen Einheit zusammenfasst. Die Bestimmung einer Sequenz kann durch individuelle Interpretationen Abweichungen mit sich bringen, wesentlich ist jedenfalls die inhaltlich-thematische Einheit (vgl. Gast, 1993, S.53). Auch Kuchenbuch (2005, S.34) hält fest, dass ein Filmstück, ein Filmsegment, also eine sinnhaft zusammenhängende Folge, eine „Sequenz" eines größeren Filmganzen ist.

8.2.2 Vorgangsweise und Systematik der Analyse

Die Systematik der Filmanalyse erfolgt teilweise nach Kortes (vgl. 2001, S.55) Vorschlag einer ersten kurzen *Inhaltsbeschreibung*, deren Darstellung bereits alle Aspekte beinhalten soll, die für die Analyse bedeutsam sind und der anschließenden *Problematisierung und Fragestellung*, d. h. einer ersten subjektiven Einschätzung und Darstellung der Auffälligkeiten. Wichtig ist laut Korte (2001, S.53) „eine Ergänzung der quantitativ-grafischen Darstellungen durch inhaltliche Stichworte, die eine unproblematische Referenz zu den jeweiligen formalen Elementen oder Handlungseinheiten des Films erlauben". Eine kurze Inhaltsdarstellung wird durch die Erfassung und Beschreibung einzelner Handlungsabschnitte, in denen das Handy oder Telefon eine Rolle spielt oder auch als Requisit einfach nur vorhanden ist, gegeben. Dem folgt eine formal-inhaltliche *Bestandsaufnahme* mit ausführlicheren Sequenzbeschreibungen und Handlungsdarbietungen, übergehend in die Feinanalyse ausgewählter Sequenzen und die *Analyse und Interpretation*, der Vergleich zum historisch-gesellschaftlichen Kontext. Korte schließt die Analyse mit einer *Verallgemeinerung*, einer Zusammenfassung der wichtigsten Ergebnisse und Bewertung – vom Einzelfall zum übergreifenden kulturellen und/oder gesellschaftlichen Zusammenhang.

Korte (2001, S.16) hält Folgendes fest: „Um für die Filmanalyse fruchtbar zu werden, müssen entsprechende Daten also qualitativ gewendet, interpretiert oder aber zu anderen, interpretatorisch gewonnenen Ergebnissen in Beziehung gesetzt werden".

8.2.3 Hilfsmittel der Analyse: Sequenzprotokoll und Sequenzliste

Ein Filmprotokoll als Hilfsmittel zur Analyse spezieller Sequenzen und Aspekte des Films ist sinnvoll und begründet, meint auch Hickethier (2007, S.34). Um die Verfügbarkeit des zu analysierenden Objekts – als Voraussetzung für die wissenschaftliche Auseinandersetzung – zu gewährleisten, ist ein Protokoll zwar wichtig, aber eher als ein informationsreduziertes Dokument zu betrachten. Die Konsumation des Films (der in den meisten Fällen als DVD in Fachhandel oder Verleih erhältlich ist) selbst ist schneller und besser als die mühsame Lektüre eines Protokolls.

Die Sequenzliste hat sich als reduziertes Protokollierungsverfahren bewährt (vgl. Hickethier, 2007, S.35). Sie erfasst den Film oder Ausschnitte davon in Sequenzen, also Handlungseinheiten. Diese Handlungseinheiten werden in der Regel „durch einen Ortswechsel, eine Veränderung der Figurenkonstellation und durch einen Wechsel in der erzählten Zeit bzw. der Erzählzeit markiert. In der Sequenzliste werden für die einzelnen Sequenzen Handlungsort sowie auftretende Personen festgehalten und in wenigen Sätzen das Geschehen beschrieben" (Hickethier, 2007, S.35).

Es ist wichtig, den Spielfilm „exemplarisch, an ausgewählten, für die jeweilige Fragestellung relevanten Einstellungen bzw. einzelnen Sequenzen im Detail

(Mikroanalyse) zu untersuchen" (Gast, 1993, S.53). Ein Sequenzplan kann schon in recht einfacher Ausführung sehr hilfreich sein: Nummer der Sequenz und Stichwort zum Sequenzinhalt schaffen eine Übersicht. Sequenzinhalte können in vielfältiger Weise differenziert dargestellt – zB in einer begleitenden Kommentarspalte sprachlich weiter ausgeführt – werden (vgl. Gast, 1993, S.53f.). Ein ausdifferenziertes Filmprotokoll (mit den Leisten Kamera, Sprache, Ton, Zeit etc.) ist für diese Arbeit weder empfohlen, zielführend, zeitlich durchführbar oder auswertbar noch notwendig. „Vom interpretatorischen Ertrag her sind berechtigter sind genaue Protokollierungen als aussagerelevant eingestufter […] Sequenzen, wie sie auch in vielen Einzelanalysen von Filmen […] eingesetzt werden" (Gast, 1993, S.54). Abschließend hält Faulstich (1988, S.12, zit. in Gast, 1993, S.55) fest, dass „die filmanalytisch gewonnenen Befunde erst einen Sinn machen und funktional werden, wenn ein methodengeleiteter Interpretationsansatz das Erkenntnisinteresse bestimmt". Welche Interpretationsmethoden und Methodenkombinationen jedoch interessant und ergiebig sind, hängt von der jeweiligen Untersuchung ab. In meinem empirischen Teil der Arbeit gelangt, wie Korte (2001, S.32) es beschreibt, „das an einzelnen Handlungselementen orientierte überschaubarere, aber auch > gröbere < Sequenzprotokoll" zur Anwendung. Korte (2001, S.39) betont: „Auch hier sind sowohl die jeweiligen Erfassungskategorien als auch die Darstellungsform den filmischen Besonderheiten und dem eigenen Untersuchungsinteresse anzupassen". In meiner Arbeit finden sowohl die Frequenzanalyse als auch die eben beschriebene Sequenzanalyse Anwendung.

Jeweils auf das Format A4 vergrößert, sah das verwendete Sequenzprotokoll für jeden untersuchten Film dieser Arbeit für die Sequenzanalyse aus wie folgt:

Sequenzprotokoll (nach Korte, 2001) – Das Handy im Spielfilm

Filmtitel: …
Entstehungsland: …
In welcher Zeit spielt der Film: …
Wann wurde der Film gedreht: …

Inhaltsbeschreibung und Problematisierung:
Analyse, Interpretation sowie Verallgemeinerung:

8.3 Frequenzanalyse

Der in der Massenkommunikationsdiskussion übliche Begriff „Inhaltsanalyse" meint in der Regel einen quantitativen Zugang: Es werden manifeste Merkmale eines Films bzw. im Film bestimmt, ausgezählt, kreuztabelliert usw. (vgl. Gast, 1993, S.57). Kuchenbuch (2005, S.29) ergänzt, dass formalistische und quantifizierende Analysetendenzen sinnvoll funktionieren „in einer übergeordneten flexiblen Betrachtung, die wechselt zwischen gesamtgesellschaftlichem Kontext und speziellen kommunikatbezogenen Analysezielen". Bei der Inhaltsanalyse geht es darum, Fragestellungen zu „operationalisieren", sodass sie zu quantitativen Ergebnissen führen. Bevorzugt werden daher Häufigkeiten bestimmter Merkmale erhoben, d. h. Frequenzanalysen eingesetzt (vgl. Hickethier, 2007, S.29). Die Dateneingabe und -auswertung erfolgt für diese Arbeit in SPSS, da die Fülle der gesammelten Daten ohne Computerunterstützung nicht mehr überschaubar und auswertbar wäre.

8.3.1 Codebogen, Codebuch und Filmverzeichnis

Der Codebogen und das Codebuch für die Frequenzanalyse wurden in SPSS eingegeben und befinden sich im Anhang dieser Arbeit. Auch das Filmverzeichnis befindet sich im Anhang. Zur besseren Übersicht sind alle Filme, die im Rahmen der Arbeit untersucht wurden, im Filmverzeichnis aufgelistet, alphabetisch nach Filmtitel (inklusive Entstehungsjahr und -land).

8.3.2 SPSS

SPSS für Windows ist ein modular aufgebautes Statistik-Analyse-System. Der Schwerpunkt liegt auf der statistischen Absicherung von Aussagen über das untersuchte Datenmaterial. Es handelt sich vorwiegend um eine dichotome Messung, d. h. es wird zwischen zwei möglichen Werten einer Variablen unterschieden. Werte für Variablen, die dichotom gemessen werden, werden häufig zur Abkürzung mit den Zahlen 0 und 1 dargestellt, das heißt kodiert, wobei die Zahlen selbst keine inhärente Bedeutung haben. Sie repräsentieren einfach nur einen von zwei möglichen Werten (vgl. http://www.rz.uni-osnabrueck.de unter Skripte und Tutorials Online, 2003).

8.3.3 Pre-Test

Nach dem Pre-Test musste der Codebogen für die Frequenzanalyse nachbearbeitet werden, da einige Begriffe noch nicht ausreichend definiert und daher missverständlich waren. Vereinzelt konnten auch Wiederholungen (zB den Klingelton betreffend) ausgemerzt werden.

8.3.4 Stichprobe

Im Rahmen der Frequenzanalyse wurden 42 Filme, die im Zeitraum von 1990-2007 produziert worden sind, analysiert. Zusammen mit der Sequenzanalyse wurden insgesamt 65 Filme untersucht. Da es sich um eine Stichprobe handelt, kann die Anzahl der untersuchten Spielfilme nicht als repräsentativ für eine bestimmte Grundgesamtheit angesehen werden. Eine Gesamterhebung, d. h. die Untersuchung der Grundgesamtheit, ist unmöglich, zerstört die untersuchten Objekte, ist zu teuer bzw. dauert zu lange. Eine Stichprobe erhebt in der Regel den Anspruch, im Kleinen das Verhalten der Grundgesamtheit widerzuspiegeln.

8.4 Forschungsfragen und Hypothesen

Wann tauchen erstmals Handys im Film auf? Ist der Handygebrauch im Film mit dem in der Realität zu vergleichen? Kommen zum Beispiel (noch) Festnetztelefone vor oder löst das Handy es (wie in der Realität) im Film ab? Glanz (2006) untersucht in ihrer Arbeit das „wirkliche" Handytelefonierverhalten in öffentlichen Verkehrsmitteln – wie Personen mit dem Mobiltelefon in der Öffentlichkeit (im Park, auf der Straße, im Restaurant, Museum, Kino oder Einkaufszentrum) umgehen und wie dies von anderen Personen aufgefasst wird. Forschungsfragen bezüglich der Handynutzung im Film sind prinzipiell folgende: Was sind die Gründe für Mobilkommunikation im öffentlichen Raum? Wer sind die Gesprächspartner? Wie sieht das Telefonierverhalten in den öffentlichen Verkehrsmitteln aus? Wie verhalten sich Personen, die in einer Gesprächssituation eingebettet sind, wenn das Handy läutet? Wie verhalten sich Mobiltelefonierende im Umgang mit dem Handy in Anwesenheit Außenstehender? Wie behandeln sie ihr Handy? Nutzen sie die räumliche Mobilität? Wird der Angerufene erreicht, hebt er ab? Telefonieren Handynutzer im Auto und in Notfällen?

FF1: Was kann das Handy im Spielfilm und in Wirklichkeit? Was war zuerst da? Die Erfindung im Film und ihr Einsatz oder die reale Technik? Findet die Technik des Alltags mit zeitlicher Verzögerung in die filmische Welt Einzug?

H1: Wenn ein Handy im Film, der in der Gegenwart spielt, vorkommt, hat es ausschließlich Eigenschaften und Funktionen, die es in der Wirklichkeit auch hat.

FF2: Wird das Erreichbarkeitsdilemma im Film thematisiert? Der 24-h-Job, das Handy als Belästigung? Stört das Läuten eines Anrufs oder SMS die betroffene Person und ihr Umfeld? Wird das Klingeln eines fremden Handys von Anwesenden als störend empfunden?

H2: Läutet ein Handy im Film, reagiert das Umfeld negativ darauf.

FF3: Wie wird mit dem Handy im Film umgegangen? Wo gibt es die größten Unterschiede zwischen Film und Wirklichkeit? Zeigen sich dadurch verborgene Wünsche der Gesellschaft? In welchem sozialen Kontext, welcher räumlichen Umgebung und welcher Situation findet Handygebrauch im Film statt?

H3: Im Film wird das Handy brutaler behandelt als in der Wirklichkeit.

FF4: In der Realität werden viele technisch mögliche Funktionen des Handys nicht genutzt, wie sieht es im Film aus – wird gesmst oder mehr telefoniert?

H4: Im Film wird mit dem Handy hauptsächlich telefoniert.

FF5: Wird die durch das Handy ermöglichte Mobilität, die Erweiterung der (räumlichen) Bewegungsmöglichkeiten, im Film genutzt? Ist der Angerufene/Anrufer unterwegs, zu Fuß, mit dem Auto? Verlässt er den Raum, um ungestört zu telefonieren?

H5: Der Anrufer/Angerufene im Film nutzt die Möglichkeit, sich schnurlos im Raum zu bewegen.

FF6: Spiegelt sich die Angst vor totalem Freizeitverlust und vor der Verschmelzung von Berufs- und Privatleben im Film wider?

H6: Der Anrufer im Film ist öfter der Chef/die Arbeit/das Büro als Familie oder Freunde.

FF7: Gibt es Unterschiede im Nutzungsverhalten von Männern und Frauen, Jugendlichen und Erwachsenen im Film?

H7: Frauen telefonieren im Film öfter als Männer.

H7.1: Jugendliche schicken im Film häufiger SMS als Erwachsene.

FF8: An welchen Orten wird das Handy im Film wie benutzt? Wird auf Intimsphäre Wert gelegt?

H8: Das Handygespräch wird getätigt bzw. angenommen, wenn der Anrufer/Angerufene alleine bzw. nicht in der Öffentlichkeit vor Zuhörern ist.

FF9: Wird das als im Notfall ein Segen bezeichnete Handy im Film vor allem im Notfall, bei Unfällen, Überfällen, oder wenn ein sonstiger Schaden entstehen könnte, benutzt? Oder werden eher Unfälle verursacht, durch Telefonieren am Handy während der Autofahrt zB?

H9: Im Film wird das Handy dann benutzt, wenn es sich um einen Notfall handelt.

H9.1: Wenn im Film im Auto mit dem Handy telefoniert wird, führt das zu Unfällen.

9. Handynutzung und Umgang mit diesem Medium im Film: Ergebnisse und Interpretation der Sequenzanalyse

9.1 Verbreitung nach Status und Geschlecht – im Film

Im Film „Leroy" (D, 2007) stellt ein Mädchen, das ihr Handy in der Hand hält, fest: „Alle haben ein Handy! Außer Leroy". In „Final Call" (Cellular, D/USA, 2004) wird diese Tatsache auch hervorgehoben: „Es telefoniert *jeder* mit dem Handy", stellt ein falscher Polizist verärgert fest, als die Beschreibung durchgeht, dass der Gesuchte der ist, „der mit dem Handy telefoniert". Seit der Jahrtausendwende ist das Handy in Film wie in Realität weit verbreitet. Bemerkenswert ist allerdings, wer tatsächlich eines besitzt: angesehene und reiche Männer. Lediglich der Arzt hat ein Handy im Film „Die Liebe in mir" (USA, 2007). Der reiche Junge (Chris O'Donnell) trägt in „Der Junggeselle" (USA, 1999) sein Handy einmal sichtbar in seiner braunen Lederjacke, aber ohne es zur Schau zu stellen und ist der einzige im Film, der eines besitzt. Sowohl in „About a Boy" (UK/USA/F/D, 2002) als auch in „Das Haus der schlafenden Schönen" (D, 2006) hat als einziger ein reicher Mann ein Handy. Ähnlich verhält es sich in „Shopgirl" (USA, 2005): Nur der Reiche hat ein Handy und die Band auf Tour hat eines gemeinsam.

9.2 Das Handy als Störfaktor – im Film

Zum Thema Handy im Kino – im doppelten Sinne – sei folgendes, lustiges Beispiel erwähnt: Vor dem Animationsfilm „Robots" (USA, 2005) kommt ein animierter „Werbespot" gegen Handytelefonierer im Kino: Ein Handy läutet im Saal – im Publikum sitzen nur Roboter – der Angerufene hebt ab, die anderen regen sich auf. Da kommt ein maschineller magnetischer Greifarm und entfernt den tratschenden Roboter aus dem Kinosaal. So einfach funktioniert die Beseitigung von handyfonierenden Störenfrieden im Film.

Unpassende, störende Anrufe am Handy – sei es im Kino oder beim Zahlen an der Supermarktkassa, wenn man keine Hand frei hat und ein Annehmen des Anrufs die Warteschlange verärgern würde – gehören inzwischen zum Alltag, da das Handy unser ständiger Begleiter ist und sich jederzeit melden kann. Wer hat nicht schon einmal im Theater, in einer Vorlesung oder in einem Konzert vergessen, es leise zu stellen oder abzudrehen? Im Film „Mr. Fix It" wird eine Frau ein paar Mal in ihrer Zweisamkeit mit ihrem Date (einmal beim Vorspiel und einmal beim romantischen Essen) gestört durch einen Anruf am Klapphandy. In „About a Boy" (UK/USA/F/D, 2002) läutet Hugh Grants[79] Handy (eine Unterbrechung ein), als er beim Friseur sitzt, während einer Kopfmassage. Auch ein unangenehmer Zeitpunkt. Während Nora Tschirner in „Keinohrhasen" (D, 2007) versucht, Til Schweiger ihre Liebe zu gestehen, am Seeufer, läutet sein Handy. Es ist das Büro und er muss sofort los. Der Film „Eine verrückte Farm" (Animationsfilm 2006) enthält eine Szene, in der ein Handy während einer Versammlung störend läutet. Ein ähnlich und besonders störendes, peinliches Klingeln widerfährt Rupert Everett in „Die Hochzeit meines besten Freundes" (USA, 1997). Sie (Julia Roberts) ruft in Panik im Auto fahrend von ihrem Handy ihren schwulen Freund George (Rupert Everett) an, der gerade in einer Lesung sitzt. Das Läuten und ihr hörbares Brüllen durch das Handy hindurch stört die Anwesenden. Das Umfeld, das bis dahin mucksmäuschenstille Publikum, reagiert verärgert und straft ihn mit verächtlichen Blicken. Er geht hinaus, um ungestört – und nicht andere störend – telefonieren zu können.

Ein schönes Extrembeispiel für Mehrgleisigkeit, Stress und vor allem **Störungen am sowie durch das Handy** ist eine Szene in „Eine Affäre zu viert" (Chasing Papi, USA, 2003): Das Handy eines in mehrere Frauen verliebten Mannes läutet. Es ist seine Sekretärin, die vom Büro aus anruft. Er ist am Flughafen und erhält gleichzeitig einen zweiten Anruf: „Hold on – I have a call", sagt er und makelt. Es ist Cici. Sie ruft von einer Bar aus an. Er hebt ab und sagt ihr, dass er sie zurückruft. Er plaudert mit der Sekretärin weiter. Da klopft wieder ein Anruf an: Patricia ruft ihn an. Auf der anderen Leitung wartet immer noch die Sekretärin – er schaltet wieder zu ihr. Da klopft ein weiterer Anruf an: Lorena. Er wimmelt sie ab, um mit seiner Sekretärin weiter zu sprechen. Dabei kommt es zu einem grandiosen Missverständnis: Die Verbindung rauscht und bricht ab. Sie hört nur seine letzten Worte „We're breaking up" und glaubt, befürchtet, er hätte gesagt, dass er die Beziehung abbrechen, also beenden will.

---

[79] Für die Sequenz- und Frequenzanalyse werden hauptsächlich, der Deutlichkeit halber, die Namen der Darsteller und nicht die jeweiligen Rollennamen genannt.

9.3 Unhöflichkeit und Störfaktor Handy im Gespräch – im Film

Ein wunderbares Beispiel ungeschickter Handhabung eines Wechsels zwischen Face-to-face-Gespräch und eingehendem Handyanruf bietet ein geldgieriger, unehrlicher Agent. Dieser sagt in „Es lebe Hollywood" (USA, 2006) beschwichtigend zu seinem Schauspieler: „Du musst wissen, dass es in meinem Leben nichts Wichtigeres gibt als …". Da läutet sein Handy und er hebt ab. Der Schauspieler meint leicht gereizt: „Ich geh jetzt". Darauf stammelt der Agent: „Das Telefonat ist sehr wichtig …". Er gibt dem Gesprächspartner dadurch auf unhöfliche Weise zu verstehen, dass der Anruf bzw. der Anrufer wichtiger ist, als er. Anders löst es eine sozial kompetente Frau im selben Film: Sie kommt handyfonierend auf einen Mann zu. Sie deutet ihm bzw. sagt zu ihm: „Nur noch 2 Sekunden", legt dann auf und entschuldigt sich bei dem Wartenden nochmals für das Telefonieren. Auch in „30 über Nacht" (USA, 2004) telefoniert eine Frau per Handy auf der Straße neben einem Taxi stehend, geschäftlich. Doch sie unterbricht kurz ihr Telefonat und spricht mit Jennifer Garner, bevor sie ihr Handygespräch wieder aufnimmt. Ihre Multitaskingfähigkeit verhindert, dass jemand beleidigt reagiert. Nicht ganz so elegant löst Julia Roberts das Problem: In „Die Hochzeit meines besten Freundes" (USA, 1997) ruft Julia Roberts ihren Freund (Rupert Everett) an und geht im Hotelzimmer in Unterwäsche umher. Plötzlich kommt der bald heiratende Freund Michael herein, sie vergisst auf den Anruf bzw. legt das Handy beiseite, schnappt sich ein Handtuch und gibt dem Face-to-face-Gespräch den Vorzug. Sie nimmt aber nach der Unterbrechung das Handygespräch wieder auf und redet weiter. Everett hat geduldig gewartet.

In „Die Super-Ex" (USA, 2006) wartet eine blonde Frau im Restaurant auf ihren Freund, doch der kann ihr dank Erreichbarkeit unhöflich am Handy spontan absagen. In „Three can play that game" (USA, 2007) hat eine Frau ein Date mit einem Unbekannten – der plötzlich peinlicherweise im Restaurant am Handy laut mit seiner Mutter telefoniert. Es bleibt bei dem einen Date.

9.4 Personalisierung des Handys – Cover, Klingelton und Co. – im Film

In „Natürlich blond" (Legally blonde, USA, 2001) verwendet Reese Witherspoon ein rosa Handy, das ganz zu ihrem mädchenhaften Outfit passt. Auch in „Broken Flowers" (F/USA, 2005) gehört ein über und über mit rosa Glitzersteinchen besetztes Handy inkl. rosa

Antenne der Tochter im Teenageralter. Im Vorspann von „Der Teufel trägt Prada" (USA, 2006) wird gezeigt: Bei zwei hübschen, modebewussten Mädels liegen auch moderne, schöne Handys am Nachtkästchen bzw. Schminktisch.

In „Schwedisch für Fortgeschrittene" (Schweden, 2006) geht es vorwiegend um eine introvertierte Frau, die sich im Laufe des Films sehr verändert und richtiggehend aufblüht. Mit der Veränderung geht auch der Besitz eines neuen Handys einher: Als Gudruns Handy an der Bar in der Disco läutet, reagiert sie belustigt und weist auf ihr neues Handy hin, das vibriert.

9.5 Klingeltöne – Vom Film in die Wirklichkeit

In „Crank" (UK/USA, 2006) zeigt der hell gurgelnde, dann leiser und tiefer werdende Klingelton den Puls der Hauptfigur an, lautet eine Interpretation der Moderatorin – und auch als Klingelton in der Realität war er sehr beliebt, 2006, heißt es in einer 2008 ausgestrahlten Sendung von Cafe Puls auf PULS 4.

9.6 Von der Wirklichkeit in den Film – Product Placement von Nokia

In „Final Call" (Cellular, D/USA, 2004) erklingt bei Anrufen der Nokia-typische Klingelton und der Darsteller erwähnt darüber hinaus, dass sein tolles Handy die letzten 50 angenommenen Anrufe speichert. Es folgt noch mehr Lob: „Handys können sogar Videos aufnehmen …!" sagt er später und zeigt das von einer Kamera abgefilmte und somit kopierte wichtige Beweisvideo. Dabei ist das Handy von Nokia sehr groß im Bild. Wem das noch nicht eindeutig genug ist, der bemerkt spätestens beim Abspann, wer den Film gesponsert hat. Im Abspann von „Final Call" (Cellular, D/USA, 2004) dient nämlich ein Nokia-Display als Umrahmung für die Credits. Das heißt, es ist ständig das Logo im Bild, wenn die Namen der Schauspieler, des Regisseurs, des Produzenten etc. aufscheinen. Dieses deutliche Product Placement verweist auf einen großzügigen Sponsor namens Nokia. Die Bestätigung findet sich tatsächlich auf imdb.de: Auf der Liste der Filmographien steht bei „Nokia Americas" der Film Cellular (2004) mit der Anmerkung „Nokia Mobile Phones".

9.7 Vom Prestige- zum Massenobjekt – im Film

In diesem, dem Kapitel Statussymbol und dem Kapitel Verbreitung nach Status und Geschlecht wird auf sexuelles Werben und Angeberei näher eingegangen. Der angeberische, unsympathische und unbeliebte Hauptkommissar zückt im Film „Die blaue Grenze" (D, 2005) sein Handy und sagt: „Ich muss noch meine Mailbox checken". Er tut das vor anderen Leuten, um sich wichtiger zu machen, als er ist. Er trägt sein Handy außerdem sichtbar am Gürtel in einer Handyschutztasche. Auch der Geschäftsmann (Michael Douglas) lässt in „Ein perfekter Mord" (USA, 1998) sein Handy sichtbar im Restaurant am Tisch liegen. Ein Handy zu haben, war zu dieser Zeit doch noch ein Statussymbol, denn der zweite reiche Handybesitzer in diesem Film ist der stellvertretende Direktor der Außenhandelskommission. Wer hat als einziger ein Handy in „Evolution" (USA, 2001)? Der wichtige Governor. In „Love Lies Bleeding" (USA, 2007) trägt ein Polizist bzw. Drogenfahnder sein Handy sichtbar am Gürtel und die erfolgreiche Ashley Judd trägt in „Männerzirkus" (Someone Like You, USA, 2001) das Handy zweimal sichtbar zwischen Rock/Hose und Bluse eingeklemmt. Die Chefin des TV-Senders fuchtelt im selben Film einmal mit aufgeklapptem Handy in der Hand herum. Doch ab dem Zeitpunkt (hier 2001) ist es bereits Massenware und daher eigentlich kein besonderes Statussymbol mehr.

Ein gewisser „Direktor des Schönheitswettbewerbs", der überdreht von einer Tätigkeit zur anderen hetzt, hält sein Handy sichtbar, aber ungenutzt in der Hand (2003 im Film „Eine Affäre zu viert"). Die ergebene, fleißige Anne Hathaway trägt ihr allzeit bereites Handy in „Der Teufel trägt Prada" (USA, 2006) auch oft in der Hand – für eine bessere, garantierte, ständige Erreichbarkeit. Auch Julia Roberts hält ihr Handy in „America's Sweethearts" (USA, 2001) am Dreh bzw. Arbeitsplatz in der Hand und drückt damit **das Gegenteil von Macht** aus. Denn Julia Roberts hält ihr Handy oft in der Hand – immer griffbereit, **anruf-** und vor allem **abrufbereit**! Unbequem und unpraktisch sieht es aus, als Julia Roberts in „Die Hochzeit meines besten Freundes" (USA, 1997) ihr riesiges, aber zeitgemäßes Handy leicht sichtbar in der engen hinteren Hosentasche transportiert.

Bemerkenswert sind zwei Sequenzen von „Pretty Woman" (USA, 1990), in denen sich im Hintergrund folgende Handyszenen abspielen: Ein Passant in Anzug handyfoniert mit einem sehr großen weißen Handy, das wie ein klobiges Walkie-Talkie aussieht, in Beverly

Hills, als er sich zu Julia Roberts umdreht. Und ebenfalls in Beverly Hills fährt ein Mann in einem dicken BMW mit seinem Sohn die Straße entlang. Der Vater telefoniert per Handy oder Autotelefon und das Kind ahmt sein Verhalten mit einem gelben Plastikhandy nach – vielleicht um zu zeigen, dass auch er wichtig ist.

Ein angeberischer Reporter unterbricht das Interview mit ein paar Filmstars, weil sein Handy läutet. Mit den Worten „Oh, ganz kleine Sekunde, das ist sicher wichtig!" hebt er ab. Das Umfeld reagiert verärgert. „Chuck leg auf", sagt seine Reporterkollegin entnervt. Er zeigt sein Handy stolz den Stars: „Sind diese Dinger nicht wundervoll!? Sie können jetzt damit im Restaurant telefonieren. Sie brauchen gar kein Münztelefon mehr und bald können sie mit denen auch im Flugzeug telefonieren". Die Stars wirken wenig begeistert. Diese Szene stammt aus dem Film „Es lebe Hollywood" (USA, 2006). Quasi das Gegenteil, ungestörtes Telefonieren, wird gleich im Anschluss behandelt:

9.8 Intimsphäre beim Mobiltelefonieren – Vermischung von Öffentlichkeit und Privatheit – im Film

Wie schon erwähnt: Initiieren Handynutzer ein Gespräch, legen sie verstärkt Wert darauf, dieses aktive Telefonat ungestört führen zu können, noch mehr als bei eingehenden Anrufen. In „Romeo must die" (USA, 2000) steht ein Mann mit dem Rücken zu anderen am Tisch, um ungestört zu sprechen. Ein verzweifelter Versuch, allein und ungestört telefonieren zu können, findet in „Keinohrhasen" (D, 2007) statt: Til Schweiger zieht sich sogar ins WC des Kindergartens zurück. Doch ein aufmüpfiges Kind ist gerade am WC und er muss sein Handy wieder einstecken. In „Männerzirkus" (USA, 2001) steht Ashley Judd im Aufzug, telefoniert mit ihrer Freundin und das Umfeld reagiert auf den Inhalt des Gesprächs (nicht auf das Läuten). Einige Leute, die eng neben ihr stehen, beäugen sie skeptisch (als sie von Road Runner spricht), weil sie mithören. Beide Frauen gehen in ihre Büros, wo sie alleine und ungestört sind. In „Die Super-Ex" (USA, 2006) nutzt Uma Thurman Zeit und Handy leise, d. h. nicht telefonierend, in der U-Bahn.

9.9 Nichterreichbarkeit – im Film

In einem Gespräch, das in „Die Buchstabenprinzessin" (USA, 2005) geführt wird, hört man leise den Vorwurf der Nichterreichbarkeit durch: Der Mann fragt seine Frau, wo sie war, denn er habe sie nicht erreicht. Sie antwortet ihm kurz angebunden, sie hätte ihr Handy nicht aufgeladen. Im Film „Die Liebe in mir" (USA, 2007) sagt ein Arzt nach dem Kinobesuch besorgt zu seinem Freund (Adam Sandler), dass seine Frau ihn 15 Mal angerufen und nur seine Mailbox erreicht hat und dass es sich um einen Notfall handeln muss. Auch um einen Notfall handelt es sich in „Crank" (UK/USA, 2006), als der Hauptdarsteller ein Handy verwendet, um seine Freundin am Festnetz zu erreichen. Doch er erreicht nur den Anrufbeantworter. „Kauf dir ein Handy, Schatz", spricht er verzweifelt drauf.

9.10 Technische Einschränkungen – im Film

Im Film „Final Call" (Cellular, D/USA, 2004) ruft eine Frau in einer Notsituation (sie wurde entführt) vom zusammengebastelten Festnetz aus irgendein Handy an. Die Verbindung darf keinesfalls abbrechen, daher muss der um Hilfe gebetene Handybesitzer, der gerade im Auto fährt, Tunnel meiden und zum Beispiel auch rechtzeitig den Akku aufladen. Eine weitere Störung des Gesprächs passiert, als plötzlich jemand anderer in der Leitung ist. Er übernimmt kurzerhand deren Nokia-Handy. Der Film weist damit auch auf die heutigen Schwachstellen der Mobiltelefonie hin.

Keinen Empfang hat Harrison Ford in „Schatten der Wahrheit" (USA, 2000). Er will im Auto fahrend per Handy ein Restaurant anrufen (um Bescheid zu sagen, dass er und seine Frau sich verspäten), doch er muss warten, bis er in der Mitte der Brücke ist, weil erst dann das Signal bzw. der Empfang stark genug zum Telefonieren ist.

Die Chefin in „Der Teufel trägt Prada" (USA, 2006) entschuldigt sich bei ihrem Mann, den sie wegen einer Firmenfeier im Restaurant sitzen gelassen hat, folgendermaßen: „Kein Handy hat funktioniert. Niemand hatte ein Netz!".

9.11 Handyverbot am Steuer – im Film

Ein Jogger läuft in „America's Sweethearts" (USA, 2001) tagsüber handyfonierend durch die Gegend und wird prompt von einem Golfball getroffen, weil er die Warnschilder übersehen oder absichtlich nicht beachtet hat. Er sitzt zwar in dem Fall nicht im Auto und gefährdet andere, ist aber durch das Handy in einer *absent presence*, also abgelenkt, was seine Umwelt betrifft und daher selbst gefährdet. Anne Hathaway ruft in „Der Teufel trägt Prada" (USA, 2006) ihre erkältete, gestresste Arbeitskollegin am Handy an. Diese läuft hektisch auf die Straße, bepackt mit Tüchern für die Chefin, ist unaufmerksam und wird prompt von einem Auto angefahren. Handynutzer sind nicht voll zurechnungsfähig, oder milder ausgedrückt, keine zuverlässigen, aufmerksamen Verkehrsteilnehmer.

In „Final Call" (Cellular, D/USA, 2004) schimpft der Hauptdarsteller auf eine andere Handytelefoniererin, dass sie zu telefonieren aufhören und auf den Straßenverkehr achten soll – obwohl er selbst am Steuer handyfoniert.

9.12 Gefahren des Handys – Schädliche Strahlung – im Film

In „Leroy" (D, 2007) wird tatsächlich die Handystrahlung kurz thematisiert. Leroy erklärt, dass sein Vater Erfinder ist und mit Strahlenschutz zu tun hat und er daher kein Handy haben darf. Im Film „The Rocker – Voll der (S)Hit" (USA, 2008) wird ebenfalls die Gefahr von Handys thematisiert: „Schon mal von Handys gehört?" fragt ein frecher Teenager den Fernfahrer, der ein Funkgerät nutzt. Dieser erwidert angewidert: „Schon mal von Hirntumoren[80] gehört?".

Am gefährlichsten ist ein Nokia-Handy im Film „Der Handymörder" (BRD, 1998). Der Täter ruft per Handy aus dem Nebenzimmer an und lässt das Handy des Generalbundesanwalts läuten. Dieser hebt ab, das Handy explodiert neben seinem Kopf und tötet ihn. Gefahren und Gesundheitsschäden durch Handys finden sich mit gewisser Regelmäßigkeit in den Schlagzeilen der Medien, zB wenn von überhitzten Akkus und darauf folgenden Explosionen die Rede ist, oder von einer Rücknahme von möglicherweise gefährlichen Geräteteilen. Im Film „Der Handymörder", der im Jahr 1998 gedreht wurde und auch spielt, wird das Handy als Mordwaffe eingesetzt. Vielleicht, um

---

[80] Im englischen Original sagt er „braincancer".

Nokia von einer Klage abzuhalten oder die Zuschauer zu beruhigen, wird explizit erwähnt, dass es sich nicht um das richtige, eigene Handy vom Anwalt handelte: Es wurde nicht das Handy des Anwalts präpariert, sondern es wurde gänzlich ausgetauscht (was im Film auf einen Maulwurf hinweist, einen Spion aus den eigenen Reihen). Betont wird damit gleichzeitig indirekt, dass ein normales Handy unmöglich hätte explodieren können.

9.13 Ständige Erreichbarkeit und 24-h-Job – im Film

Til Schweigers Handy klingelt in „Keinohrhasen" (D, 2007) im Restaurant. Ein Arbeitskollege ruft an. Til springt sofort auf, da er Sensationsjournalist ist und gerade von einer guten, möglicherweise großen Story – einem geplanten Heiratsantrag – erfährt. Durch das Handy ist auch er jederzeit anruf- und abrufbereit. Zum Streit führt das Handy in „Keinohrhasen" in folgender Szene: Til Schweiger sollte Sozialdienst leisten, doch er telefoniert im Garten am Handy mit einem Arbeitskollegen. Sie geht erbost (nicht wegen des Läutens des Handys, aber wegen seiner ständigen Telefonate) auf ihn zu: „Telefon aus". Er: „Ich arbeite". Und in einer Szene bald darauf macht sie ihm eine Szene: Aus der Ferne sieht man, dass Til Schweiger angerufen wird. Er geht draußen auf und ab, während er telefoniert. Sie stürmt hinaus zu ihm: „Gib mir das Telefon!". Er hat durch das Handy (quasi doppelt eingespannt) die Möglichkeit, während der (Sozial-)Arbeit mit der Arbeit, d. h. seinem Kollegen von der Zeitschrift, zu kommunizieren.

In „Pretty Woman" (USA, 1990) führt Richard Gere ein geschäftliches Telefonat per Handy. Er telefoniert – beim Picknick – mit seinem Büro, da nimmt Julia Roberts ihm das klobige Mobiltelefon weg und legt auf. Ihre gemeinsame Freizeit soll frei von Arbeit sein, drückt sie damit frech und effektiv aus. Der Film zeigt darüber hinaus, dass Gere überhaupt erst dadurch, dass er nicht mehr an die Arbeit gebunden ist, die Schönheit der Natur bemerkt und schätzen lernt.

In „Der Teufel trägt Prada" (USA, 2006) läutet das Handy der jungen Frau (Anne Hathaway) sehr oft in ungünstigen Augenblicken, zum Beispiel während des Abendessens mit dem Vater und bei den seltenen, aber gemütlichen Treffen oder Abendessen mit Freunden und auf dem Weg zu einer Geburtstagsparty – es ist immer die Chefin, die anruft, sie mit Aufgaben in ihrer Freizeit quält, die Extras verlangt und ständige Erreichbarkeit voraussetzt. Anne Hathaways Freunde machen sich schon lustig über ihre

Abhängigkeit von Handy und Job, weil sie gleich loshetzt, wenn die Chefin wieder einmal anruft. Sogar während eines Trennungsgesprächs mit ihrem Freund läutet Anne Hathaways Handy. Es ist ihre Chefin. Der verletzte Freund kommentiert trocken: „Die Person, die dich da ständig anruft, das ist deine Beziehung". Diese Szenen thematisieren hervorragend den 24-h-Job, in dem Freizeit plötzlich und meist unfreiwillig zu Arbeitszeit wird.

9.14 SMS-Nutzung im Film

Gleich zu Beginn des Films „Three can play that game" (USA, 2007) votet eine Menschenmenge in einem Raum per SMS für einen TV-Kandidaten, was sehr an das Verhalten von Österreichern beim Starmania-Voting im ORF erinnert. Ansonsten wird SMS (vgl. Ergebnisse der Frequenzanalyse) auffallend selten verwendet.

9.15 Handynutzung von Jugendlichen im Film

„Girls United" (USA, 2000) ist ein großartiges Beispiel für einen klassisch amerikanischen Teenie-Film mit sehr vielen interessanten und aufschlussreichen Handyszenen und einer **äußerst abwechslungsreichen Nutzung** des Geräts: Er (ein joggender Junge) will sie (ein sportliches Mädchen) wieder sehen, daher macht sie mit ihrem Handy ein Foto von ihm, er sagt ihr seine Handynummer an und sie speichert sie. Dann ruft sie ihn kurz an, damit er – dank Rufnummernerkennung – gleich ohne Umstände auch ihre Handynummer hat. Daraufhin macht er noch ein Foto von ihr (das in Zukunft am Display erscheint, wenn sie anruft). Er trägt sein Handy sichtbar am Gürtel, während sie ihres in der Hosentasche trägt. Beide besitzen ein Klapphandy. Später zeigt er seinen Freundinnen (bzw. Cheerleaderkolleginnen) ihr Foto am Handy. Alle Cheerleader haben sehr moderne Klapphandys, die zB einmal alle gleichzeitig läuten, als der Trainer eine „Videopostkarte" an sie schickt. Es handelt sich um eine kurze Videobotschaft, die alle am Display abspielen können. Ein anderes Mädchen zeigt einem Freund ihr Traumauto – und zwar per Handyfoto auf ihrem Klapphandy von Motorola. Das Handy spielt noch weitere Rollen: Der joggende Junge ruft sie, die Sportliche, einmal an, obwohl sie am Nebentisch sitzt. Sein Foto erscheint auf ihrem Display, wenn er anruft. Sie hebt nicht ab, weil sie in dem Moment böse auf ihn ist und ihn nicht sprechen will (denn er gehört zur gegnerischen Cheerleadermannschaft). Kurz darauf aber sieht sie sich (verträumt) auf ihrem Handy das Foto von ihm an. Dieser Junge telefoniert vom Cheerleadercamp von seinem Handy aus –

er ruft seinen Vater an, um ihm zu gestehen, dass er Cheerleader ist und nicht in einem Militärcamp, und geht raus, um allein und ungestört telefonieren zu können. Die Handlung zieht sich fort, bis das Handy wieder wichtig wird: Eine Cheerleaderin ist so vertieft in ihr Handy und darin, ihrer Freundin ihren Aufenthaltsort zu smsn, dass sie diese gar nicht bemerkt und fast mit ihr zusammenstößt! Womit wir wieder bei der *absent presence*, der Komik des Wegfalls der Trennung von Kommunikations- und echtem Raum sowie am Ende des Films angelangt sind, in dem das Handy als Fotokamera, Telefon, Videoabspielgerät, SMS-Sendegerät und Fotoalbum genutzt wird.

Eine andere, illegale Handynutzung unter Jugendlichen kommt laut einer Diskussion im cinemagic, in Wien am 18.10.06, im Film „Knallhart" (D, 2006) vor. Darin spielen häufig Filme am Handy, genauer gesagt Gewaltvideos, eine Rolle (siehe auch *happy slapping* unter dem Kapitel Kommunikationsanlässe).

9.16 Zweckentfremdete Nutzung und brutale Handhabung des Handys im Film

In „Verbrechen verführt" (UK/USA, 2001), einem Film mit Minnie Driver, schmeißt der von ihr Erpresste das Handy, das die einzige Verbindung zu der Erpresserin darstellt, einfach in hohem Bogen weg. Eines Tages reicht es auch Anne Hathaway in „Der Teufel trägt Prada" (USA, 2006), sie erträgt die ständigen Anrufe ihrer tyrannischen Chefin nicht länger. Sie schmeißt ihr (Firmen-)Handy ins Brunnenwasser. Eine zweckentfremdete Nutzung des Handys geschieht in „Es lebe Hollywood" (For Your Consideration, USA, 2006): Vor einer Rede klopft jemand mit seinem Klapphandy gegen ein Sektglas.

9.17 Das schweigende Handy – Vereinsamung und Verhäuslichung – im Film

Wenn das Handy, obwohl jeder doch jederzeit anrufen könnte, stumm bleibt, kann es das Einsamkeitsgefühl verstärken, was eindrucksvoll im Film „Die blaue Grenze" (D, 2005) dargestellt wird: Der Hauptkommissar sitzt geknickt auf der Couch und hält sein Handy in der Hand. Es ist dunkel und er ist allein. Eine blonde Frau in „Keinohrhasen" (D, 2007) sitzt in einem Restaurant und „checkt" ihr Handy, ob sich ein bestimmter Mann bereits gemeldet hat. Auch sie stellt enttäuscht fest: „Immer noch nichts".

9.18 Motive für die Anschaffung eines (Mobil-)Telefons – im Film

In diesem Kapitel wurde im Theorieteil das Phänomen, dass Jugendliche zu den Early Adopters gehören, bereits beleuchtet. Es hängt damit zusammen, dass sie technischen Neuerungen gegenüber offen sind und diese auch als Distinktionsmerkmal einsetzen (vgl. Kapeller, 2005, S.52). Wer hat ein Handy – möglicherweise als Distinktionsmerkmal – im Film „Dinner for two" (Österreich, 2003)? Die einzige, die hier eines hat, ist die Tochter im Teenageralter.

Dass Handys Organisatorisches im Alltag erleichtern, beweist „Barcelona für ein Jahr" (L'auberge Espagnole, F/Spanien, 2002). Der Freund einer WG-Mitbewohnerin ist überraschend gelandet, doch sie betrügt ihn gerade mit einem anderen. Die WG ist eine eingeschworene Gemeinschaft und will der Fremdgeherin Probleme ersparen. Die Studenten starten einen Rundruf, um alle mobilen Mitbewohner möglichst schnell zu warnen und dazu zu bringen, es noch vor dem gehörnten Mann in die Wohnung zu schaffen.

Neben dem Handy als Organisationshilfe und Gerät zum Hilfe rufen ist ein weiteres Motiv natürlich die gewonnene Mobilität, wie schon ausführlich im Theorieteil besprochen. Im speziellen Fall des Films „Nicht auflegen" (USA, 2002) helfen Handy und Mobilität leider nicht. Colin Farrell ist keineswegs mobil, sondern sitzt in einer Telefonzelle fest. Er versucht per Handy, Hilfe zu holen, doch sein Plan scheitert.

9.19 Gleichzeitigkeit – Die Trennung von Ort und Kommunikationsraum – im Film

Stress verursacht es, an zwei Orten gleichzeitig zu sein, doch mit dem Handy kann man das – mehr oder weniger. Auch in modernen Filmen zeigen uns erfolgreiche Businessfrauen vor, wie es geht, alles unter einen Hut zu bringen. Sie tragen hektisch ihre Werbekonzepte in einem Meeting vor, haben ihr Handy unterm Kinn eingeklemmt, in der linken Hand die Unterlagen und in der rechten einen Kaffeebecher. Ein Beispiel dafür ist „Männerzirkus" (Someone Like You, USA, 2001): Die Hauptdarstellerin (Ashley Judd) geht zügig durchs Büro, während sie telefoniert. Sie unterbricht das Gespräch nur kurz, um mit dem Arbeitskollegen face-to-face zu reden und telefoniert gleich wieder weiter. Sie kocht sogar Tee, während sie telefoniert und stößt mit dem Rücken die Tür auf, weil sie keine Hand mehr frei hat.

Multitaskingfähig und ganz lässig ist ein junges Mädchen in „Broken Flowers" (F/USA, 2005): Ihr Handy liegt auf einer Kommode und läutet. Es kommt so, dass sie, die gerade am Schnurlosfestnetz telefoniert, trotzdem abhebt und mit 2 Hörern (Handy links und Festnetz rechts) am Ohr weitertelefoniert.

Wie bei Clueless (siehe Kapitel Statussymbol) bereits erwähnt, fallen Wahrnehmungs- und Kommunikationsraum beim Telefonieren normalerweise auseinander, in diesem Extremfall aber nicht, wie auch beim nächsten Beispiel von „Broken Flowers" (F/USA, 2005). Bill Murray wird von seinem Freund am Handy angerufen, als er zuhause am Sofa sitzt. Dieser Freund ist gleichzeitig der Nachbar und er kommt rüber, zur Tür herein, und telefoniert weiter mit ihm, obwohl er im selben Raum mit Bill Murray ist. „Bleib mal kurz dran", sagt er zu Murray, nimmt sich etwas vom Tisch und führt das Gespräch am Handy beim Rausgehen wieder weiter. Eine Szene voller Situationskomik: 2 Nachbarn telefonieren miteinander, bis bzw. obwohl sie nebeneinander stehen und legen nicht auf, bis der Nachbar wieder zu sich nachhause geht. Diese Komik macht sich auch „Die Hochzeit meines besten Freundes" (USA, 1997) zunutze: Julia Roberts wird am Handy angerufen von George (Rupert Everett), der mit ihr im selben Raum ist, in dem viele Hochzeitsgäste tanzen. Sie geht los und sucht ihn, als ihr klar wird, dass er Sichtkontakt zu ihr haben muss, weil er genau beschreiben kann, wie sie aussieht und was sie gerade mit ihren Händen macht. Nicht als komisches, aber als spannendes Moment wird diese Situation, dass Anrufer und Angerufener im selben Raum sind, in „Final Call" (D/USA, 2004) eingesetzt. Das Handyklingeln verrät dem schlauen Helden durch seinen Anruf den Standort des falschen Polizisten.

9.20 Regiefehler durch Handys

Ein zumindest seltsames Detail verwundert in „Der Junggeselle" (USA, 1999): Sie (Renée Zellweger) will ihn, den Junggesellen, erreichen, versucht es das eine Mal aber offenbar nur bei ihm zuhause. Weiß sie nicht, dass er ein Handy hat? Hat sie seine Nummer nicht dabei? Sie beschwert sich bei ihrer Schwester: „Er ist immer noch nicht zuhause". Ihre Schwester: „Sprich ihm was aufs Band". Sie: „Das ist nicht eingeschaltet!". Ein paar

Szenen später ruft sie ihn allerdings von einer Telefonzelle vom Bahnhof aus am Handy an.

Hugh Grant besitzt ein Handy im Film „About a Boy" (UK/USA/F/D, 2002). Sein Handy hat er aber offenbar nicht immer bei sich, denn als er und der Bub nachhause kommen und dessen Mutter beim Selbstmordversuch mit Tabletten erwischen, es sich also um einen echten Notfall handelt, fragt er den Bub, wo denn bei ihnen das Telefon sei.

Möglicherweise eine Unaufmerksamkeit der Filmemacher passierte in „Three can play that game" (USA, 2007). Carla (seine Chefin) ruft am Handy den Mann an, der ihr gefällt und der gerade mit seiner Mutter tratschend vor der Veranda sitzt. Bemerkenswert ist, dass sich (vermutlich unabsichtlich) der Klingelton von Carlas Anruf auf sein Handy von einem Musiktitel zu einem normalen Klingelton verändert hat im Lauf des Films.

9.21 Walkie-Talkies im Film

Es muss erwähnt werden, dass in „Léon der Profi" (F, 1994) kein Handy zum Einsatz kommt. Um trotzdem mobil agieren zu können, kommuniziert die Verbrecherbande per Walkie-Talkie sowie Festnetz miteinander. Sogar in „America's Sweethearts" (USA, 2001) kommen neben Handys auch Walkie-Talkies vor, bei einer Spionageaktion der Leute in der Filmbranche.

9.22 Kein Handy im Spielfilm

Mögliche Gründe dafür, dass trotz aktueller Produktion keine Handys im Film vorkommen, sind oft schwer zu finden, doch ein Beispiel kann hintergründige Zusammenhänge aufzeigen: Es kommt im Thriller „Das geheime Fenster" (Secret Window, USA, 2004) kein Handy vor. Der Grund hierfür könnte sein, dass das Drehbuch auf einem Roman von Stephen King basiert, der eventuell in einer handyfreien Zeit fertiggestellt wurde. Ein weiteres Beispiel ist „Dogma" (USA, 1999). In diesem Film gibt es keine Telefonnutzung. Kein einziges Mal kommt ein Handy zum Einsatz, was daran liegen könnte, dass Kevin Smith das Drehbuch zum Film bereits 1994 schrieb. 1994 – also in der filmisch angeblich handyfreien Zeit, wie Köhler (2000, S.140) sie nennt.

Obwohl „Jersey Girl" 2004 gedreht wurde und teilweise sogar in einem quasi handytypischen Umfeld (zB rasende Reporter bei einer Pressekonferenz; wichtige Marketingmanager unter Zeitdruck etc.) sowie in einer amerikanischen Großstadt spielt, kommen keine Handys vor. In „Der Junggeselle" (USA, 1999) gibt es zB eine Szene, die an der Börse spielt. Erstaunlicherweise haben die Broker, für die Erreichbarkeit und Schnelligkeit eine enorme Rolle spielen, in diesem Film noch keine Handys. Daran könnte man die in den USA später einsetzende Beliebtheit des Mobiltelefons ablesen.

Es kommt in „Johnny English" (F/UK, 2003) zwar kein Handy vor, das als solches erkennbar wäre, aber der Agent English kommuniziert von Zeit zu Zeit per Armbanduhr (ähnlich, wie es bei „Knight Rider" der Fall ist) mit seinem Kollegen. Diese Uhr sieht allerdings ganz normal aus. English scheint darüber hinaus stets online zu sein, da er sie weder berühren noch sonst etwas tun muss: Er spricht lustigerweise einfach in die Armbanduhr hinein, wenn ihm danach ist.

Kein Handy kommt vor in „Bruce Allmächtig" (Bruce Almighty, USA, 2003), nur ein Pager, der von Jim Carrey wütend weggeworfen und von einem Auto überrollt wird. Auch in „Lola rennt", „Léon der Profi" (F, 1994) und „French Kiss" (UK/USA, 1995) kommt kein Handy zum Einsatz sowie in „Anleitung zum Träumen" (Science of Sleep, F/I, 2006), „Fräulein Smillas Gespür für Schnee" (Dänemark/D/Schweden, 1997), „Echt blond" (USA, 1997), wie schon erwähnt in „Dogma" (USA, 1999) und in „Während du schliefst" (USA, 1995). Sucht man unter imdb.com nach Filmen mit dem Stichwort cell phone oder cellular phone, wird zB der Film „Lethal Weapon" (USA, 1987) genannt. Erst ab 1991 gibt es wieder – immer noch vereinzelt – Nennungen. Die Filmrealität scheint auf den ersten Blick mit unserer Realität gleichzuziehen, was die Nutzung und Verbreitung von Handys betrifft.

10. Auswertung und Diskussion der Ergebnisse der Frequenzanalyse

10.1 Forschungsfragen und Hypothesen im Detail

Zunächst ist festzuhalten, dass in 30 von 42 untersuchten Filmen ein oder mehrere Handys vorkommen. Daher sind in den folgenden, die Hypothesen betreffenden Tabellen die „missing 12" jene Filme, in denen kein Handy vorkommt. Außerdem ist anzumerken, dass 25,2 % der analysierten Filme ausschließlich in den USA produziert worden sind. Zu der Anzahl der Handys in Filmen ist zu sagen, dass die Anzahl der Handys zwar nicht proportional, aber doch mit der Jahreszahl steigt. Sind 1992 nur 2 und 1997 bloß 6 Handys in den untersuchten Filmen dieser Jahre im Einsatz, sind es 2005 schon 17 und 2006 bereits 22.

Handys kommen in diesen Filmjahrgängen vor:

in welchem jahr wurde der film gedreht?

		Frequency	Percent	Valid Percent	Cumulative Percent
Valid	1990	1	3,3	3,3	3,3
	1992	1	3,3	3,3	6,7
	1997	1	3,3	3,3	10,0
	1998	2	6,7	6,7	16,7
	1999	1	3,3	3,3	20,0
	2000	2	6,7	6,7	26,7
	2001	4	13,3	13,3	40,0
	2002	2	6,7	6,7	46,7
	2004	2	6,7	6,7	53,3
	2005	5	16,7	16,7	70,0
	2006	5	16,7	16,7	86,7
	2007	4	13,3	13,3	100,0
	Total	30	100,0	100,0	

Tabelle 1: In welchem Jahr wurde der Film gedreht?

Keine Handys finden in den Filmen dieser Jahre Verwendung:

in welchem jahr wurde der film gedreht?

		Frequency	Percent	Valid Percent	Cumulative Percent
Valid	1994	1	8,3	8,3	8,3
	1995	2	16,7	16,7	25,0
	1997	2	16,7	16,7	41,7
	1998	1	8,3	8,3	50,0
	1999	1	8,3	8,3	58,3
	2003	2	16,7	16,7	75,0
	2004	2	16,7	16,7	91,7
	2006	1	8,3	8,3	100,0
	Total	12	100,0	100,0	

Tabelle 2: In welchem Jahr wurde der Film gedreht? Kein Handy

Es gibt also auch nach dem Handyboom in den späten 90ern – wie Steuerer (2002, S.7) es beschreibt – durchaus Filme, in denen keine Handys vorkommen. Eine zeitliche Verzögerung des Handys in den Film ist zu erkennen. Zumindest lässt sich eine gewisse Tendenz dazu in der ersten Tabelle ablesen: Im Jahr 2001 gibt es einen ersten Sprung (13,3 %) zu mehr Handys im Film und ab 2005 werden vermehrt (16,7 %) Handys in Filmen eingesetzt. Ausnahmslos in allen untersuchten Filmen vom Jahr 2007, die in der Gegenwart spielen, kommen Handys vor.

FF1: Was kann das Handy im Spielfilm und in Wirklichkeit? Was war zuerst da? Die Erfindung im Film und ihr Einsatz oder die reale Technik? Findet die Technik des Alltags mit zeitlicher Verzögerung in die filmische Welt Einzug?

H1: Wenn ein Handy im Film, der in der Gegenwart spielt, vorkommt, hat es ausschließlich Eigenschaften und Funktionen, die es in der Wirklichkeit auch hat.

Diese Hypothese kann als verifiziert gelten. In 30 von 42 untersuchten Filmen kommen Handys vor. Diese Handys sind in 29 von 30 Filmen absolut zeitgemäß und entsprechen in Größe und Funktion realen technischen Modellen. In „Brennpunkt L.A. – Die Profis sind zurück" (USA, 1992) sowie zB in „Die Hochzeit meines besten Freundes" (USA, 1997) kommen (uns heutzutage riesig und plump erscheinende) Handys vor, die eher Walkie-Talkies mit dünner, ausziehbarer Antenne gleichen. Sie entsprechen aber durchaus den damals üblichen Modellen. Die einzige Ausnahme bildet das Handy, das zu einer Bombe umgebaut wurde, im Film „Der Handymörder" (BRD, 1998). Doch genau genommen handelt es sich dabei um kein echtes Handy mehr, wie im Film explizit erwähnt wird. Das Handy des Anwalts wurde nicht präpariert, sondern gänzlich ausgetauscht. Betont wird damit, dass ein normal funktionierendes Handy unmöglich hätte explodieren können (siehe dazu auch das Kapitel Gefahren des Handys – Schädliche Strahlung – im Film unter Sequenzanalyse).

Die Marke des Handys ist in 4 untersuchten Filmen (am Standbild) zu erkennen. Es handelt sich dabei einmal um die Marke Ericsson, zweimal um Motorola und einmal ist das Untersuchungsobjekt als real existierendes Nokia-Handy zu identifizieren. Es kann in keinem der Fälle von aufdringlichem Product Placement gesprochen werden, da die Marken nur sehr dezent sichtbar sind.

entspricht das handy einem technisch realen modell?

		Frequency	Percent	Valid Percent	Cumulative Percent
Valid	nein	1	1,0	1,1	1,1
	ja	90	87,4	98,9	100,0
	Total	91	88,3	100,0	
Missing	System	12	11,7		
Total		103	100,0		

Tabelle 3: Entspricht das Handy einem technisch realen Modell?

FF2: Wird das Erreichbarkeitsdilemma im Film thematisiert? Der 24-h-Job, das Handy als Belästigung? Stört das Läuten eines Anrufs oder SMS die betroffene Person und ihr Umfeld? Wird das Klingeln eines fremden Handys von Anwesenden als störend empfunden?

H2: Läutet ein Handy im Film, reagiert das Umfeld negativ darauf.

23mal läutet das Handy in der Öffentlichkeit bzw. in Gesellschaft anderer und es gäbe ein Umfeld, das mit Verärgerung reagieren könnte. Das ist nur 4mal der Fall. Daher kann diese Hypothese als falsifiziert gewertet werden. Es bedarf aber des kritisch bemerkenden Nachsatzes, dass das Umfeld zwar kaum auf das Läuten, jedoch sehr wohl auf den Inhalt oder die Lautstärke der auf das Läuten folgenden Gespräche unwirsch und mit verächtlichen Blicken reagiert. Die Fragestellung war hier also etwas zu eng gefasst. Die 4 verzeichneten Reaktionen umfassen erstens Ärger aufgrund von Arroganz und Ignoranz des Handynutzers ihnen, den Face-to-face-Gesprächspartnern, gegenüber und zweitens den Ärger wegen eines äußerst unpassenden Läutens des Handys während einer Lesung, der alle gespannt lauschen. Auf die hier nicht untersuchte Verärgerung durch Handys wird detailliert in der Sequenzanalyse (unter Das Handy als Störfaktor – im Film und unter Ständige Erreichbarkeit und 24-h-Job – im Film) eingegangen, in der auch das Erreichbarkeitsdilemma und der 24-h-Job mit Beispielen behandelt werden.

es gibt eine verärgerte reaktion des umfelds, wenn ein handy läutet

		Frequency	Percent	Valid Percent	Cumulative Percent
Valid	nein	37	35,9	40,7	40,7
	ja	4	3,9	4,4	45,1
	n. a.	50	48,5	54,9	100,0
	Total	91	88,3	100,0	
Missing	System	12	11,7		
Total		103	100,0		

Tabelle 4: Es gibt eine verärgerte Reaktion des Umfelds, wenn ein Handy läutet?

FF3: Wie wird mit dem Handy im Film umgegangen? Wo gibt es die größten Unterschiede zwischen Film und Wirklichkeit? Zeigen sich dadurch verborgene Wünsche der Gesellschaft? In welchem sozialen Kontext, welcher räumlichen Umgebung und welcher Situation findet Handygebrauch im Film statt?

H3: Im Film wird das Handy brutaler behandelt als in der Wirklichkeit.

Diese Hypothese ist als falsifiziert zu betrachten, sie kann nicht bestätigt werden. In nur einem Fall, dem ominösen, explodierenden Nokia-Handy aus dem Film „Der Handymörder" (BRD, 1998), kann das Verhalten dem Handy gegenüber als unsachgemäß und brutal bezeichnet werden. In Filmen, die für die Sequenzanalyse untersucht wurden, gab es aber 3 Fälle, auf die unsachgemäße Handynutzung zutrifft und die unter dem Kapitel Zweckentfremdete Nutzung und brutale Handhabung des Handys im Film (unter Sequenzanalyse) eingehend betrachtet werden.

das handy wird unsachgemäß bzw. brutaler behandelt als in wirklichkeit

		Frequency	Percent	Valid Percent	Cumulative Percent
Valid	nein	90	87,4	98,9	98,9
	ja	1	1,0	1,1	100,0
	Total	91	88,3	100,0	
Missing	System	12	11,7		
Total		103	100,0		

Tabelle 5: Das Handy wird unsachgemäß bzw. brutaler behandelt als in Wirklichkeit?

FF4: In der Realität werden viele technisch mögliche Funktionen des Handys nicht genutzt, wie sieht es im Film aus – wird gesmst oder mehr telefoniert?

H4: Im Film wird mit dem Handy hauptsächlich telefoniert.

Diese Hypothese kann man als verifiziert bezeichnen. Es wird in Filmen mit dem Handy hauptsächlich telefoniert. Nur in 2 Fällen werden SMS erhalten, versendet werden in den untersuchten Filmen überhaupt keine. Relativ ausgeglichen ist das Verhältnis von geführten und angenommenen persönlichen Gesprächen mit jeweils 37,4 % bzw. 31,9 %. Weniger oft werden geschäftliche Anrufe getätigt bzw. angenommen (11 % bzw. 12,1 %).

das handy wird benutzt, um ein persönliches Gespräch zu führen?

		Frequency	Percent	Valid Percent	Cumulative Percent
Valid	nein	57	55,3	62,6	62,6
	ja	34	33,0	37,4	100,0
	Total	91	88,3	100,0	
Missing	System	12	11,7		
Total		103	100,0		

Tabelle 6: Das Handy wird benutzt, um ein persönliches Gespräch zu führen?

das handy wird benutzt, um ein persönliches Gespräch anzunehmen?

		Frequency	Percent	Valid Percent	Cumulative Percent
Valid	nein	62	60,2	68,1	68,1
	ja	29	28,2	31,9	100,0
	Total	91	88,3	100,0	
Missing	System	12	11,7		
Total		103	100,0		

Tabelle 7: Das Handy wird benutzt, um ein persönliches Gespräch anzunehmen?

das handy wird benutzt, um ein geschäftliches Gespräch zu führen?

		Frequency	Percent	Valid Percent	Cumulative Percent
Valid	nein	81	78,6	89,0	89,0
	ja	10	9,7	11,0	100,0
	Total	91	88,3	100,0	
Missing	System	12	11,7		
Total		103	100,0		

Tabelle 8: Das Handy wird benutzt, um ein geschäftliches Gespräch zu führen?

das handy wird benutzt, um ein geschäftliches Gespräch anzunehmen?

		Frequency	Percent	Valid Percent	Cumulative Percent
Valid	nein	80	77,7	87,9	87,9
	ja	11	10,7	12,1	100,0
	Total	91	88,3	100,0	
Missing	System	12	11,7		
Total		103	100,0		

Tabelle 9: Das Handy wird benutzt, um ein geschäftliches Gespräch anzunehmen?

das handy wird benutzt, um sms zu versenden?

		Frequency	Percent	Valid Percent	Cumulative Percent
Valid	nein	91	88,3	100,0	100,0
Missing	System	12	11,7		
Total		103	100,0		

Tabelle 10: Das Handy wird benutzt, um SMS zu versenden?

welche sonderfunktionen des handys werden genutzt?

		Frequency	Percent	Valid Percent	Cumulative Percent
Valid	keine	81	78,6	89,0	89,0
	telefonbuch	1	1,0	1,1	90,1
	vibracall	2	1,9	2,2	92,3
	besonderer klingelton	1	1,0	1,1	93,4
	mailbox	2	1,9	2,2	95,6
	sonstiges	2	1,9	2,2	97,8
	anruferkennung	2	1,9	2,2	100,0
	Total	91	88,3	100,0	
Missing	System	12	11,7		
Total		103	100,0		

Tabelle 11: Welche Sonderfunktionen des Handys werden genutzt?

Sonderfunktionen werden nur in geringem Ausmaß genutzt. Die Mailbox, Vibration bei Anruf und ein besonderer Klingelton, das Telefonbuch sowie die Anruferkennung kommen vor. Unter „Sonstiges" fallen ein geschmücktes Handy und die Stummschaltung, die Michael Douglas in „Ein perfekter Mord" (USA, 1998) verwendet. Er schaltet auf stumm, damit man ihn nicht hört, aber er den Mord mithören kann. Überhaupt **keine Anwendung** finden in den untersuchten Beispielen: Spiele, die Weck- oder Erinnerungsfunktion, wap oder Internet, der Terminkalender, Taschenrechner, die Spracherkennung, die Diktierfunktion oder das Handy als Fernbedienung. Das ist insofern interessant, da auf der einen Seite gerade das Handy die Entwicklung zum Alleskönner durchläuft und auf der anderen Seite diese neuen Funktionen gar nicht oder kaum in vollem Ausmaß genutzt werden (siehe auch Kapitel Benutzerfreundlichkeit im Theorieteil).

FF5: Wird die durch das Handy ermöglichte Mobilität, die Erweiterung der (räumlichen) Bewegungsmöglichkeiten, im Film genutzt? Ist der Angerufene/Anrufer unterwegs, zu Fuß, mit dem Auto? Verlässt er den Raum, um ungestört zu telefonieren?

H5: Der Anrufer/Angerufene im Film nutzt die Möglichkeit, sich schnurlos im Raum zu bewegen.

Diese Hypothese kann als verifiziert gelten. Wenn jemand mit dem Handy telefoniert, nutzt er in 90 % der Fälle die durch das Handy gewonnene Mobilität und die Freiheit, sich im Raum, auf der Straße etc. zu bewegen bzw. von früher telefonlosen Plätzen anzurufen oder dort Anrufe entgegenzunehmen. Nur ein Beispiel aus vielen dafür, dass gerne ungestört handyfoniert wird: Ein Junge in „Barcelona für ein Jahr" (F/Spanien, 2002) wird von seiner Freundin angerufen, als er in einer lauten Bar ist. Er geht raus, um ungestört telefonieren zu können.

der primäre handynutzer bewegt sich im raum, nutzt räumliche mobilität

		Frequency	Percent	Valid Percent	Cumulative Percent
Valid	nein	9	8,7	9,9	9,9
	ja	82	79,6	90,1	100,0
	Total	91	88,3	100,0	
Missing	System	12	11,7		
Total		103	100,0		

Tabelle 12: Der primäre Handynutzer bewegt sich im Raum, nutzt die räumliche Mobilität?

FF6: Spiegelt sich die Angst vor totalem Freizeitverlust und vor der Verschmelzung von Berufs- und Privatleben im Film wider?

H6: Der Anrufer im Film ist öfter der Chef/die Arbeit/das Büro als Familie oder Freunde.

H6 ist falsifiziert. Am häufigsten (44 %) rufen Freunde, Partner und Bekannte am Handy an. Die Arbeit, Chefin oder das Büro ist in 16,5 % der Anrufer. Ebenso häufig ist es im Film leider nicht auswertbar, weil nicht sicht- oder hörbar, wer der Anrufer ist. Im Kapitel Vorwiegende Gesprächspartner im Theorieteil kommen sowohl Zelger (1997), Lange (1989) und Glanz (2006) als auch Höflich (1996) zu denselben Ergebnissen, da das Handy ein Kommunikationsmedium des Nahraumes ist, wie letzterer betont, und die häufigsten Gesprächspartner demnach Verwandte, Freunde und Bekannte sind.

der anrufer ist

		Frequency	Percent	Valid Percent	Cumulative Percent
Valid	familienmitglied/elterntei l/ehemann/-frau	10	9,7	11,0	11,0
	arbeit/büro/chef	15	14,6	16,5	27,5
	bekannter/freund/partner	40	38,8	44,0	71,4
	sonstiges	11	10,7	12,1	83,5
	99	15	14,6	16,5	100,0
	Total	91	88,3	100,0	
Missing	System	12	11,7		
Total		103	100,0		

Tabelle 13: Bekanntheitsgrad des Anrufers

In den untersuchten Filmen läutet das Handy nicht nur tagsüber, sondern auch zu 18,7 % nachts. Es wird aber deutlich öfter am Tag handyfoniert (73,6 %), woraus zu schließen ist, dass zumindest in der Nacht von Arbeit oder Chef ungestörtes Privatleben stattfinden kann; sofern man das Handy ausschaltet.

das handy läutet in der nacht

		Frequency	Percent	Valid Percent	Cumulative Percent
Valid	nein	67	65,0	73,6	73,6
	ja	17	16,5	18,7	92,3
	nicht auswertbar, nicht sicht- oder hörbar	7	6,8	7,7	100,0
	Total	91	88,3	100,0	
Missing	System	12	11,7		
Total		103	100,0		

Tabelle 14: Das Handy läutet in der Nacht?

FF7: Gibt es Unterschiede im Nutzungsverhalten von Männern und Frauen, Jugendlichen und Erwachsenen im Film?

H7: Frauen telefonieren im Film öfter als Männer.

H7 ist nicht verifizierbar. Interessanterweise sind in der Stichprobe zu 54,9 % Männer die Anrufer. Der Anteil der handyfonierenden Frauen liegt bei 25,3 %. Relativ ausgeglichen ist das m/w-Verhältnis bei den Angerufenen. Hier haben die Männer um nur 2,2 % mehr. Möglicherweise liegt es daran, dass in den Anfängen die technischen Geräte quasi den Männern in Machtpositionen vorbehalten waren – was in den Filmen manchmal erkennbar und unter der Sequenzanalyse näher beleuchtet ist – und sie daher entsprechend häufiger die einzigen Handybesitzer sind, die überhaupt handyfonieren können. Mettler-Meibom (1994, S.177) zB meint im Theorieteil unter m/w dazu: Männer wollen erreichen, Frauen wollen/sollen/müssen erreichbar sein. Für Männer ist der Mobilfunk offenbar eher ein Apparat zur Herstellung aktiver instrumenteller Erreichbarkeit. Wie im Kapitel Geschlechtsspezifische Nutzung angeführt, zeigt eine im Jahr 2000 durchgeführte Studie an der Universität in Erfurt, dass Männer sowohl im Jugend- als auch im Erwachsenenalter ein Mobiltelefon intensiver nutzen als Frauen (vgl. Egger, 2001, S.59). Männer rufen häufiger jemanden an als Frauen, besagen auch Konlechners (2003, S.272) Untersuchungsergebnisse.

der anrufer (oder SMS-Sender) ist

		Frequency	Percent	Valid Percent	Cumulative Percent
Valid	männlich	50	48,5	54,9	54,9
	weiblich	23	22,3	25,3	80,2
	nicht auswertbar	18	17,5	19,8	100,0
	Total	91	88,3	100,0	
Missing	System	12	11,7		
Total		103	100,0		

Tabelle 15: Geschlecht des Anrufers

der angerufene (oder SMS-Empfänger) ist

		Frequency	Percent	Valid Percent	Cumulative Percent
Valid	männlich	37	35,9	40,7	40,7
	weiblich	35	34,0	38,5	79,1
	nicht auswertbar	19	18,4	20,9	100,0
	Total	91	88,3	100,0	
Missing	System	12	11,7		
Total		103	100,0		

Tabelle 16: Geschlecht des Angerufenen

H7.1: Jugendliche schicken im Film häufiger SMS als Erwachsene.

H7.1 kann nicht verifiziert werden, vermutlich mangels Auswertungsmaterial. In keinem einzigen Film wurde die Funktion des SMS-Versands genutzt, was keineswegs den bisherigen Untersuchungen oder dem realen Alltag entspricht, wie im Theorieteil im Kapitel SMS und SMS-Nutzung ersichtlich ist und nachgelesen werden kann. In diesem Fall stimmen also Film und Wirklichkeit nicht überein.

FF8: An welchen Orten wird das Handy im Film wie benutzt? Wird auf Intimsphäre Wert gelegt?

H8: Das Handygespräch wird getätigt bzw. angenommen, wenn der Anrufer/Angerufene alleine bzw. nicht in der Öffentlichkeit vor Zuhörern ist.

H8 ist nicht signifikant, nicht eindeutig verifizierbar. Es gibt aber die erkennbare Tendenz (45,1 %) dazu, dass Anrufer einen Ort bevorzugen, an dem sie alleine, unbelauscht und ungestört sind. Der Angerufene hingegen kann sich bekanntlich nicht aussuchen, wann ein

Anruf ihn ereilt. Daher ist die Wahrscheinlichkeit größer (hier 25,3 % zu 18,7 %), dass das Handy in der Öffentlichkeit läutet oder wenn man in Gesellschaft ist, sei es zweisam oder in einer Menschenmenge. Nur ein Beispiel sei pars pro toto genannt: Von einer Telefonzelle aus ruft der Hauptdarsteller von „Love Lies Bleeding" (USA, 2007) den zwielichtigen Drogenfahnder (Christian Slater) am Handy an. Slater befindet sich gerade im großen Raum im Büro unter Menschen. Er geht in ein kleineres Büro und verscheucht den Anwesenden, um allein und ungestört telefonieren zu können. Durch Handys und die gewonnene Mobilität kann man sich heutzutage überall hin zurückziehen, um ungestört zu sprechen. Nach einer bereits näher ausgeführten Umfrage von Egger (2001, S.148) stört es Handynutzer „sehr" oder zumindest „ein bisschen", wenn ihnen beim Telefonieren andere Personen zuhören können und sie wählen einen ruhigen Ort für ein aktives Telefonat, der die Intimsphäre schützt.

der anrufer ist alleine, nicht in der öffentlichkeit

		Frequency	Percent	Valid Percent	Cumulative Percent
Valid	nein	19	18,4	20,9	20,9
	ja	41	39,8	45,1	65,9
	nicht auswertbar, nicht sicht- oder hörbar	31	30,1	34,1	100,0
	Total	91	88,3	100,0	
Missing	System	12	11,7		
Total		103	100,0		

Tabelle 17: Der Anrufer ist alleine, nicht in der Öffentlichkeit?

das handy läutet - in der öffentlichkeit, in gesellschaft   es gibt ein umfeld

		Frequency	Percent	Valid Percent	Cumulative Percent
Valid	nein	17	16,5	18,7	18,7
	ja	23	22,3	25,3	44,0
	nicht auswertbar	51	49,5	56,0	100,0
	Total	91	88,3	100,0	
Missing	System	12	11,7		
Total		103	100,0		

Tabelle 18: Das Handy läutet in der Öffentlichkeit, in Gesellschaft?

an welchem ort wird handy benutzt?

		Frequency	Percent	Valid Percent	Cumulative Percent
Valid	öffi	2	1,9	2,2	2,2
	zuhause	15	14,6	16,5	18,7
	stehendes auto	5	4,9	5,5	24,2
	öffentlicher platz od shop od park od straße, friseur, disco	36	35,0	39,6	63,7
	arbeit od ausbildung	20	19,4	22,0	85,7
	sonstiges	10	9,7	11,0	96,7
	fahrendes auto	3	2,9	3,3	100,0
	Total	91	88,3	100,0	
Missing	System	12	11,7		
Total		103	100,0		

Tabelle 19: An welchem Ort wird das Handy benutzt?

Mit 39,6 % wird am häufigsten in der Öffentlichkeit, auf der Straße, in einem Restaurant etc. handyfoniert, gefolgt von der Arbeit oder Ausbildungsstätte mit 22 % und dem eigenen Heim mit 16,5 %. Am seltensten wird in einem öffentlichen Verkehrsmittel telefoniert. Unter „Sonstiges" fallen zB ein Hotel oder eine Hochzeit. Wie der Angerufene auf das Handyläuten reagiert, lässt sich in folgender Tabelle ablesen. Die häufigste Reaktion ist schlicht das Abheben und Telefonieren. In 6,6 % der Fälle wechselt der Angerufene den Ort, um ungestört telefonieren zu können.

der angerufene reagiert auf sms oder anruf mit

		Frequency	Percent	Valid Percent	Cumulative Percent
Valid	abheben und telefonieren	42	40,8	46,2	46,2
	abheben und rückruf anbieten	1	1,0	1,1	47,3
	nicht abheben und läuten lassen	2	1,9	2,2	49,5
	abheben, ort wechseln und telefonieren	6	5,8	6,6	56,0
	anruf wegdrücken	1	1,0	1,1	57,1
	sonstiges	4	3,9	4,4	61,5
	SMS lesen	2	1,9	2,2	63,7
	mailbox / bei Festnetz AB	3	2,9	3,3	67,0
	n. a.	30	29,1	33,0	100,0
	Total	91	88,3	100,0	
Missing	System	12	11,7		
Total		103	100,0		

Tabelle 20: Reaktion des Angerufenen

Im Normalfall (zu 89 %) sind außerdem Wahrnehmungs- und Kommunikationsraum voneinander getrennt, wie es auch diese Tabelle der untersuchten Filme zeigt:

der handynutzer ist räumlich (weit) vom gesprächspartner getrennt

		Frequency	Percent	Valid Percent	Cumulative Percent
Valid	nein	7	6,8	7,7	7,7
	ja	81	78,6	89,0	96,7
	nicht auswertbar, nicht sicht- oder hörbar	3	2,9	3,3	100,0
	Total	91	88,3	100,0	
Missing	System	12	11,7		
Total		103	100,0		

Tabelle 21: Räumliche Trennung

FF9: Wird das als im Notfall ein Segen bezeichnete Handy im Film vor allem im Notfall, bei Unfällen, Überfällen, oder wenn ein sonstiger Schaden entstehen könnte, benutzt? Oder werden eher Unfälle verursacht, durch Telefonieren am Handy während der Autofahrt zB?

H9: Im Film wird das Handy dann benutzt, wenn es sich um einen Notfall handelt.

H9 kann als falsifiziert gelten. Das Handy wird in vielen Situationen benutzt, auch wenn es sich um keinen Notfall handelt. Dass es in diesen aber doch ein Segen sein kann, zeigt dieses kurze Beispiel am Rande: In „Der Handymörder" (BRD, 1998) handyfoniert am Straßenrand ein Mann mit Mercedes wegen einem Autoplatten. Dank Handy kann er bequem und rasch Hilfe holen.

das handy wird benutzt, weil es sich um einen notfall handelt?

		Frequency	Percent	Valid Percent	Cumulative Percent
Valid	nein	75	72,8	82,4	82,4
	ja	16	15,5	17,6	100,0
	Total	91	88,3	100,0	
Missing	System	12	11,7		
Total		103	100,0		

Tabelle 22: Das Handy wird benutzt, weil es sich um einen Notfall handelt?

H9.1: Wenn im Film im Auto mit dem Handy telefoniert wird, führt das zu Unfällen.

H9.1 ist eindeutig falsifizierbar. Die Annahme, ein Handyfonat im Auto führe zu einem Unfall, kann nicht bestätigt werden (siehe dazu im Vergleich die unterschiedlichen Studien im Theorieteil im Kapitel Handyverbot am Steuer). Ein dramatischer Notruf vom Auto aus, der beinahe zu einem Unfall führt, erfolgt im Thriller „Schatten der Wahrheit" (USA, 2000): Sie (Michelle Pfeiffer) schnappt sich das Handy vom Ladegerät, läuft zum Auto, legt das Handy, das noch keinen Empfang hat, neben sich ins Auto und fährt los. Das Handy zeigt in roter Schrift am Display: no service. Dann endlich in grün: roam. Sie bleibt stehen, um den Notruf zu wählen. Am Display erscheint: 911 dialing. Er (Harrison Ford) schlägt ihr das Handy aus der Hand und würgt sie, das Auto schlingert, doch die Verbindung wird hergestellt, am Display steht: in use. Sie kann um Hilfe rufen.

handy im auto und dadurch unfall oder freisprecheinrichtung

		Frequency	Percent	Valid Percent	Cumulative Percent
Valid	kein freisprech, kein unfall	3	2,9	100,0	100,0
Missing	System	100	97,1		
Total		103	100,0		

Tabelle 23: Unfall durch Handy im Auto?

10.2 Resümee

In dieser Arbeit geht es um den Einfluss des omnipräsenten Mobiltelefons auf Individuum und Gesellschaft, um eine genaue Betrachtung der Handynutzung in Alltag und Spielfilm.

„Es telefoniert **jeder** mit dem Handy" heißt es in einem aktuellen Film und es stimmt. 2008 besitzen rund 3 Milliarden Menschen weltweit ein Handy, wobei Österreich seit den Anfängen im Bereich der Mobilkommunikation zu den führenden Ländern in Europa gehört. Aus der Wirklichkeit ist das Handy nicht mehr wegzudenken. Obwohl es noch gar nicht so lange, erst seit den späten 90er Jahren, im Bewusstsein bzw. in den Köpfen und Händen der Öffentlichkeit ist, wird wie selbstverständlich täglich und überall handyfoniert sowie SMS verwendet. So jung und schon ein Massenmedium, könnte man angesichts dieser rasanten Verbreitung salopp formulieren. Die Vorteile des Handys liegen auf der Hand: jederzeit und allerorts Erreichbarkeit und Mobilität. Neben der erwarteten Informationsfunktion werden zB die soziale Orientierungs-, die Rekreations- und die Kontrollfunktion geschätzt. Das Handy dient weiters der Kontaktaufrechterhaltung, der Verringerung von Einsamkeit und, was vor allem für ältere Menschen von Bedeutung scheint, der Sicherheit. Doch die Nachteile der Allgegenwärtigkeit des Handys, gerade im besonders handyreichen Österreich, legen nahe, dass die (Kommunikations-)Wissenschaft sich mit diesem Phänomen auseinandersetzt und verwertbare Fakten beisteuert, die auf Gefahren des Handys (seien es schädliche Strahlungen, Kommunikationsstörungen, Stresssituationen, Überwachungsmöglichkeiten oder bisher größtenteils ignorierte Konsequenzen auf Privatsphäre und die Vermischung von Arbeits- und Freizeit) Bezug nehmen. Das Handy ist bereits Alltag. Seit ein paar Jahren erst wird es in den Medien (zB in Tageszeitungen und im Internet) und wissenschaftlich thematisiert. Eine umfassende, gesamtgesellschaftliche Reflektion über das Phänomen Mobiltelefon steht noch aus.

In Filmen sind die Verbreitung, der jeweilige Status, die Nutzung wie auch Störfaktoren des Handys besonders gut analysierbar, weil am Material festgehalten und beispielsweise nach Jahren sortierbar. Wie sieht nun die Handynutzung im Film aus? Bewahrheitet hat sich, oder exakter formuliert, als verifiziert gelten kann im Rahmen der Frequenzanalyse die erste Hypothese, die lautet: Wenn ein Handy im Film, der in der Gegenwart spielt, vorkommt, hat es ausschließlich Eigenschaften und Funktionen, die es in der Wirklichkeit auch hat. Die Handys im Film sind zeitgemäß und entsprechen in Größe und Funktion realen technischen Modellen. Die zweite Hypothese, dass das Umfeld negativ auf das Läuten eines Handys reagiert, kann als falsifiziert gewertet werden. Es muss aber kritisch angemerkt werden, dass das Umfeld zwar kaum auf das Läuten, jedoch auf den Inhalt oder die Lautstärke der auf das Läuten folgenden Gespräche unwirsch und mit verächtlichen Blicken reagiert. Die Fragestellung war hier etwas zu eng gefasst. Auf die Verärgerung durch Handys wird detailliert in der Sequenzanalyse eingegangen, in der auch das Erreichbarkeitsdilemma und der 24-h-Job mit ergiebigen Beispielen behandelt werden. Die dritte Hypothese, dass Handys in Filmen unsachgemäß und brutaler behandelt werden als in Wirklichkeit, trifft nur auf drei komödiantische Beispiele zu, die für die Sequenzanalyse untersucht wurden und muss als falsifiziert gelten. Hypothese 4, dass im Film mit dem Handy hauptsächlich telefoniert wird, kann man als verifiziert bezeichnen. Es wird in Filmen mit dem Handy hauptsächlich telefoniert, so wie es auch den Anfängen der Mobiltelefonie in der Realität entsprach. Doch mittlerweile hat sich das Handy zum Alleskönner entwickelt und diese neuen Funktionen werden weder in Film noch Realität in vollem Ausmaß genutzt (was laut Theorie an mangelnder Bedienungsfreundlichkeit oder dem Überfluss an Möglichkeiten liegen kann). SMS zu versenden, war in der realen Handynutzung ab 1997 populär – im Film kommen SMS (und da auch nur der Empfang und nicht der Versand) erst ab 2006 vor; was natürlich auch an der Stichprobengröße liegen kann. Bemerkenswert ist, auch für die folgende, fünfte Hypothese, dass laut Theorie SMS am häufigsten von zuhause aus verschickt werden.

Vor dem Jahr 2000 gehörten trotz großer Verbreitungsdichte die Handytelefonierer nicht zum alltäglichen Erscheinungsbild in Österreich. Nicht demonstrativ auf offener Straße, sondern im Schutz des Autos oder der eigenen vier Wände wurde telefoniert. Es gibt der nicht verifizierbaren achten Hypothese zufolge eine Tendenz dazu, dass Anrufer einen Ort fernab der Öffentlichkeit bevorzugen, an dem sie alleine, unbelauscht und ungestört sind. Handynutzer telefonieren überhaupt am liebsten zuhause, da sie dort ungestört sind und sensible Themen ohne Zuhörer besprechen können, erörtern veröffentlichte Ergebnisse im Theorieteil. Umso verblüffender ist es daher, dass die fünfte Hypothese als verifiziert gelten kann: Der Anrufer/Angerufene im Film nutzt die Möglichkeit, sich schnurlos im Raum zu bewegen. Handytelefonierer nutzen im Film die durch das Handy gewonnene Mobilität anscheinend noch mehr als in Wirklichkeit. Die quasi filmischen Vorbilder telefonieren, wo es früher nicht möglich war.

Es wird im Theorieteil der Arbeit behauptet, dass in Übertreibungen und Persiflagen strukturelle Momente des Umgangs mit dem Telefon sichtbar werden, die im alltäglichen Gebrauch kaum identifiziert werden können. Das trifft auf jene Filme zu, die sich der Komik bedienen, die das Handy bietet, wenn es zB um den Wegfall der Trennung von Wahrnehmungs- und Kommunikationsraum geht und Handytelefonierer einander plötzlich am selben Ort begegnen. Im gleichen Ausmaß kann der Wahnsinn der Erreichbarkeit sichtbar gemacht werden, wenn im Film das Handy Tag und Nacht läutet und aus einem Praktikum ein 24-h-Job wird. Die sechste Hypothese behandelt die Frage, ob sich die Angst vor totalem Freizeitverlust und vor der Verschmelzung von Berufs- und Privatleben im Film widerspiegelt, genauer gesagt, ob der Anrufer im Film öfter der Chef/die Arbeit/das Büro als die Familie oder ein Freund ist. Doch H6 ist falsifiziert. Am häufigsten rufen – in Film wie auch in Wirklichkeit – Freunde, Partner und Bekannte am Handy an.

Parallelen scheint es zwischen der Handynutzung in Film und Realität unzählige zu geben, wie die präsentierten Beispiele der Analysen zeigen, doch einige Unterschiede machen sich bemerkbar: Bei der Auswertung der Frequenzanalyse kommt zutage, dass das Handy im Film das Festnetz keineswegs verdrängt hat. In keinem Filmbeispiel gibt es die Situation, dass Handys vorkommen, Festnetztelefone aber gar nicht. Nur umgekehrt ist es der Fall. Die Verdrängung des Festnetzes wird daher in der Theorie pessimistischer beurteilt, als diese zB im Film erkennbar wäre.

Das Handy erlebte eine kurze Phase, in der es als Statussymbol angesehen wurde – im Film wie im Leben. Die Untersuchung des geschlechtsspezifischen Handybesitzes und damit einhergehende Falsifizierung der Hypothese 7, dass Frauen im Film öfter telefonieren als Männer, verdeutlichte beispielsweise, dass in den Anfängen der Mobiltelefonie die teuren technischen Geräte quasi den Männern in Machtpositionen vorbehalten waren (und erst mit den billigeren Geräten und Tarifen die Jugendlichen es für sich entdeckten) und Männer in Film wie in Wirklichkeit häufiger Frauen anrufen als umgekehrt. So wird es auch in empirischen Untersuchungen im Theorieteil dargelegt. Was die SMS-Nutzung betrifft, so wurde in keinem einzigen Film die Funktion des SMS-Versands genutzt, was keineswegs den bisherigen Untersuchungen oder dem realen Alltag entspricht, wie im Theorieteil ersichtlich ist. In diesem Fall stimmen also Film und Wirklichkeit nicht überein.

Das Handy wird in unzähligen Situationen benutzt, auch wenn es sich um keinen Notfall handelt. Die neunte Hypothese kann als falsifiziert (und das Handy dennoch als ein Segen in Notsituationen) gelten. Auch die Annahme, ein Handytelefonat im Auto führe durch die absent presence, die Überforderung oder Unaufmerksamkeit durch die Gleichzeitigkeit zu einem Unfall, kann nicht bestätigt werden.

Es gibt auch nach dem Handyboom in den späten 90ern durchaus Filme, in denen keine Handys vorkommen. Darüber hinaus kann man von einer leichten zeitlichen Verzögerung sprechen, was das Vorkommen bzw. die Anzahl der Handys in Filmen betrifft: Sind in untersuchten Filmen des Jahres 1992 nur 2 und 1997 bloß 6 Handys zu sehen, kommen erst 2006 deutlich mehrere, nämlich 22 Handys, zum Einsatz. Im Jahr 2001 gibt es einen ersten Sprung zu mehr Handys im Film und ab 2005 werden vermehrt Handys in Filmen eingesetzt. Ausnahmslos in allen untersuchten Filmen vom Jahr 2007, die in der Gegenwart spielen, kommen Handys vor. Ab 2001 kommen auch immer öfter Passanten vor, die im Bildhintergrund handyfonieren. Geht man also von dieser Stichprobe aus, scheint die handyfreie Zeit vorbei, was den Spielfilm betrifft.

11. Literatur

Amor, Daniel. 2002: Das Handy gegen Zahnschmerzen. Und andere Geschäftsmodelle für die Dienstleister von morgen. Bonn.

Auböck, Sandra. 2001: Handynutzung. Persönlichkeits-, sowie geschlechts- und altersspezifische Unterschiede unter Einbeziehung der Nutzungsmotive. Wien. Diplomarbeit.

Blothner, Dirk. 2003: Das geheime Drehbuch des Lebens. Kino als Spiegel der menschlichen Seele.

Boden, Juliana Christina. 2002: Ältere Menschen und Handys. Wien. Diplomarbeit.

Boran, Andrea. 2007: Der Handybesitz von Kindern – Auswirkungen auf die Verantwortung in der Familienerziehung und der familiären Medienerziehung. Wien. Diplomarbeit.

Burkart, Günter. 2007: Handymania. Wie das Mobiltelefon unser Leben verändert hat. Frankfurt/Main.

Burkart, Roland. 2002: Kommunikationswissenschaft. 4. Auflage. Wien.

Czarnota, Tomasz. 2003: SMS-Kommunikation – sprachliche und kommunikative Aspekte. Wien. Diplomarbeit.

Debatin, Bernhard. 1991: Riskante Gespräche. Kommunikationsstörungen und -abbrüche im (Film-)Telefonat. In: Forschungsgruppe Telefonkommunikation (Hrsg.). 1991: Telefon und Kultur. Das Telefon im Spielfilm. Berlin.

Debatin, Bernhard. 1991: Telefonat und Filmtelefonat – Kommunikative Strukturen, Funktionen und Prozesse. In: Forschungsgruppe Telefonkommunikation (Hrsg.). 1991: Telefon und Kultur. Das Telefon im Spielfilm. Berlin.

Debatin, Bernhard; Wulff, Hans J. 1991: Vorwort: Das Telefon geht ins Kino… In: Forschungsgruppe Telefonkommunikation (Hrsg.). 1991: Telefon und Kultur. Das Telefon im Spielfilm. Berlin.

Dohnal, Kerstin. 2002: Das Fernsprechwesen im Wandel der Zeit. Vom optischen Telegraphen zum wap-Handy. Wien. Diplomarbeit.

Dusl, Andrea Maria. 2007: Die österreichische Oberfläche. St. Pölten.

Eco, Umberto. 1996: Wie man mit einem Lachs verreist und andere nützliche Ratschläge. Dtv. 5. Auflage. München.

Egger, Michaela. 2001: Einfluss der Mobilkommunikation auf das Kommunikationsverhalten Jugendlicher. Wien. Diplomarbeit.

Furler, Andreas; Ruggle, Walter; Vogler, Roland. 1996: Kinozeit. 100 Jahre in 50 Filmen. Zürich.

Gast, Wolfgang. 1993: Film und Literatur. Analysen, Materialien, Unterrichtsvorschläge. Grundbuch. Einführung in Begriffe und Methoden der Filmanalyse. Frankfurt am Main.

Glanz, Michaela. 2006: Eine Kulturanalyse der Mobilkommunikation in Österreich am Beispiel der Handy-Nutzung im öffentlichen Raum. Wien. Diplomarbeit.

Gschwendtner, Martina. 2003: Die Handy-Generation. Handynutzung von Kindern im Alter von 11 bis 14 Jahren. Wien. Diplomarbeit.

Günther, Johann; Stefan, Paul. 2004: Marketing. Kommunikationstechnologien verändern die Gesellschaft. Einführung mit Beispielen.

Gutwenger, Matthias. 2005: E-Kommunikation. Kommunikationsverhalten im Alltag. Wien. Diplomarbeit.

Hickethier, Knut. 2007: Film- und Fernsehanalyse. Weimar.

Hingst, Wolfgang. 2001: Handy-Fieber. 2. Auflage. Wien.

Kaes, Anton. 1991: Aspekte einer neuen deutschen Filmgeschichte. In: Hickethier, Knut; Zielinski, Siegfried (Hrsg.). 1991: Medien/Kultur. Schnittstellen zwischen Medienwissenschaft, Medienpraxis und gesellschaftlicher Kommunikation. Berlin.

Kaltenbacher, Daniela. 1998: Product Involvement. Product Placement aus der Sicht der Filmsoziologie. Wien. Diplomarbeit.

Kapeller, Susanne. 2005: Das Handy als Fotoapparat. Das Medium der Sprache wird zum Medium des Bildes. Eine neue Ära der Fotografie? Wien. Diplomarbeit.

Karasek, Hellmuth. 1997: Hand in Handy. Hamburg.

Kemper, Peter (Hrsg.). 1996: Handy, Swatch und Party-Line. Zeichen und Zumutungen des Alltags. Frankfurt am Main und Leipzig.

Köchler, Ingrid. 2003: Telefongeschichte(n): Das vernachlässigte Medium der Kommunikationswissenschaft – Menschen erinnern sich an die Aneignung einer Technik. Wien. Diplomarbeit.

Köhler, Heinz-Jürgen; Wulff, Hans J. 2000: Filmtelefonate. In: Münker, Stefan; Roesler, Alexander. 2000: Telefonbuch. Beiträge zu einer Kulturgeschichte des Telefons. Frankfurt am Main.

Konlechner, Kerstin. 2003: Geschlechts-, Alters- und Persönlichkeitsunterschiede in der Handynutzung berufstätiger Personen. Wien. Diplomarbeit.

Korte, Helmut. 2001: Einführung in die Systematische Filmanalyse. Ein Arbeitsbuch. 2. Auflage.

Kuchenbuch, Thomas. 2005: Filmanalyse. Theorien – Methoden – Kritik. Wien.

Kuttner, Sylvia. 2001: Das Handy – Ein neues Kommunikationsmedium im alltäglichen Gebrauch. Wien. Diplomarbeit.

Le Bodic, Gwenael. 2005: Mobile Messaging. Technologies and Services. SMS, EMS and MMS. Second Edition.

Lemaitre, Jaques. 1991: Das Telefon im Kino oder Le halo de la signification. In: Forschungsgruppe Telefonkommunikation (Hrsg.). 1991: Telefon und Kultur. Das Telefon im Spielfilm. Berlin.

Ling, Rich. 2004: The Mobile Connection: The Cell Phone's Impact on Society. Morgan Kaufmann. San Francisco.

Mettler-Meibom, Barbara. 1994: Kommunikation in der Mediengesellschaft: Tendenzen, Gefährdungen, Orientierungen. Berlin.

Münker, Stefan; Roesler, Alexander. 2000: Telefonbuch. Beiträge zu einer Kulturgeschichte des Telefons. Frankfurt am Main.

Nyíri, Kristóf (Hrsg.). 2002: Allzeit zuhanden. Gemeinschaft und Erkenntnis im Mobilzeitalter.

Pott, Oliver. 1999: Handy Total! Kilchberg.

Prossliner, Daniela. 2006: Wireless – zur Mediengeschichte kabelloser Kommunikationsnetzwerke. Wien. Diplomarbeit.

Reischl, Gerald. 1998: Der kleine Handyaner. Das ultimative Handbuch für jeden Handy-Benützer. Wien.

Reischl, Gerald; Sundt, Heinz. 1999: Die mobile Revolution: Das Handy der Zukunft und die drahtlose Informationsgesellschaft. Wien.

Reischl, Gerald; Sundt, Heinz. 2000: Das vierte W. WWWW – Wireless World Wide Web. Digitaler Assistent. Lustmanager. Virtueller Gesundheitsapostel. So leben wir mit dem Handy der Zukunft. Wien, Hamburg.

Rheingold, Howard. 2002: Smart Mobs. The next social revolution. Transforming Cultures and Communities in the Age of Instant Access. Cambridge.

Scheiner, Dr. med. Hans-Christoph. 2006: Mobilfunk – die verkaufte Gesundheit. Peiting.

Schiller, Jochen. 2003: Mobilkommunikation. München.

Segrave, Kerry. 2004: Product Placement in Hollywood Films. A History. McFarland & Company. North Carolina.

Simic, Violetta. 2005: Handy-Boom im Kinderzimmer. Die Nutzung der Mobiltelefone durch 10- bis 14 Jährige. Wien. Diplomarbeit.

Solymar, Laszlo. 1999: Getting the Message. A History of Communications. Oxford University Press.

Steuerer, Jakob. 2002: Die dritte Welle der Mobilkommunikation. Business-Visionen + Lebens-Realitäten. Wien.

Wessel, Horst A. 2000: Das Telefon – ein Stück Allgegenwart. In: Münker, Stefan; Roesler, Alexander. 2000: Telefonbuch. Beiträge zu einer Kulturgeschichte des Telefons. Frankfurt am Main.

Winkler, Willi. 2002: Kino. Kleine Philosophie der Passionen. München.

Wulff, Hans J. 1989: Film-Telefonate. Kommunikationssoziologische Bemerkungen. In: Forschungsgruppe Telefonkommunikation (Hrsg.). 1989: Telefon und Gesellschaft. Beiträge zu einer Soziologie der Telefonkommunikation. Band 1. Berlin.

Wulff, Hans J. 1991: Telefon im Film / Filmtelefonate: Zur kommunikationssoziologischen Beschreibung eines komplexen Situationstyps. In: Forschungsgruppe Telefonkommunikation (Hrsg.). 1991: Telefon und Kultur. Das Telefon im Spielfilm. Berlin.

Zederbauer, Danielle. 2007: Die Nutzung des Mobiltelefons unter Berücksichtigung der Interessensgruppen – Eine Überprüfung mit Hilfe des Nutzenansatzes. Wien. Diplomarbeit.

Sonstige Quellen:

Teletext (ORF, PulsTV)

Falter, Standard

Berlecon Research GmbH (2003), Internetquelle: 200302BRMoMa[1].pdf

ZEITmagazin Leben, Nr. 28, 5.Juli 2007

12. Anhang

12.1 Codebogen für die Frequenzanalyse – Das Handy im Spielfilm

Der Codebogen wurde wie folgt in SPSS eingegeben. Die meisten Fragen sind – falls nicht anders angegeben – mit Ja oder Nein bzw. 0 oder 1 zu beantworten. Ist die untersuchte Variable nicht messbar, weil sie weder sicht- noch hörbar ist im Film, gilt der Wert 99 = nicht auswertbar = n. a.

Filmtitel:	…
Entstehungsland:	…
Wann wurde der Film gedreht/produziert:	…
Kommt ein Handy im untersuchten Film vor:	Ja/Nein
Kommt ein Festnetztelefon im Film zum Einsatz:	Ja/Nein
Wie oft kommen Handys im Film zum Einsatz:	…
Ist die Marke des Handys erkennbar:	Ja/Nein
Entspricht das Handy einem (technisch) realen Modell:	Ja/Nein

H1 und H4: Funktionen des Handys im Film: Das Handy wird benutzt, um

persönliche/private Telefongespräche zu führen:	Ja/Nein
persönliche/private Telefongespräche anzunehmen:	Ja/Nein
geschäftliche Telefongespräche zu führen:	Ja/Nein
geschäftliche Telefongespräche anzunehmen:	Ja/Nein
SMS zu versenden:	Ja/Nein
SMS zu erhalten:	Ja/Nein

Welche Sonderfunktionen des Handys werden genutzt:

Keine

Spiele:	Ja/Nein
Weck- bzw. Erinnerungsfunktion:	Ja/Nein
Wap-Funktion/Internet:	Ja/Nein
Terminkalender:	Ja/Nein
Taschenrechner:	Ja/Nein
Telefonbuch:	Ja/Nein
Spracherkennung:	Ja/Nein
Diktierfunktion:	Ja/Nein
Fernbedienung:	Ja/Nein
Vibracall:	Ja/Nein
Besonderer Klingelton:	Ja/Nein
Mailbox:	Ja/Nein
Sonstiges:	Ja/Nein

Das Handy wird benutzt, weil es sich um einen Notfall handelt:	Ja/Nein
H2: Das Handy läutet (in der Öffentlichkeit, in Gesellschaft):	Ja/Nein
Es gibt eine Reaktion des Umfelds, wenn ein Handy läutet:	Ja/Nein
Es gibt eine verärgerte Reaktion des Umfelds, wenn ein Handy läutet:	Ja/Nein
Der Klingelton ist laut:	Ja/Nein/n. a.
Das Handy läutet/vibriert/piepst tagsüber:	Ja/Nein/n. a.
Das Handy läutet/vibriert/piepst in der Nacht:	Ja/Nein/n. a.

H3: Das Handy wird unsachgemäß bzw. brutaler behandelt, als es in Wirklichkeit üblich und sozial erwünscht ist: Ja/Nein

H5: Der primäre Handynutzer bewegt sich im Raum, nutzt räumliche Mobilität: Ja/Nein

Der Handynutzer ist räumlich (weit) vom Gesprächspartner getrennt? Ja/Nein/n. a.

H6: Der Anrufer (oder SMS-Sender) ist: w/m/n. a.

jugendlich/erwachsen/n. a.

Familienmitglied/Elternteil:	Ja/Nein
Arbeit/Büro/Chef:	Ja/Nein
Bekannter/Freund/Partner:	Ja/Nein
Sonstiges:	Ja/Nein

H7: Der Angerufene (oder SMS-Empfänger) ist: w/m/n. a.

jugendlich/erwachsen/n. a.

H8: Der Anrufer ist alleine (nicht in der Öffentlichkeit):   Ja/Nein/n. a.
Der Angerufene ist alleine (nicht in der Öffentlichkeit):   Ja/Nein/n. a.

Der Angerufene reagiert auf SMS oder Anruf mit:

Abheben und telefonieren:	Ja/Nein
Abheben und Rückruf anbieten:	Ja/Nein
Nicht abheben, lautlos stellen und läuten lassen:	Ja/Nein
Nicht abheben und läuten lassen:	Ja/Nein
Abheben, Ort wechseln, telefonieren:	Ja/Nein
Anruf wegdrücken:	Ja/Nein
SMS lesen:	Ja/Nein
Sonstiges:	Ja/Nein

An welchem Ort wird das Handy im Film benutzt

in öffentlichem Verkehrsmittel:	Ja/Nein
zu Hause:	Ja/Nein
im Auto:	Ja/Nein
an öffentlichem Platz (Geschäft, Fußgängerzone, Park):	Ja/Nein
in der Arbeit/Ausbildungsstätte:	Ja/Nein
Sonstiges:	Ja/Nein

H9: Das Handy wird im Auto benutzt (ans Ohr gehalten, ohne Freisprecheinrichtung) und es passiert ein Unfall oder wird eine Freisprecheinrichtung benutzt und es passiert ein

Unfall oder keine Freisprecheinrichtung wird benutzt und kein Unfall passiert?   jeweils Ja/Nein

Wird von einem Handy zu einem anderen Handy kommuniziert? Ja/Nein/n. a.
Wird von einem Handy zu einem Festnetztelefon kommuniziert? Ja/Nein/n. a.
Wird vom Festnetz zu einem Handy kommuniziert?   Ja/Nein/n. a.

12.2 Codebuch für die Frequenzanalyse

Die Variablen des Codebogens werden in einer detaillierten Maske in SPSS wie folgt definiert:

film_land = In welchem Land wurde der untersuchte Film produziert?
film_jahr = In welchem Jahr wurde der Film gedreht? Dass der Spielfilm in der Gegenwart spielt, ist Voraussetzung für die Untersuchung und hier nicht gemeint.
film_handy = Kommt ein Handy im untersuchten Film vor?
film_festnetz = Kommt ein Festnetztelefon im untersuchten Film vor?
film_handy_anzahl = Wie oft kommen Handys im Film zum Einsatz? Auch dieselben Geräte in verschiedenen Situationen bzw. mehreren Szenen zählen hier jeweils als eine Nennung; sofern sie nicht nur ohne Funktion über mehrere Szenen am selben Platz liegen.

szene_marke = Ist die Marke des Handys erkennbar?
szene_real = Entspricht das Handy einem technisch realen Modell?

Wichtige Anmerkung: Folgende Fragen werden immer aus der Sicht des primären Handynutzers (d. h. der sichtbaren Person, meist des Hauptdarstellers) berücksichtigt beantwortet; um Verzerrungen der Statistik, zB die Gesprächspartner betreffend, zu vermeiden, wird nicht jedes Handygespräch, das zwischen zwei Handys geschieht, von beiden Nutzerseiten erhoben:

szene_funktion_privat_führen = Das Handy wird benutzt, um ein persönliches Gespräch zu führen?
szene_funktion_privat_annehmen = Das Handy wird benutzt, um ein persönliches Gespräch anzunehmen?

szene_funktion_geschäft_führen = Das Handy wird benutzt, um ein geschäftliches Gespräch zu führen?

szene_funktion_geschäft_annehmen = Das Handy wird benutzt, um ein geschäftliches Gespräch anzunehmen?

szene_funktion_sms_versenden = Das Handy wird benutzt, um sms zu versenden?

szene_funktion_sms_erhalten = Das Handy wird benutzt, um sms zu erhalten?

szene_sonder = Welche Sonderfunktionen des Handys werden genutzt?

szene_notfall = Das Handy wird benutzt, weil es sich um einen Notfall handelt? Notfall ist hier definiert als eine dringliche Angelegenheit, die nicht aufgeschoben werden kann bzw. eine Situation, in der mit einer eventuellen Schädigung an Person oder Gegenstand gerechnet werden kann.

szene_handyläuten = Das Handy läutet – in der Öffentlichkeit bzw. in Gesellschaft – und es gibt ein Umfeld?

szene_reaktion = Es gibt eine Reaktion des Umfelds, wenn ein Handy läutet?

szene_reaktion_ärger = Es gibt eine verärgerte Reaktion des Umfelds, wenn ein Handy läutet?

szene_klingelton_handy = Der Klingelton des Handys ist laut hörbar?

szene_tag = Das Handy läutet/vibriert/piepst tagsüber?

szene_nacht = Das Handy läutet/vibriert/piepst in der Nacht?

Tagsüber ist hier definiert als erkennbare Helligkeit bis zur Dämmerung und Nacht ab dem Zeitpunkt, an dem es im Film erkennbar dunkel ist; da oft keine genaue Uhrzeit zu eruieren ist, aber diese ungefähre Schätzung für den Zweck dieser Analyse ausreichend ist.

szene_brutal = Das Handy wird unsachgemäß bzw. brutaler behandelt, als es in Wirklichkeit üblich und sozial erwünscht ist? Hier ist vor allem Sachbeschädigung gemeint und Extremfälle wie zB das eigene Handy (oder das von anderen) ins Wasser oder einen Mülleimer zu werfen.

szene_mobil = Der primäre Handynutzer bewegt sich im Raum, nutzt räumliche Mobilität? Mobil heißt in dem Fall, nicht zuhause zu sein und wenn zuhause, dann mit dem Handy herumgehend oder Räume nutzend, die üblicherweise, zu Festnetzzeiten, telefonlos waren.

szene_trennung = Der Handynutzer ist räumlich (weit) vom Gesprächspartner getrennt? Sprich, er ist nicht in Sichtweite oder Hörweite, am selben Platz, im selben Gebäude oder gar Raum.

szene_anrufer_geschlecht = Der Anrufer (oder SMS-Sender) ist m/w?
szene_anrufer_alter = Der Anrufer (oder SMS-Sender) ist jugendlich/erwachsen?
szene_anrufer_bekanntheit = Der Anrufer (oder SMS-Sender) ist entweder Familienmitglied/Elternteil/Ehemann/Ehefrau oder Arbeit/Büro/Chef oder Bekannter/Freund/Partner oder Sonstiges?

szene_angerufen_geschlecht = Der Angerufene (oder SMS-Empfänger) ist m/w?
szene_angerufen_alter = Der Angerufene (oder SMS-Empfänger) ist jugendlich/erwachsen?

szene_anrufer_allein = Der Anrufer (oder SMS-Sender) ist alleine, nicht in der Öffentlichkeit?

szene_angerufen_reaktion = Der Angerufene (oder SMS-Empfänger) reagiert auf SMS oder Anruf mit Abheben und telefonieren oder mit Abheben und Rückruf anbieten oder mit Nicht abheben, lautlos stellen und läuten lassen oder mit Nicht abheben und läuten lassen oder mit Abheben, Ort wechseln und telefonieren oder mit Anruf wegdrücken oder Sonstiges?

szene_ort = An welchem Ort wird das Handy benutzt? In einem öffentlichen Verkehrsmittel, zuhause, im stehenden Auto, an einem öffentlichen Platz (in einem Geschäft, in der Fußgängerzone, im Park, in einem Restaurant, auf der Straße, beim Friseur, in der Disco etc.), in der Arbeit/Ausbildungsstätte oder Sonstiges oder in einem fahrenden Auto?

szene_ort_fahrendesauto_add = Das Handy wird im Auto benutzt (ans Ohr gehalten, ohne Freisprecheinrichtung) und es passiert ein Unfall oder wird eine Freisprecheinrichtung benutzt und es passiert ein Unfall oder keine Freisprecheinrichtung wird benutzt und kein Unfall passiert?

szene_handyhandy = Wird von einem Handy zu einem anderen Handy kommuniziert?
szene_handyfestnetz = Wird von einem Handy zu einem Festnetztelefon kommuniziert?
szene_festnetzhandy = Wird vom Festnetz zu einem Handy kommuniziert?

12.3 Filmverzeichnis

(= Verzeichnis aller in der Arbeit zitierten und untersuchten Filme in alphabetischer Reihenfolge)

„30 über Nacht" (13 Going on 30, USA, 2004)
„About a Boy oder: Der Tag der toten Ente" (UK/USA/F/D, 2002)
„America's Sweethearts" (USA, 2001)
„Anleitung zum Träumen" (Science of Sleep, F/I, 2006)
„Barcelona für ein Jahr" (L'auberge Espagnole, F/Spanien, 2002)
„Brennpunkt L.A. – Die Profis sind zurück" (Lethal Weapon 3, USA, 1992)
„Broken Flowers" (F/USA, 2005)
„Bruce Allmächtig" (Bruce Almighty, USA, 2003)
„Clueless – Was sonst!" (Clueless, USA, 1995)
„Crank" (UK/USA, 2006)
„Das geheime Fenster" (Secret Window, USA, 2004)
„Das Haus der schlafenden Schönen" (The house of the sleeping beauties, D, 2006)
„Der Handymörder" (BRD, 1998)
„Der Junggeselle" (The Bachelor, USA, 1999)
„Der Morgen stirbt nie" (Tomorrow Never Dies, USA, 1997)
„Der Teufel trägt Prada" (USA, 2006)
„Die blaue Grenze" (D, 2005)
„Die Buchstabenprinzessin" (Bee Season, USA, 2005)
„Die Hochzeit meines besten Freundes" (My Best Friend's Wedding, USA, 1997)
„Die Liebe in mir" (Reign Over me, USA, 2007)

„Die Super-Ex" (My Super Ex-Girlfriend, USA, 2006)

„Dinner for two" (Österreich, 2003)

„Dogma" (USA, 1999)

„Echt blond"(USA, 1997)

„Eine Affäre zu viert" (Chasing Papi, USA, 2003)

„Eine verrückte Farm" (Animationsfilm 2006)

„Ein perfekter Mord" (A Perfect Murder, USA, 1998)

„Es lebe Hollywood" (For Your Consideration, USA, 2006)

„Evolution" (USA, 2001)

„Final Call" (Cellular, D/USA, 2004)

„Fräulein Smillas Gespür für Schnee" (Dänemark/D/Schweden, 1997)

„French Kiss" (UK/USA, 1995)

„Girls United" (USA, 2000)

„In 3 Tagen bist du tot" (Ö, 2006)

„Jersey Girl" (USA, 2004)

„Johnny English" (F/UK, 2003)

„Kaliber Deluxe" (D/Ö, 1999)

„Keinohrhasen" (D, 2007)

„Knallhart" (D, 2006)

„Léon der Profi" (F, 1994)

„Leroy" (D, 2007)

„Liebe auf Umwegen" (USA, 2004)

„Lola rennt" (D, 1998)

„Love Lies Bleeding" (USA, 2007)

„Mach's noch einmal, Sam" (Play it again, Sam, USA, 1972)

„Männerzirkus" (Someone Like You, USA, 2001)

„Minority Report" (USA, 2002)

„Mission Impossible 3" (D/USA, 2006)

„Mr. Fix It" (USA, 2006)

„Natürlich blond" (Legally blonde, USA, 2001)

„Nicht auflegen" (USA, 2002)

„Pretty Woman" (USA, 1990)

„Robots" (USA, 2005)

„Romeo must die" (USA, 2000)

„Schatten der Wahrheit" (What Lies Beneath, USA, 2000)
„Schwedisch für Fortgeschrittene" (Schweden, 2006)
„Scream – Schrei, wenn du kannst" (USA, 1998)
„Shopgirl" (USA, 2005)
„Sie sind ein schöner Mann" (F, 2005)
„Tage wie dieser" (Days like this, USA, 1996)
„The Rocker – Voll der (S)Hit" (USA, 2008)
„Three can play that game" (USA, 2007)
„Verbrechen verführt" (UK/USA, 2001)
„Während du schliefst" (While You Were Sleeping, USA, 1995)
„Workaholic" (D, 1995)

Curriculum Vitae

Kurzer Lauf des Lebens

In Wien habe ich 1983 Licht und Schatten der Welt erblickt und bin – nach Kurzfilmmacherei (erfolgreicher Teilnahme an den „Wiener Video- und Filmtagen" 2001, 2003 und Gewinn des „Netd@ys Austria Young Creativity Awards" 2006), einem Auslandssemester in Schweden und nach Abschluss des Zeilen füllenden Studiums der „Publizistik u. Kommunikationswissenschaft" und „Theater-, Film- u. Medienwissenschaft" an der Universität Wien – Lektorin (u. a. bei Iventa) und bei Schriftstellerei, ersten öffentlichen Lesungen und Publikationen angekommen.

Persönliche Daten (Personal Details):

Name:	Catherine Weber
Geburtsdatum (Date of Birth):	17.06.1983
Nationalität (Nationality):	Österreich (Austrian)
E-Mail:	catherine.weber@gmx.net

Ausbildungsweg (Education):

1989 - 1993	Volksschule (Primary School)
1993 - 2001	Bundesgymnasium Wien VI, Matura mit Auszeichnung (Secondary School)
2001 - 2009	Studium der Publizistik und Kommunikationswissenschaft und der Theater-, Film- und Medienwissenschaft an der Universität Wien mit Praxisfeld Werbung (University of Vienna – Media and Communication Science and Theatre, Film and Media Studies)
2005	ERASMUS-Auslandssemester in Karlstad, Schweden (Semester of foreign studies in Sweden; Unterricht in englischer Sprache)

Berufliche Erfahrung (Professional Experience):

2002 - 2003	Angestellte am Burgtheater (Employee at the Burgtheater)
2003	Medienzentrum-Kurse (Courses about Making Movies at "Medienzentrum")
seit 2006	Lektorin bei Iventa (Proofreader at Iventa)
2007	Okto-TV-Schulung „Fernsehgestaltung"; Öffentliche Lesung eigener Texte bei Mariahilfer Frauenwochen
2008	Lektorat für Uniport; Veröffentlichungen eigener Lyrik und Kurzgeschichten im Geest Verlag

Interessen (Interests & Additional Skills):

Literatur, Film (u. a. verfilmte Lyrik und Kurzfilmproduktion), Kino und TV, Werbung, Sprachen (Englisch; Französisch – Maturaniveau; Anfängerkenntnisse in Spanisch und Schwedisch), Musik (von Acapella über Musiktheater und Klassik bis zu Zeitgenössischem), Klavier, aktiver Sport (Modern Dance, VB, Pencak Silat), Kunst und Kultur (Konzerte, Ausstellungen) u. v. m. Meine Interessen und Berufsziele – von Filmemacherin, Cutterin über Schriftstellerin und Werbetexterin bis zur Journalistin – sind vielseitig.